该项目为辽宁省教育厅人文社科一般项目
（w2011124）资助成果

本书由大连市人民政府资助出版
The Published book is sponsored by the
Dalian Municipal Government

信贷契约治理效应研究

—— 来自中国非金融类上市公司的经验证据

宋淑琴　著

中国社会科学出版社

图书在版编目（CIP）数据

信贷契约治理效应研究：来自中国非金融类上市公司的经验证据／
宋淑琴著．—北京：中国社会科学出版社，2014.12
ISBN 978 - 7 - 5161 - 4394 - 0

Ⅰ.①信…　Ⅱ.①宋…　Ⅲ.①上市公司—信贷政策—研究—中国
Ⅳ.①F279.246②F832.42

中国版本图书馆 CIP 数据核字（2014）第 126186 号

出 版 人	赵剑英
责任编辑	冯　斌
特约编辑	丁玉灵
责任校对	韩海超
责任印制	戴　宽

出　　版	中国社会科学出版社
社　　址	北京鼓楼西大街甲 158 号（邮编 100720）
网　　址	http://www.csspw.cn
	中文域名:中国社科网　　010 - 64070619
发 行 部	010 - 84083685
门 市 部	010 - 84029450
经　　销	新华书店及其他书店
印　　刷	北京君升印刷有限公司
装　　订	廊坊市广阳区广增装订厂
版　　次	2014 年 12 月第 1 版
印　　次	2014 年 12 月第 1 次印刷
开　　本	710 × 1000　1/16
印　　张	13
插　　页	2
字　　数	223 千字
定　　价	46.00 元

凡购买中国社会科学出版社图书，如有质量问题请与本社联系调换
电话:010 - 84083683

目　　录

图表目录

序

    信贷契约是指银行和企业在信贷活动中双方就资金使用和归还所达成的一种合约安排，合约的签订过程，是合约各方凭借自身掌握的信息进行博弈谈判的过程，也是合约各方权利界定的过程。信贷契约具有三方面特征：第一，它是一种承诺，是一种权利给付的承诺，但就双方权利行使的时间来看，双方权利不对称。第二，它是一种固定收益证券，银行取得固定的利息，不随着企业收益的增减而增减，因此，它是一种非状态依存性的契约。第三，当企业无法清偿债务时，企业的财产剩余控制权从股东转移给债权人，由此，它又是一种状态依存性契约。因此，银行存在通过信贷契约参与治理的激励。

    信贷契约治理是指银行为了保护自己的利益不被经营者等内部人占用，通过设计信贷契约来界定双方的权利、义务，并通过条款设计来约束经营者可能产生的机会主义行为。根据信贷契约的特征，信贷契约主要从两个方面进行治理，一方面是通过信贷契约内容的设计，约束借款企业经营者的机会主义行为。但由于信息不对称，不可能通过契约条款设计约束经营者的所有机会主义行为。银行可以通过设计信贷契约的激励机制激励经营者努力工作。另一方面是通过控制权转移进行治理。本书着重研究了信贷契约治理的第一个方面。信贷契约治理效应是指信贷契约治理的经济结果，银行通过设计信贷契约条款或者债务本身的特征约束经营者的机会主义行为，能够激励经营者努力工作，改善财务状况和经营状况，从而能够降低代理成本，提高公司绩效。

    由于信贷契约双方存在信息不对称，因此，信贷契约的治理效应需要以充分的信息基础为前提；信贷契约是否能够起到约束或激励作用，要视信贷契约是否是"硬约束"，因此，信贷契约产生治理效应需要一定的实现条件，包括：需要有效的信贷契约履行机制、债权人有能力和有动力监督、信贷契约存在监督和激励的可行性。

一个国家的制度和法律环境影响着信贷契约的治理效应，从我国的特殊制度背景中可以看出，我国法律体系尚不健全，法治执行效率有待提高，债权人保护较弱，债务人通常会利用法律的漏洞或利用低效率监管体系侵占债权人的利益。因此，我国目前的法律体制还不能很好地保障债务履约机制的有效运行。此外，我国政府对上市公司的退市监管形同虚设，从而使得连续亏损的上市公司仍然能够利用"壳资源"与银行进行债务再谈判，要求继续贷款或进行债务减免，从而使得破产机制成为"软预算"。

另外，随着经济体制改革，国有银行进行了股份制改革，实现公司化管理，但是并没有完全摆脱政府干预。国有银行与国有企业的相同产权性质使得银行对国有企业的监督放松。政府对上市公司的保护，使政府成了上市公司的"担保者"，政府能够干预上市公司与银行的债务再谈判，还能够干预陷入财务困境的上市公司进行并购、资产重组等。政府干预不仅削弱了银行的监督动力，同时也使得破产机制成为"软预算"。综上所述，我国特殊的制度背景没能为我国信贷契约治理提供良好的信息基础和充分的实现条件，从而会影响信贷契约的治理效应。

宋淑琴博士以我国特殊的制度环境为背景研究信贷契约的治理效应，既有利于保护债权人的权益，又有利于提高公司的治理效率，是一项非常有益的课题。

作者在论文撰写过程中收集了大量的中外文学术文献和数据资源，利用规范研究和实证研究相结合的方法，以我国非金融类上市公司的数据为样本，来检验信贷契约治理效应的理论分析结论在我国的适用性。本书以信贷契约签订时点为分界点，首先研究信贷契约签订前信贷决策影响因素；其次，研究信贷契约签订后信贷契约的治理效应；最后，根据理论分析和实证分析的结果，针对性地提出提高我国信贷契约治理效应的政策和建议。笔者认为本书主要有以下特点：

（1）以债务治理理论为基础，对我国特殊制度背景下的信贷契约治理途径进行了系统的归纳和总结，并通过理论模型推导出信贷契约要素产生治理效应的机理和途径。

（2）以我国特殊制度背景为前提，系统分析和总结了影响我国信贷契约治理效应的信息基础和实现条件，进一步完善了不完全契约理论。

（3）以预算软约束理论为基础，不仅分析了信贷契约的"硬约束"治理效应，还通过理论模型分析了信贷契约的"软约束"治理效应，即债务再谈判的治理效应。因此对信贷契约治理效应的研究比较全面。

（4）以信贷契约签订为分界点，设计了信贷决策影响因素实证检验和契约签订后的治理效应实证检验，系统检验了信贷契约要素发挥治理作用的全过程，使得研究系统化、全面化。

（5）以对比研究的方法凸显了信贷契约治理效应的大小，检验了信贷契约治理效应与债券治理效应的差异，从治理效应的角度为公司债务融资方式选择提供了一个新的理论依据。

（6）以信息经济学为理论基础，验证信贷契约治理效应的信息基础，分别检验了信息透明度对信贷契约治理效应的影响和信息透明度对信贷契约和债券治理效应影响的差异性。为信息不对称理论提供了新的经验证据。

另外，本书沿着"理论基础→理论分析→环境分析→实证分析"的思路展开研究，研究思路缜密，逻辑性强，研究规范，这也是本书的一个特色。

信贷契约治理效应是债务治理理论的一个细分化研究，具有充分的理论基础，但由于制度背景的差异，信贷契约治理作用的发挥因国而异。2008 年金融危机以来，由于经济形势疲软，债务偿还成为了一些公司的财务负担，如何合理引进债务融资并有效发挥债务治理作用，这是理论界和学术界不断探讨的课题。本书作者对信贷契约治理效应的研究进行了有益的尝试，取得了阶段性的成果。目前，结合中国制度背景和金融环境研究信贷契约治理问题仍是理论界与实务界关注的热点。相信作者在现有研究的基础上，不断深入研究，不断出新成果，为以后的学术研究和教学工作奠定基础。

东北财经大学会计学院教授　刘淑莲

2013 年 12 月 5 日

前　　言

　　债务之所以能够成为非常关键的公司治理手段之一（威廉姆森，1988），是因为债务能够发挥破产威胁、财务约束和相机治理的作用，并降低代理成本，平衡治理结构主体间的利益，约束管理层无效的决策，从而有利于公司价值创造（博尔顿和 Dewatripont，2005）。银行作为金融中介机构不仅具有信息优势，能更有效地监控信息不对称产生的问题（利兰和派尔，1977；法玛，1985；Diamond，1984；博伊德和普雷斯科特，1986），而且由于债权集中度，监督成本低，银行参与公司治理可以减少股东的监督工作，并使公司治理更有效，这便是治理结构中所谓的"拜托债权人"（Ealist the bondholders）。因此，学者们提出了强化银行参与治理的功能、发挥银行的监督作用、硬化信贷契约约束、赋予银行在公司治理中的直接参与权、建立完善的偿债保障机制和债权人法律救济机制等银行参与公司治理的机制。银行参与公司治理的首要前提是签订信贷契约，信贷契约约束的有效性是银行能够有效参与治理的关键。

　　然而，我国银行的治理作用受到了质疑（Djankov 等，2009），我国学者在检验银行债权治理效应时，并没有很好地验证国外学者的研究结论，得出银行债权治理失效结论的学者大有人在。2011 年以来，媒体和网站多次报道，上市公司"不务正业"，"乐当影子银行"，但同时又不断地增持银行贷款，成为了名副其实的贷款套利"倒爷"，例如卧龙电气（600580）2011 年初从银行获得 10.8 亿元短期贷款，转手便以 15.6% 的年利率向上虞市天道投资有限公司发放 2.2 亿元三月期委托贷款，其利差套利收入达 663 万元。维科精华（600152）、京投银泰（600683）、莱茵置业（000558）等上市公司也如法炮制，更让人不可思议的是，ST 波导（600130）收益 50% 是利息收入。这不仅让我们深思，上市公司到底是资金短缺还是资金富裕呢？银行只是关心信贷本息安全性，对这样的"不务正业"视而不见吗？信贷契约的约束在我国有效吗？基于上述现实问题，笔者认为研究我国信贷契约的治理效应是一项非常重要而有意义的工作。

由于信贷契约内容的多样性和复杂性，本书将重点研究信贷契约的基本要素——贷款规模、贷款期限、贷款利率的治理效应。另外，由于信贷契约的不完备性，债务再谈判变得至关重要，因此本书还研究了债务再谈判的治理效应。本书采用规范研究与实证研究相结合的方法，沿着"理论基础→理论分析→环境分析→实证分析"的思路展开研究。除第一章"绪论"外，第二章"信贷契约治理效应的文献回顾与评述"是本书的理论基础部分，是随后展开的理论分析和实证分析的理论框架；第三章"信贷契约治理效应的理论分析"为实证研究提供理论依据；第四章"我国信贷契约治理的制度背景分析"是实证研究的铺垫，分析了影响我国信贷契约治理效应的环境因素；第五章"信贷决策影响因素的实证检验"、第六章"信息透明度与信贷契约治理效应的实证检验"和第七章"信贷契约治理与债券治理差异性的实证研究"构成本书的实证分析部分。第五章检验了信贷契约签订前信贷决策的影响因素，从而分析信贷契约具有治理效应的可能性，第六章在第五章实证检验结果的基础上进一步检验信贷契约签订后，信贷契约对经营者激励或约束的结果，即信贷契约的治理效应。第七章对比检验了信贷契约和债券的治理效应差异性，对信贷契约治理效应做了比较式分析。第八章是"研究总结"，提出了本书的总结和政策建议。本书各章的主要内容如下：

第一章介绍了选题的意义、相关概念、研究内容、研究方法、研究的内容安排，总结了主要研究结论和本书的创新之处。

第二章以企业契约理论和信息不对称理论为理论基础，首先回顾了债务的治理作用，从而引出银行具有信息和监督优势，因此研究信贷契约的治理效应变得有意义。接着从理论和实证两个角度回顾了国内外学者对信贷契约治理的研究，评述目前信贷契约治理研究的不足之处，从而确定本书的主要研究内容。

第三章首先论述了信贷契约治理的信息基础和治理效应的实现条件。以信息不对称为出发点，分析信贷契约治理的信息基础。从债务履约机制、银行监督能力和动力、信贷契约激励和监督的可行性三个方面论述了信贷契约治理效应的实现条件。在此基础上，本章假定在具备充分的信息基础和良好的实现条件的前提下，以激励机制为理论基础，以设计最优信贷契约要素为目标，利用理论模型分析贷款规模、贷款期限和贷款利率的治理效应。研究结果显示，存在激励机制的前提下，当信贷契约满足激励相容约束和收支相抵约束时，贷款规模、贷款期限、贷款利率都能够激励经营者努力工作。此外，本章还分析了债务再谈判的治理效应，通过建立理论模型，分析了债务减免的激励作用。研究发现，债务减免在一定范围内能够激励经营者努力工作，公司的收益性与提高债务减免程度一样，有提高经营者努力水平的效果，债务减免与负债一样具有信号传递功能。因此，债务减免的信号传递功能能够激励经营者努力工作，提高公司绩效。

第四章从我国现行法律制度的完善程度、政府的干预程度两个方面来分析影响我国信贷契约治理的环境因素。研究发现，我国的制度背景并没有为信贷契约治理提供良好的基础和充分的实现条件。

第五章检验了信贷决策的影响因素，本章的研究思路是如果银行信贷决策与公司财务状况和公司治理状况存在合理的因果关系，那么信贷契约才会激励经营者为了获得贷款或获得优惠贷款而努力工作，即信贷契约才可能产生治理效应。本章以我国非金融类上市公司2004—2008年的数据为样本，利用 Eviews 和 SPSS 软件，进行多元回归分析，研究发现，贷款规模和贷款期限与公司的财务状况和公司治理状况存在较强的合理的因果关系，说明贷款规模和贷款期限存在治理作用，而且贷款规模的治理作用大于贷款期限；而贷款利率与公司的财务状况和公司治理状况表现出了较弱的合理的因果关系，几乎不能体现出贷款利率的治理作用，这是由于我国利率受政府管制所导致的。因此，信贷契约要素治理作用由大到小排列为：贷款规模 > 贷款期限 > 贷款利率。

第六章是在第五章实证检验结果的基础上所进行的进一步研究，检验了信贷契约的治理效应和信息透明度对信贷契约的治理效应的影响。通过多元回归分析研究发现，信贷契约中的贷款规模、长期贷款和短期贷款都没有体现出治理效应，而且短期贷款能够显著增加代理成本，长期贷款能够显著降低公司绩效（ROA 和 ROE）。本书认为，这是因为我国特殊的制度环境没能为信贷契约治理创造良好的实现条件。本章以信息披露质量作为信息透明度的代理变量，以信息披露质量和信贷契约要素（贷款规模、长期贷款、短期贷款）交互项的系数来反映信息透明度对信贷契约治理效应的影响，研究发现，信息透明度并没有改善信贷契约的治理效应，而且信息透明度还增加了短期贷款的治理负效应。本书认为，这是因为我国特殊的制度背景没能为信贷契约治理提供充分的信息基础。

第七章比较分析了信贷契约与公开债务契约（债券）治理效应的差异。在揭示银行和债券投资者参与治理的作用机理的基础上，从信息不对称视角分析了信息披露质量对两种债务契约治理效应的影响。研究发现，银行信贷契约能够显著降低代理成本，但同时又能够显著降低公司绩效，说明银行信贷契约只是发挥了部分的债务治理效应，但长期信贷契约能够显著提高公司绩效，降低代理成本。债券债务契约既能够显著降低代理成本又能够提高公司绩效，并且其治理效应要强于长期银行信贷契约。信息披露质量只能显著影响债券的治理效应，而且仅限于显著提高公司绩效方面，而不能显著影响代理成本约束。

第八章归纳了本书的研究结论，并提出了提高我国信贷契约治理效应的政策和建议，一是改善我国信贷契约的治理环境，为信贷契约治理提供良好的实现条件；二是提高信息披露质量，为信贷契约治理提供良好的信息基础；三是建立和健全债务减免的信号传递机制，发挥债务再谈判的治理作用；四是完善债券市场，合理配置债务资本，优化上市公司债务融资渠道。

国内外学者对债务治理效应展开了广泛的研究，为本书的研究奠定了基础。本书在前人研究的基础上，仅以信贷契约为研究对象努力探索，希望能够丰富债务融资治理的研究。本书的创新之处体现在以下三个方面：

（1）研究角度新颖。以信息不对称理论和企业契约理论为理论基础，从信贷契约要素激励机制的视角研究信贷契约贷款规模、贷款期限、贷款利率的治理效应，有助于丰富债务融资治理理论，并且能为提高信贷契约治理效应提供具体的建议。

（2）研究内容新颖。本书不仅研究了信贷契约的基本要素，还研究了债务再谈判的治理效应。并以债务再谈判最常出现的结果——债务减免为研究对象，通过建立理论模型，发现了债务减免具有信号传递功能。通过实证分析方法研究了信息披露质量对信贷契约治理效应的影响，为契约的信息观提供了经验证据。

（3）实证研究设计新颖。本书在设计实证研究时以信贷契约签订时点为分界点，分别检验了信贷契约签订前的信贷决策影响因素和信贷契约签订后的治理效应。信贷契约影响因素的检验是为了考察信贷决策是否与公司的财务状况和公司治理状况存在合理的因果关系，能否激励经营者为了获得贷款而努力工作。然后验证信贷契约对经营者激励和约束的结果，使实证研究具有连续性。为了凸显信贷契约治理效应的特性，对比分析检验了债券和银行信贷契约的治理效应差异性。

　　本书是笔者承担的辽宁省教育厅一般项目（2011124）的预期结项成果，并且获得大连市人民政府出版资助。但由于笔者研究能力有限，本书的研究存在诸多局限和不足，这正是笔者以后将要继续努力的方向。

作者

2013 年 11 月 8 日

第一章

信贷契约治理概述

我国主要的债务融资方式有银行借款和发行债券①，由于我国债券市场不发达，依靠发行债券融资的规模有限，因此，银行借款是我国企业债务融资的主要方式。从公司治理的角度看，银行作为债务资本的主要提供者，在公司治理结构中占有非常重要的地位。银行和企业的债权债务关系以信贷契约为载体，银行通过设计信贷契约保护自身利益，所以，有效的信贷契约应该能够约束经营者的机会主义行为，或者能够激励经营者努力工作。因此，研究信贷契约的治理效应是非常有意义的工作。

第一节　研究信贷契约治理效应的现实意义

债务融资不仅是一种融资渠道，而且也是一种公司治理机制。债务融资能够产生治理效应是因为债务本身固有的定期还本付息的特征和债权人的监督，因此债务融资的治理效应是不容忽视的。银行发放贷款时，出于自身利益的保护，通过设计信贷契约来界定双方的权利和义务，约束经营者的机会主义行为。同时，银行还可以通过设计信贷契约的激励机制，激励经营者为了获得贷款而努力工作，从而产生治理效应。但是我国上市公司在进行债务融资时并没有足够重视其治理效应，李悦等（2008）关于我国上市公司如何选择融资渠道对财务总监进行了问卷调查，调查结果发

---

① 债务融资方式有正规融资方式和非正规融资方式之分，正规融资方式是指以融资为第一目的的融资行为，包括银行借款和发行债券。债务的主要内容包括：银行借款、发行债券、商业信用、应付工资等。商业信用的提供者供应商、应付工资的债权人（职工）与企业的债权债务关系是附着在买卖交易之上的，因此是非正规融资方式。本文的债务融资方式指的是正规的融资方式。

现，仅有 7.44% 的样本公司是基于银行贷款能够减少自由现金流的原因进行融资的，这说明了我国上市公司向银行贷款主要是为了满足资金需求，并没有重视银行贷款固有的治理作用。但是公司为了获得银行贷款，通常会选择满足信贷契约的要求。李悦等（2008）的问卷调查还发现，有 81.16% 的样本公司认为"公司赢利和现金流的稳定性"是影响贷款规模最重要的因素，说明了银行进行贷款时很关注公司赢利和现金流的稳定性，因此，公司为了能够获得所需要的贷款，会产生提高公司营利性，保证充足现金流的激励。由此可见，信贷契约的设计影响信贷契约的治理效应。因此，研究如何设计信贷契约的激励机制，提高信贷契约的治理效应是一项很有意义的工作。

我国正处于经济转型的特殊时期，特殊的制度背景决定了我国特殊的治理模式。我国的治理模式既不同于英美的治理结构模式，也不同于日德的治理结构模式。对于以英美为代表的发达资本市场国家而言，实行的是以证券市场为主导的直接融资体制，公司主要通过发行股票或债券从资本市场筹措资本，对银行贷款的依赖较小，因此，资本市场的投资者在公司治理中占有重要地位，资本市场能够通过价格机制来发挥治理作用。对于以日德为代表的银行主导制国家而言，银行贷款是公司的主要融资方式，日本实行主银行制，德国实行全能银行制，银行既是公司最大的债权人又是公司的大股东，能够直接地参与公司的经营决策，因此，银行在公司治理中占有重要地位（松村勝弘，2001）。而我国的特殊制度背景，使得我国上市公司的融资选择有悖于优序融资理论，存在强烈的股权融资偏好（陆正飞、叶康涛，2004）。但由于公司上市的"门槛效应"以及股权再融资的苛刻要求，决定了我国公司仍然需要依靠大量的债务融资。而且我国债券市场尚不发达，并以发行国债和金融债券为主，公司债券发行规模有限，所以银行贷款是我国公司主要的债务融资方式，而且银行贷款融资规模逐年增加（见表1—1）。因此，银行是公司的主要债权人。银行职能随着计划经济向市场经济转轨逐渐市场化，但又未完全市场化，仍然受政府的干预，另外我国《商业银行法》规定，商业银行不能持有公司股份，因此我国银行不能像股东一样参与公司的经营决策，主要是通过设计信贷契约来约束经营者行为，并通过公司银行账户的往来结算，获得公司财务状况的信息，从而监督公司的贷款的使用和偿还状况。但是，有数据显示，我国上市公司并没有有效地利用银行贷款。2011 年以来，媒体和网站多次报道，上市公司"不务正业"，"乐当影子银行"，但同时又不断地增持银行贷款，成为了名副其实的贷款套利"倒爷"，例如卧龙电气（600580）2011 年初从银行获得 10.8 亿元短期贷款，转手便以 15.6% 的年利率向上虞市天道投资有限公司发放 2.2 亿元三月期委托贷款，其利差套利收入达 663 万元。维科精华（600152）、京投银泰（600683）、莱茵置业（000558）等上市公司也如法炮制，更让人不可思议的是，ST 波导（600130）收益 50% 是利息收入。[①] 通常，银行贷款主要是用于满足项目投资或营运资本需求，而上市公司将银行贷款投资于证券市场或房地产市场这样的高风险投资领域，无疑是一种侵害银行利益的行为。那么，银行为了保障贷款的安全性，是如何进行信贷决策的呢？银行的信贷契约为什么没有很好地约束贷款的使用状况呢？这使得信贷契约治理效应的研究具有了现实意义。

表 1—1　　　　　　　　中国金融工具融资规模比较　　　　　　　单位：亿元

年　份	2007	2008	2009	2010	2011
股票融资额	8680.17	3852.21	5127.87	9859.85	7019.22
企业债券发行额	5059.00	8435.40	6595.56	4701.35	8311.66
银行贷款	17923.26	19847.63	26453.25	37478.45	47294.74

资料来源：根据《中国金融统计年鉴》、中国人民银行网站（http：//www.pbc.gov.cn/）整理得出。

第二节　信贷契约治理研究的概念界定

一　经营者、股东

信贷契约的主要当事人是借贷双方，银行通过设计信贷契约约束借款企业的行为，那么借款企业的行为是由谁决定的呢？这就需要界定两个名词，即经营者和股东。

（一）经营者

经营者是指从事企业战略性决策，并直接对企业经营活动和经济效益

---

① 资料来源：搜狐网站 http：//house.focus.cn/news/2009 - 07 - 28/722601.html。

负责的高级管理人员。经营者与一般的管理人员或经理人员的区别在于：经营者拥有战略决策权，直接和全面地影响整个企业的生存和发展，因此直接对企业经济效益负责。在我国，由于企业组织形式的差异，对经营者的界定是不统一的。在工厂制企业中，经营者是厂长、经理。在公司制企业中，按我国《公司法》规定，董事会决定公司的经营计划、投资方案和预决算方案及机构设置等，属于决策机构，拥有重大问题的决策权，所以董事会是经营者。经理是董事会聘任的代理经营者，负责主持公司的生产经营管理工作，有一定的经营决策权限，所以经理也属于经营者。因此，本书认为董事会和经理都是经营者。

（二）股东

按我国《公司法》的规定，在我国境内设立的公司可分为有限责任公司和股份有限公司。有限责任公司的股东是指在公司成立时向公司投入资金或在公司存续期间依法继受取得股权而享有权利和承担义务的人；股份有限公司的股东就是在公司成立时或在公司成立后合法取得公司股份并对公司享有权利和承担义务的人。

由此可见，股东和经营者之间是委托代理关系，股东是委托人，经营者是代理人，经营者是股东的利益代表。但由于信息不对称和自身利益最大化激励，使得经营者往往会与股东的利益目标不一致（詹森，1976）。詹森（Jensen，1976）认为债务能够缓解股东和经营者之间的利益冲突，主要体现在能够利用现金流约束、提高持股比例、破产威胁等来激励经营者努力工作，这就是负债的相机治理作用。

当债权人向公司投入资本时，公司出现了另一种委托代理关系，即债权人和债务人的委托代理关系。银行是委托人，借款企业是代理人，具体来说，代理人是经营者还是股东呢？詹森（1976）在研究第二类委托代理关系时，假设经营者与股东利益一致，由于有限责任制的庇护，股东有利用信息优势损害债权人利益的激励。股东主要通过以下三种形式来损害债权人利益，一是股利政策操作。企业利用负债融资后，没有遵循债务契约中的投资项目计划，而将利用负债筹集到的资金以股利的形式分配给股东（布莱克，1976）。二是资产替代。企业在负债融资后，股东在投资决策时，放弃低风险低收益投资项目，而将负债资金转向高风险高收益投资项目的行为（詹森和麦克林，1976）。三是投资不足。企业利用负债的时候，即使有正净现值的投资机会，如果大部分乃至全部收益归债权人所有，那么股东会放弃能够增加企业价值的投资机会（迈尔斯，1977）。

公司向银行借款时，经营者代表股东与银行签订信贷契约，支配和使用从银行获得的贷款。同时，银行为了贷款的安全性，会在信贷契约中约束经营者的机会主义行为，或者激励经营者努力工作。因此，在研究信贷契约的治理效应时，假设经营者和股东利益一致，信贷契约的治理效应是解决银行和经营者之间的利益冲突。

二 信贷契约

信贷是银行存款、贷款等信用活动的总称，一般指银行的贷款①，银行信贷是银行与企业等信贷对象之间的一种以偿还为条件涉及资金转移和权利让渡的交易活动（叶志锋，2009）。

契约俗称合同、合约或协议，由于界定的角度不同，契约的内涵非常丰富，法律上认为契约是两个或多个合法缔约者为设定合法的权利和义务而达成的具有法律强制力的协议。而经济学意义上的契约是指市场交易双方或多方之间，基于各自的利益要求所达成的一种协议。契约有三个基本特征：第一，契约是当事人双方之间的一种合意过程。这种合意构成了双方实现其追求利益最大化的共同基础，使当事人双方之间建立一种信赖关系，双方都承担相当或相应的责任和义务。第二，契约双方互相信赖，目的在于促使源于双方合意过程中的纯有益信赖的最大化。双方相互信赖构成了在契约活动中双方均须遵守诺言的观念和法律基础。第三，契约具有法律约束力。正规的契约受法律保护，但由于契约的不完备性，法律对契约当事人的保护是有限的。

信贷契约是"信贷"和"契约"所组成的复合名词，是指银行和企业在信贷活动中双方就资金使用和归还所达成的一种合约安排，合约的签订过程，是合约各方凭借自身掌握的信息进行博弈谈判的过程，也是合约各方权利界定的过程（魏明海等，2006）。信贷契约对银行权利性质的界定有两种情况，一是在借款企业正常经营情况下，银行只具有债务索取权，没有控制权；二是只有当企业资不抵债，不能偿还债务时，银行才能获得控制权，决策是否对企业进行清算。由此，本书认为信贷契约具有以

---

① 摘自《现代汉语词典》，2002 年增补本，第 1403 页。

下特征：（1）它是一种承诺，是一种权利给付的承诺，但就双方权利行使的时间来看，双方权利不对称。① （2）它是一种固定收益证券，银行取得固定的利息，不随着企业收益的增减而增减，因此，它是一种非状态依存性的契约。（3）当企业无法清偿债务时，企业的财产剩余控制权从股东手中转移到债权人手中，由此，它又是一种状态依存性契约。因此，银行存在通过信贷契约参与治理的激励。

三　信贷契约治理

目前公司治理的概念是存在分歧的，学者们从不同的角度给予了不同的解释。伯利和米恩斯（1932）提出了股东利益观公司治理，认为公司治理是处理股东与经营者之间的权、责、利关系，强调了对股东利益的保护，提出了传统的公司治理理论。斯蒂格利茨（1995）提出了公司治理的利益相关者理论，认为公司有多个利益相关者，公司的目标不仅是追求公司价值最大化，而是满足多方利益相关者的不同需求，公司决策是多个利益相关者合理的结果。经合组织（OECD，1999）将公司治理定义为一种据以对公司进行管理和控制的体系，公司治理结构明确规定了公司的各个参与者的责任和权利分配，如董事会、经理层、股东和其他利益相关者。拉波尔塔等（2000）认为公司治理是外部投资者保护自己的投资不被经理或大股东等内部人占用的一系列机制。

自伯利和米恩斯（1932）的传统公司治理之后，学者们都是从利益相关者角度来界定公司治理的，认为公司治理是为了满足相关者利益最大化。代理问题是理解公司治理问题的关键，如果不存在代理问题，企业参与者的努力程度和努力成本都可以被准确观测并计算，那么任何理性的企业参与者都能够在缺乏激励的情况下遵循利润最大化的原则，因此不必进行公司治理。在委托代理关系中，由于信息不对称，内部人会利用信息优势侵占外部人利益，从而无法满足相关者利益最大化，因此本书从银行的角度出发，认为银行参与公司治理是指银行为了保护自己的投资不被经理或大股东等内部人占用而采取的一系列措施。

信贷契约治理是信贷契约和公司治理的复合词，是指银行为了保护自

---

① 对于银行而言，先向企业发放贷款，履行义务，到期才能行使权利，收回本金或获得控制权。而对于借款企业而言，先获得了使用银行贷款的权利，到期才履行还本付息的义务。

己的利益不被经营者等内部人占用，通过设计信贷契约来界定双方的权利、义务，并通过条款设计来约束经营者可能产生的机会主义行为。根据信贷契约的特征，信贷契约主要从两个方面进行治理：一是通过信贷契约内容的设计，尽量预期借款企业经营者可能发生的机会主义行为，这需要大量的信息支持。但由于信息不对称是不可避免的，因此，不完全的信贷契约不可能通过契约条款设计约束经营者的所有机会主义行为。但银行可以通过设计信贷契约的激励机制激励经营者努力工作。二是通过控制权转移来进行治理，当企业不能偿还债务时，银行有权要求其破产清算，以最大限度地保障自己的利益，此时，企业的剩余控制权从股东手里转移给了债权人，信贷契约的法律约束力，为控制权转移提供了有力的证据。本书仅研究了信贷契约治理的第一个方面。

四　信贷契约治理效应

信贷契约治理效应是指信贷契约治理的经济结果，银行通过设计信贷契约条款或者债务本身的特征对经营者行为产生影响，具有保护银行贷款不被经营者侵害的作用。当信贷契约对经营者是"硬"约束时，经营者为了从银行获得贷款或获得优惠的贷款，会履行信贷契约的条款。如果银行依据企业的财务状况和经营状况进行信贷决策，那么经营者履行信贷契约条款不仅能够避免产生机会主义行为，而且能够激励经营者努力工作，改善财务状况和经营状况。因此，本书认为信贷契约治理效应是指信贷契约对经营者行为产生的影响，即信贷契约能够降低代理成本，提高公司绩效。本书认为这里的代理成本是综合代理成本，包括股权代理成本和债务代理成本。

第三节　研究内容、研究方法及创新

一　研究思路与研究方法

（一）研究思路

股东和债权人在公司治理中的地位是不相同的，股东是公司所有者，拥有控制权，能够参与和控制公司的经营活动，因此具有信息优势。而债权人只有债务求偿权，公司正常经营的情况下，债权人没有控制权，当且仅当公司陷入财务困境无法偿还债务时，控制权才会从股东手中转移给债

权人。而且，作为"外部人"的债权人处于信息劣势，即使银行与其他
分散投资者相比，具有信息优势，但是与"内部人"的股东相比，仍然
处于信息劣势（山崎福寿、濑下博之、太田智之，2008）。所以，从治理
效果来看，股东治理（即内部治理）要优于债权治理（即外部治理）（石
井竜馬，2008）。因此，企业向银行借款的首要目的是融资。银行为了保
障贷款的安全性，会将关于借贷双方的权、责、利及其他相关事项以书面
形式与借款企业签订信贷契约，使银行利益得到法律保护。银行设计信贷
契约的初衷是保障贷款的安全性，但是企业为了获得贷款，会履行信贷契
约，从而产生治理效应。

　　根据信贷契约的特征，信贷契约治理效应的研究是以企业契约理论
和信息不对称理论为理论基础，以债务融资治理为理论依据。信贷契约
能否约束经营者行为，能否激励经营者为了获得贷款而努力工作，即信
贷契约能否产生治理效应是需要条件支持的。一方面，银行在签订信贷
契约前，需要通过收集信息，对借款企业进行信用评级，从而进行信贷
决策，设计信贷契约，因此，信息是银行能否有效设计信贷契约的基
础。另一方面，签订信贷契约后，信贷契约是否能够约束经营者行为以
及对经营者的约束程度的大小，也是需要条件保障的。首先，信贷契约
对经营者的约束程度取决于是否存在健全的债务履约机制；其次，经营
者对信贷契约的履约情况，取决于银行监督的能力和动力；最后，信贷
契约的治理效应取决于信贷契约条款设计是否具有激励和监督的可行
性。由此可见，充分的信息基础和良好的实现条件是信贷契约产生治理
效应的前提。

　　理论上，银行设计的最优信贷契约首先是保证贷款能够安全收回，其
次才是实现银行利益最大化，因为信贷契约是银行和企业不断博弈的结
果。贷款能否安全收回取决于贷款项目成功与否，而贷款项目成功的概率
受经营者努力工作程度的影响，因此银行应该在信贷契约中设计最优的激
励合同，激励经营者为了获得更大规模的贷款、最优的贷款期限和最优惠
的贷款利率而努力工作，从而产生治理效应。因此，理论上，在存在激励
机制的前提下，最优信贷契约的贷款规模、贷款期限和贷款利率存在治理
效应。另外，由于信息不对称和人的有限理性，信贷契约是不完全契约，
而且信贷契约是银行和企业一对一的契约关系，因此，债务再谈判具有了
必要性和可行性。债务再谈判一方面能够给企业"喘口气"的机会，激

励经营者抓住机会努力工作，改善经营业绩；另一方面，债务再谈判会使信贷契约变成"软"约束，所以，需要对债务再谈判的治理效应进行研究。

理论分析的结论是否能够在我国特殊的制度背景下得以验证呢？这就需要对我国的制度背景加以分析。目前，我国正处于经济转轨的特殊时期，法律制度尚不健全，政府干预银行的信贷行为，这样的制度背景为信贷契约治理提供了特殊的治理环境。那么，在我国的治理环境下，信贷契约是否具有治理效应呢？本书以我国非金融类上市公司的数据为样本，来检验理论分析结论在我国的适用性。由于信贷契约的治理效应取决于信贷契约条款设计是否具有激励和监督的可行性，因此在检验信贷契约的治理效应时，需要以信贷契约签订时点为分界点，首先检验信贷契约签订前银行进行信贷决策是否具有激励和监督的可行性。如果银行的信贷决策是依据公司的财务状况和公司治理状况来设计贷款规模、贷款期限、贷款利率，则信贷契约才有可能激励经营者为了获得贷款或获得优惠利率的贷款而努力工作，改善公司的财务状况和治理状况，产生治理效应。因此，首先需要检验信贷决策的影响因素。其次检验信贷契约签订后信贷契约的治理效应，即信贷契约的要素能否使经营者努力工作，降低代理成本，提高公司绩效（见图1—1）。对信贷契约治理效应的检验是在信贷契约影响因素实证检验基础上所做的进一步研究，即仅对与公司财务状况和公司治理状况存在合理因果关系的信贷契约要素进行治理效应检验，因为如果信贷契约要素不是依据公司的财务状况和公司治理状况来进行决策的，那么信贷契约要素就不可能激励经营者为了获得贷款或获得优惠贷款而努力工作，所以，无治理效应可言，无须进行治理效应检验。由于信贷契约治理需要充分的信息基础，所以，理论上信息透明度能够影响信贷契约的治理效应，因此，作者在检验信贷契约治理效应的同时，还检验了信息透明度对信贷契约治理效应的影响。然后，将信贷契约治理效应与债券治理效应进行对比分析，从而凸显出信贷契约治理效应的大小及其有效性。最后，根据理论分析和实证分析的结果，得出提高我国信贷契约治理效应的政策和建议。具体的研究思路如图1—2所示。

信贷契约设计因素   信贷契约
                      签订时点   信贷契约影响结果

决策过程   ——————→   治理效应

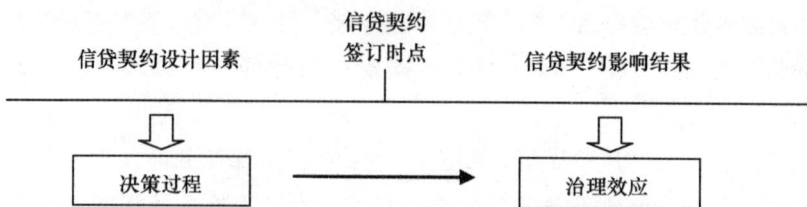

图1—1   实证研究设计思路

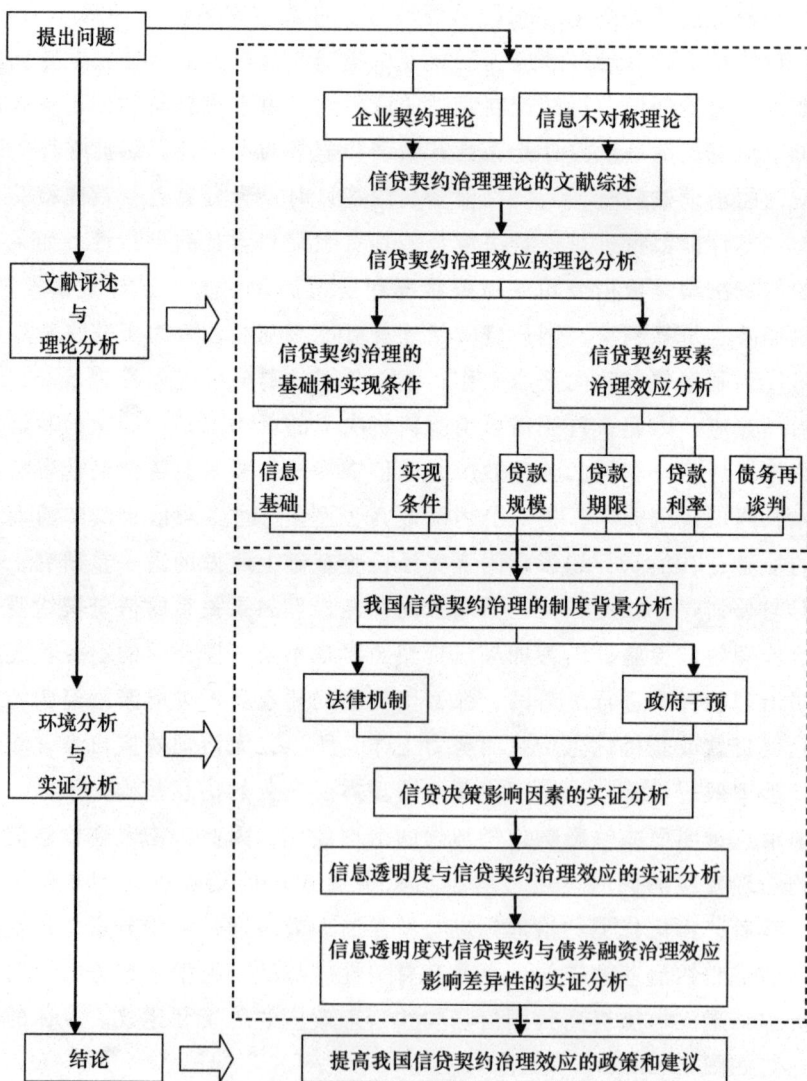

提出问题

企业契约理论   信息不对称理论

信贷契约治理理论的文献综述

信贷契约治理效应的理论分析

信贷契约治理的   信贷契约要素
基础和实现条件   治理效应分析

信息   实现   贷款   贷款   贷款   债务再
基础   条件   规模   期限   利率   谈判

文献评述
与
理论分析

我国信贷契约治理的制度背景分析

法律机制   政府干预

信贷决策影响因素的实证分析

信息透明度与信贷契约治理效应的实证分析

信息透明度对信贷契约与债券融资治理效应
影响差异性的实证分析

环境分析
与
实证分析

结论

提高我国信贷契约治理效应的政策和建议

图1—2   研究思路

（二）研究方法

研究方法的选择直接影响研究的科学性，针对选题，本书采用了以下研究方法。

1. 规范研究和实证研究相结合

规范研究和实证研究相结合是本书研究的基本特点，规范研究主要是依据设计的假设条件，通过建立理论模型，进行严密的逻辑推理来分析问题。由于规范研究的结论依据假设条件，因此需要利用实证研究加以检验，揭示规范研究结论的现实适用性。笔者研究信贷契约治理效应时使用了这两种方法，首先通过理论模型分析了贷款规模、贷款期限和贷款利率的治理效应，然后利用我国上市公司的样本数据检验理论研究的结论。在实证研究中，通过设计变量，建立模型，收集整理数据，利用 EXCEL、SPSS、Eviews 软件，运用配对样本 T 检验、多元回归分析的统计分析方法进行定量分析。样本公司来源于我国深圳交易所的上市公司，样本公司的数据主要来源于锐思金融研究数据库、国泰安研究服务中心、巨潮咨询网等。

2. 理论研究和实践相结合

理论研究揭示了共性的规律而摒弃了特性的因素，因此理论研究和实践相结合才能够指导实践，推进研究的发展。本书的研究首先分析了信贷契约治理效应的基础理论，揭示了信贷契约产生治理效应的共性规律，即信贷契约治理需要良好的信息基础和充分的实现条件，然后根据我国特殊的制度背景揭示我国信贷契约治理效应的特性，有利于为提高我国信贷契约治理效应提供政策和建议。理论研究是以国内外学者大量的相关研究为基础的，因此笔者还采用了文献分析法回顾和评述了国内外学者的相关研究，从而确定本书的主要研究内容。

二 研究内容的安排

本书从"理论基础→理论分析→环境分析→实证分析"四个层面来展开研究，除第一章"绪论"外，第二章"信贷契约治理效应的文献回顾与评述"构成研究的理论基础部分，通过相关研究的中外文献述评为理论研究和实证研究得以展开提供了理论基础框架；第三章"信贷契约治理效应的理论分析"为实证研究提供理论依据；第四章"我国信贷契约治理的制度背景分析"为实证研究做铺垫，评价了我国信贷契约治理

的环境状况，分析了影响我国信贷契约治理效应的宏观环境因素；第五章
"信贷决策影响因素的实证检验"、第六章"信息透明度与信贷契约治理
效应的实证检验"和第七章"信息透明度对信贷契约与债券治理效应影
响差异性的实证检验"构成文章的实证分析部分，为理论分析结论提供
了经验证据。文章最后是第八章"研究总结"，主要总结本书的研究结
论、针对研究结论提出提高我国信贷契约治理效应的政策和建议，并对研
究中的局限和未来的研究方向进行了总结和展望。本书共分为八章，各章
具体研究内容如下：

第一章为绪论，介绍选题意义，研究过程中的相关概念界定，研究思
路，研究方法，研究的内容安排，主要研究结论和创新之处。

第二章为信贷契约治理效应的文献回顾与评述。信贷契约治理以企业
契约理论和信息不对称理论为理论基础，以债务融资治理为理论依据，因
此，本章首先回顾了债务融资的治理作用，从而引出银行具有信息和监督
优势。接着从理论和实证两个角度回顾了信贷契约治理的研究现状，并评
述了目前信贷契约治理研究的不足之处，从而确定本书的主要研究内容。

第三章为信贷契约治理效应的理论分析。本章首先论述了信贷契约治
理的信息基础和信贷契约治理效应的实现条件，由于信贷契约双方的信息
不对称，使得信息成为了信贷契约治理的基础。从债务履约机制、银行监
督能力和动力、信贷契约激励和监督的可行性三个方面论述了信贷契约治
理效应的实现条件。其次，在假设满足信贷契约治理的基础和实现条件的
基础上，以激励机制为理论基础，以设计最优信贷契约要素为目标利用理
论模型分析了贷款规模、贷款期限和贷款利率的治理效应。在理论分析过
程中，以一定的假设条件为前提，以满足最优激励合同的约束（激励相容
约束和收入相抵约束）为条件，分别利用了让·梯诺尔的持续投资理论模
型、贯序项目理论模型、固定投资理论模型，分析了贷款规模、贷款期限、
贷款利率对经营者的激励作用。最后，本章还分析了债务再谈判的治理效
应，并以债务减免为研究对象，参考内田交謹、後藤尚久（2005）关于优
先权侵害治理效应研究时的假设条件，借鉴罗斯（1977）对负债信号传递
功能的研究思路，建立理论模型，分析了债务减免对经营者的激励作用。

第四章为我国信贷契约治理的制度背景分析。本章主要从我国现行法
律制度的完善程度和政府干预程度两个方面来分析影响我国信贷契约治理
效应的环境因素，并评价了我国特殊的制度背景是否能够为我国的信贷契

约治理提供良好的信息基础和充分的实现条件。从整体的法律制度和具体的法律（《合同法》、《担保法》、《破产法》、《证券法》等）来分析我国现行法律体制对债权人的保护程度。从政府干预角度分析政府对银行信贷行为的干预和政府对上市公司的保护，从商业银行市场化改革进程剖析国有商业银行无法摆脱政府干预的原因，从财政分权对政府影响的角度来分析政府对上市公司保护的原因。

第五章为信贷决策影响因素的实证检验。本章主要考察信贷契约签订前，银行信贷决策的影响因素，目的在于检验银行的信贷决策与公司的财务状况和治理状况是否存在合理的因果关系。本章主要研究思路是：我国银行在进行信贷决策时通过收集企业过去的财务信息来了解企业的财务状况和治理状况，从而进行信贷决策，来确定贷款的利率、期限和贷款规模，如果贷款利率、贷款期限、贷款规模与借款公司的财务状况和治理状况存在合理的因果关系，则信贷契约才有可能激励经营者为了获得贷款或获得优惠的贷款而努力工作，改善财务状况和治理状况，从而产生治理效应。本章从偿债能力、赢利能力、营运能力、增长能力、现金流偿债能力五个方面反映公司的财务状况；公司的治理状况能够体现内部控制以及信息披露状况，因为银行主要关注贷款的安全性，因此作者从控股股东占用上市公司资金状况、控股股东性质、代理成本、信息透明度四个方面来反映公司治理状况。公司的财务状况越好，公司治理状况越好，说明公司质量越高，银行的贷款风险越低，信贷政策越宽松。因此，根据上述的分析和第三章理论分析结论提出假设条件，以财务状况指标和公司治理状况指标的滞后变量为解释变量，以贷款利率、贷款期限、贷款增量为被解释变量进行多元回归分析，检验信贷决策的影响因素。

第六章为信息透明度与信贷契约治理效应的实证检验。本章在第五章实证结果的基础上仅对与公司的财务状况和公司治理状况存在合理因果关系的信贷契约要素进行进一步实证分析，检验其治理效应，以及信息透明度对信贷契约治理效应的影响。本章以代理成本（管理费用率）、显性公司绩效（ROA）、综合公司绩效（ROE）来衡量信贷契约的治理效应，以银行贷款增量、长期贷款比例、短期贷款比例为解释变量，控制了公司规模、公司成长性、行业哑变量，进行多元回归分析，检验银行贷款规模、贷款期限是否存在治理效应。在检验信息透明度对信贷契约治理效应的影响时，以信息披露质量作为信息透明度的代理变量，以信息披露质量与银行贷款增量、长期贷款比例、短期借款比例的交互项的系数来反映信息透明度对信贷契约要素治理效应的影响，并从我国制度背景的角度分析了实证检验的结果。

第七章为信息透明度对信贷契约与债券治理效应影响差异性的实证检验。本章在第六章实证结果的基础上通过与债券治理效应对比进一步研究信贷契约治理效应的大小，以及信息透明度对信贷契约的影响。本章从代理成本（管理费用率）、显性公司绩效（ROA）来衡量信贷契约的治理效应，以银行贷款规模、长期贷款规模、债券规模为解释变量，控制了公司规模、公司成长性、其他债务融资、控制人性质、年份，进行多元回归分析，检验银行贷款总额、长期贷款总额、债券总额是否存在治理效应。以信息披露质量与银行贷款总额、长期贷款总额、债券总额的交互项的系数来反映信息透明度对信贷契约与债券治理效应的影响，并从回归系数大小来对比分析长期银行贷款和债券融资治理效应的差异性，以及信息透明度对信贷契约和债券治理效应差异性影响的差异性。

第八章为研究总结。本章首先归纳了笔者的研究结论，并针对研究结论提出了提高我国信贷契约治理效应的政策和建议。由于个人研究能力有限，该研究存在一定的局限性和不足，正是笔者以后继续努力研究的方向。具体的研究内容结构安排如图1—3所示。

三　主要研究结论

通过理论和实证分析，本书的主要研究结论有以下几个方面：

1. 理论分析研究结论

通过理论分析得到以下四个结论：一是贷款规模具有治理效应。信贷契约存在激励作用的情况下，信贷契约满足激励相容约束和收支相抵约束的结果是外部融资能力与经营者的代理成本负相关，则贷款规模能够激励经营者努力工作。二是短期贷款和长期贷款都具有治理效应。最优的短期信贷契约能够同时满足激励相容条件和收支相抵条件，由于存在自有资本的影子价格①，因此后续项目的前景是一种激励机制，激励经营者努力工

---

① 影子价格是指每增加一单位财富所带来的边际收益。本书的自有资本的影子价格是指1个单位的自有资本能够带来相当于影子价格这么多倍的收益。

```
┌─────────────────────────────────────┐
│      第一章　信贷契约治理概述          │
└─────────────────────────────────────┘
                   ↓
┌─────────────────────────────────────┐
│  第二章　信贷契约治理效应的文献回顾与评述  │
└─────────────────────────────────────┘
                   ↓
┌─────────────────────────────────────┐
│    第三章　信贷契约治理效应的理论分析     │
└─────────────────────────────────────┘
                   ↓
┌─────────────────────────────────────┐
│   第四章　中国信贷契约治理的制度背景分析   │
└─────────────────────────────────────┘
                   ↓
┌─────────────────────────────────────┐
│    第五章　信贷决策影响因素的实证检验     │
└─────────────────────────────────────┘
                   ↓
┌─────────────────────────────────────┐
│ 第六章　信息透明度与信贷契约治理效应的实证检验 │
└─────────────────────────────────────┘
                   ↓
┌─────────────────────────────────────┐
│  第七章　信息透明度对信贷契约治理与债券治理影响  │
│            差异性的实证检验             │
└─────────────────────────────────────┘
                   ↓
┌─────────────────────────────────────┐
│           第八章　研究总结             │
└─────────────────────────────────────┘
```

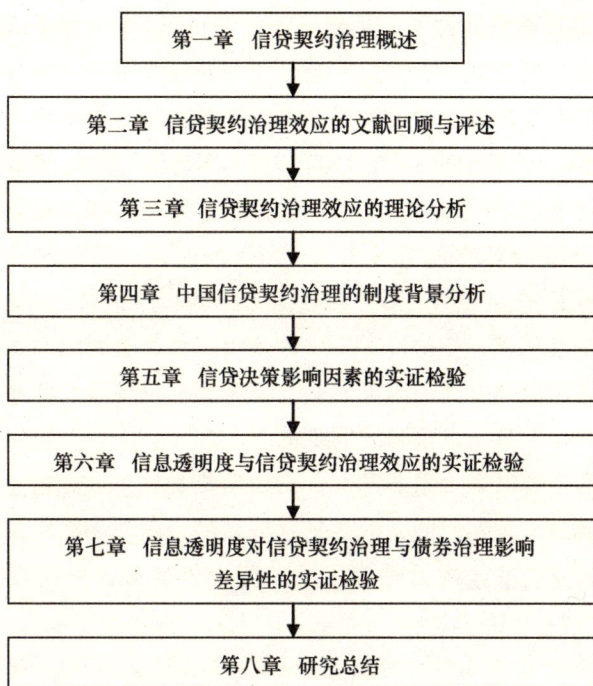

图1—3　研究内容的结构安排

作。同样，在长期信贷契约参与者风险中性的假设条件下，长期贷款契约能够获得与短期贷款契约相同的跨期收益，因此长期贷款与短期贷款一样，能够激励经营者努力工作。三是贷款利率具有治理效应，但其治理效应存在下限限制。银行贷款利率与经营者努力程度呈反向变化关系，因此贷款利率能够激励经营者努力工作，但由于贷款利率受存款利率的限制，因此贷款利率的下限限制弱化了对经营者的激励作用。四是债务再谈判具有治理效应，债务减免具有信号传递功能。债务再谈判是把"双刃剑"，既能够为企业提供"喘口气"的机会，激励经营者努力工作，又能够使信贷契约成为"软约束"，因此对于债务再谈判的治理效应需要进一步分析，笔者以债务再谈判最常发生的结果——债务减免为研究对象来分析债务再谈判的激励作用，研究发现，债务减免能够在一定范围内激励经营者努力工作，公司的收益性与提高债务减免程度一样，有提高经营者努力水平的效果，债务减免与负债一样具有信号传递功能。因此，债务减免的信号传递功能能够激励经营者努力工作，提高公司绩效。

2. 环境分析研究结论

通过环境分析发现，我国没有为信贷契约治理创造良好的基础和充分的实现条件。主要表现在三个方面：一是我国法律制度不健全，使得我国缺乏有效的偿债履约机制。二是政府对国有商业银行的干预弱化了银行监督的激励。三是政府对国有上市公司的保护，弱化了破产机制的约束。

3. 实证分析研究结论

（1）以我国非金融类上市公司数据为样本检验信贷决策的影响因素，研究发现，贷款利率、贷款期限和贷款规模与借款公司的财务状况和公司治理状况存在一定的合理的因果关系，但贷款利率与解释变量的合理因果关系非常小，几乎不能体现贷款利率的治理作用；而贷款期限和贷款规模与解释变量的合理因果关系非常大，说明信贷契约主要是通过贷款规模和贷款期限来起到治理作用的，而且贷款规模的治理作用大于贷款期限，因此，我国信贷契约要素的治理作用从大到小排列为：贷款规模 > 贷款期限 > 贷款利率。

（2）以我国非金融类上市公司数据为样本检验我国信贷契约治理效应及信息透明度对信贷契约治理效应的影响。研究发现，我国上市公司信贷契约中的贷款规模、长期贷款、短期贷款都不存在治理效应，而且短期贷款能够显著增加代理成本，长期贷款能够显著降低显性公司绩效（ROA）和综合公司绩效（ROE）。信息透明度不能改善信贷契约的治理效应，反而会增加短期贷款的治理负效应。该研究结论并不是偶然的，与田利辉（2004，2005）、邓莉（2007）、田利辉（2007）等学者的研究结论基本一致。笔者认为，这是由于我国特殊的制度背景没能为信贷契约治理提供良好的信息基础和充分的实现条件导致的。

（3）以我国非金融类上市公司数据为样本检验信息透明度对信贷契约与债券治理效应影响的差异性。研究发现，银行贷款能够显著降低代理成本，但同时又能够显著降低公司绩效，说明银行贷款只是发挥了部分的债务治理效应，但长期贷款能够显著提高公司绩效，降低代理成本。债券既能够显著降低代理成本又能够提高公司绩效，并且其治理效应要强于长期银行贷款。信息披露质量只能显著影响债券的治理效应，而且仅限于显著提高公司绩效方面，而不能显著影响代理成本约束。

4. 政策建议

针对研究结论，笔者认为提高我国信贷契约治理效应应从以下三个方面着手：一是改善我国信贷契约的治理环境，为我国信贷契约治理提供充分的实现条件；二是提高信息披露质量，为信贷契约治理提供良好的信息基础；三是建立和健全债务减免的信号传递机制，发挥债务再谈判的治理作用。

第二章

信贷契约治理效应的文献回顾与评述

债务融资治理作为公司治理机制的一部分，早已受到国内外学者的关注。因为债务存在相机治理作用，因此把债务契约看做公司治理结果的安排。但是从债权人角度而言，债权人实施监督的根本原因是"有限责任"效应和信息不对称。由于债务的有限责任使得股东在运用债务资本进行投资时产生了冒险型投资的激励，从而将投资的风险转嫁给了债权人，理性的债权人预期到债务人的这种激励，会监督借款人将债务资本运用到申请贷款的项目上。如果债权人能够掌握债务资本使用过程中项目投资的所有信息，那么，债务能够充分发挥治理作用，就不会存在侵害债权人利益的机会主义行为，因此就没有必要研究债务融资治理效应问题了。但是，现实中债权人作为外部资本提供者（委托人）无法准确及时地掌握关于借款人（代理人）债务资本运用的信息，信息不对称会产生逆向选择和道德风险问题，德瓦特里庞和马斯金（1995）的"逆向选择"模型和德瓦特里庞、梯若尔（1994）的"道德风险"模型都说明了只要有信息不对称就有债权人监督失效，债权人监督失效、预算约束被破坏是特定体制下信息结构和激励机制的内生选择。因此，债权人就有必要通过债务契约设计进行激励和监督。

第一节　企业契约理论

企业契约理论认为，企业是由构成企业的各利益相关主体（包括外部债权人、关联交易商、客户、内部股东、经营管理者和员工等）组成的共同组织，是这些利益相关主体之间缔结的一组契约的联结。由于信息不对称、契约不完备等原因，企业各利益主体的利益往往不一致，更多的时候还可能出现利益冲突，因此将企业理解为契约关系的集合体，能够揭示企业"黑箱"的内部结构，通过各个契约设计和完善，使企业达到各经济主体按其各自目的行动的结果的一种均衡。企业契约理论的开创研究者是科斯（Coase，1937），他提出"企业是生产要素的一组契约，其中每一种要素都以自我利益为驱动力量"的观点，他认为企业是一系列契约的结合点，而且每个契约的成立都是以实现自我利益为驱动力量。这被称为科斯的企业契约理论。以科斯的契约理论为基础，以威廉姆森（1964，1971b，1975）为代表，克莱因（Klein，1980，1988），克莱因、克劳福德和阿尔钦（Klein，Crawford and Alchain，1978）等基于交易中经济主体的机会主义和有限理性约束的假定，通过对交易中资产专用性问题的分析，从交易成本经济学的角度分析了企业产生的原因，在不完全契约的"事后治理与对应"方面发展了科斯的企业契约理论；詹森和麦克林（1976，1979），法玛（1980），法玛和詹森（1983）以及詹森（1983，1986）等从所有权和控制权分离问题出发，运用实证代理理论的分析方法，通过对企业各利益相关主体的委托代理关系以及由此产生的各种代理成本的分析，解释了"经典的资本主义企业"出现的原因及其融资方式（威廉姆森，1996），在"契约的事前激励配置"方面拓展了科斯的企业契约理论。

金融契约作为企业契约的一部分，主要体现了企业融资方面的关系。企业的金融契约理论认为，企业与投资者的融资关系从本质上讲就是一个外部投资者与经营者之间的一种契约关系，这种契约在契约理论上划分为完全契约和不完全契约。在完全契约条件下，企业经营者（股东或经营者）和投资者在缔结资金借贷契约时能够完全预期到契约期内投资项目收益的各种状态，以及缔约双方可能采取的各种行为，并且企业经营者和投资者愿意遵守双方事前所签订的契约条款，契约中所涉及的双方事后分配的收益是明确而且能够由第三方（如法院）进行验证的；当契约的缔结方对契约条款产生争议时，第三方能够强制其执行（张维迎，1996）。也就是说每一契约当事人对其选择的契约条款和契约可能产生的结果具有完全信息，不存在契约再谈判问题。但在现实经济中，由于个人的有限理性，外在环境的复杂性、信息不对称和不完全性，契约当事人或契约仲裁者无法验证或观察一切，这就造成了契约条款的不完全性（格鲁斯曼和哈特，1986）。西蒙（Simon，1955）认为，人的理性是有限的，对外在环境的不确定性是无法完全预期的，因此，双方在签订契约时，不可能完全准确地预期契约期内所有可能发生的各种不测事件；即使能够预期到契约期内所有可能发生的事件，但对每一事件发生概率的计算也是不可能的；另外，用清楚明晰的语言表达契约中的各种条款也是非常困难的。因此当发生契约中未能明确规定的状态或事件时，契约的当事人必须对不可观测状态或事件的处理和收益分配等进行债务再谈判。也就是说，契约的不完全性使再谈判变得有价值，遗漏的偶然情况可以由事后的契约谈判、调整来代替（艾伦和加勒，2000）。

企业契约理论为研究信贷契约治理问题提供了依据，信贷契约是银行与经营者（或股东）签订的关于借贷关系的契约，由于契约的不完全性，银行的利益可能因为借款人的自身利益最大化目标而被侵害，因此银行在签订信贷契约时有必要通过考察借款人发生机会主义行为的可能性，设计信贷契约，使借款人的行为结果不损害银行利益，从而达到治理目的。

第二节　信息不对称理论

信息不对称是理解债务治理问题的关键，由于信息不对称使得债权人无法了解债务人完全偿还债务本金和利息的可能性，为了保证债务的安全，债权人有监督债务人的动力。在信息经济学上，信息的非对称可以从两个角度划分，一是按信息不对称发生的时间划分，信息不对称可能发生在签约之前，也可能发生在签约之后，发生在签约前的信息不对称称为事前不对称，发生在签约后的信息不对称称为事后不对称，研究事前不对称的信息博弈模型称为逆向选择模型（adverseselection），研究事后不对称的信息博弈模型称为道德风险模型（moral hazard）。二是按照信息不对称的内容划分，信息不对称的内容可能是某些参与人的行动，也可能是某些参与人的知识。研究不可观测行动的模型称为隐藏行动模型（hidden action），研究不可观测知识的模型称为隐藏信息模型（hidden information）。在信息经济学的博弈分析中，将拥有私人信息的参与人称为"代理人"，不拥有私人信息的参与人称为"委托人"，代理人的私人信息影响委托人的利益，或者说，委托人不得不为代理人的行为承担风险。因此，根据债权债务关系可以得出，债权人是委托人，债务人是代理人。

一　信息不对称与逆向选择：信号传递理论

信息事前不对称导致的逆向选择问题的研究最先并非针对资本市场，阿克洛夫（1970）关于二手车市场上因买卖双方信息不对称可能导致市场交易"柠檬问题"的分析，开创了逆向选择理论的先河。斯彭斯（1974）分析了劳动力市场的逆向选择问题，他研究发现，雇员的教育水平作为一种信号可以向雇主传递关于其能力的信息，从而克服逆向选择和市场的非效率交易。后来，财务学者将信息经济学运用于企业融资决策方面，产生了信息不对称理论。信息不对称理论研究的是由于事前的逆向选择，资本结构对投资者的信号作用。罗斯（1977）、利兰和派尔（1977）几乎同时提出了债务融资的信号理论，罗斯（1977）假设外部投资者和公司经营者关于公司未来收益和投资风险存在信息不对称，外部投资者只能通过经营者输送出来的信息以市场平均价格给公司定价，这时高质量公司存在被低估的可能性，低质量公司存在被高估的可能性。如果经营者的收益与公司证券价值成正比，与经营者破产成本成反比，则债权作为硬约束，负债融资比例是高质量公司用来区别于低质量公司的信号。因为罗斯的信号模型强调，使债务比例能够成为可靠的信息传递机制的前提是管理层的激励方案必须使低质量公司传递虚假信息的成本大于其收益，因此低质量公司难以模仿高质量公司。亨克尔（1982）、普瓦特万（1989a）等的研究都支持了信号传递理论。这说明了在存在有效的信息传递机制的前提下，投资者以负债比例来区分公司质量是因为投资者相信债权人能够实施有效监督，债务越高说明债权人认为该公司质量越好。

迈尔斯（1984）和迈尔斯、麦吉罗夫（1984）进一步研究了信息不对称对融资成本的影响，发现这种信息传递机制会促使公司尽可能减少采用股票融资，因为当公司经营者与外部投资者存在信息不对称时，经营者只有在投资项目的预期收益大于或等于企业股票的实际价值与投资者根据自己所掌握的信息评估的公司股票价值的差额时，才会愿意投资。在有效市场上，理性的外部投资者能够合理预期经营者的这种行为，因此公司发行股票融资会被市场误解，认为其前景不佳，由此发行新股总会使股价下跌。因此，迈尔斯（1984）提出了信息不对称条件下的公司融资"啄食"顺序，他认为公司融资决策的依据是资本成本的大小，由于信息成本等的存在使得企业内部融资资本成本小于外部融资成本，外部融资中债务资本成本小于股权资本成本，因此企业融资决策的顺序是内部融资，然后选择负债融资，最后选择发行新股融资。这说明了债权人监督的信息成本小于分散投资者监督的信息成本，因此债务资本成本低于股权资本成本。迈尔斯和麦吉罗夫（1984）也研究了信息不对称下的融资顺序问题，关于外部融资顺序得出的结论与迈尔斯（1984）不一致，他们认为信息不对称的条件下，经营者相信股价被低估的情况下，公司依据资本成本来"啄食"，与迈尔斯（1984）的研究结论一致，如果经营者认为内部信息被市场高估时，经营者依据资本成本的大小，或有动机发行股票。候柏克麦、德隆和蒂特曼（2000）指出，公司股票价格上升后，公司倾向于股权融资。由此可见，当股价被高估、股权的资本成本低于债权资本成本时，迈尔斯（1984）的融资"啄食"顺序就被打乱。

信号传递理论成立的前提是存在发达的资本市场和有效的价格信号机制，然而，在信贷市场上，银行放贷时可以通过借款人愿意接受的贷款利率水平来甄别企业质量。从根本上讲，银行的期望收益取决于贷款利率和借款人还款的概率两个方面，因此，银行不仅关心利率水平，而且关心贷款的风险。如果贷款风险独立于利率水平，在资金需求大于供给的时候，通过提高利率，银行可以增加收益，实现供给均衡。但是，当银行不能观察借款人的投资风险时，提高利率将使低风险的借款人退出市场，或者诱使借款人选择更高风险的项目（道德风险行为），从而使银行放贷的平均风险上升。因为那些愿意支付较高利息的借款人正是那些预期还款可能性低的借款人。结果，提高利率不但没有增加银行的预期收益，反而可能会降低银行的预期收益，银行宁愿选择在相对较低的利率水平上拒绝一部分贷款要求，而不愿意选择在高利率水平上满足所有借款人的申请，因此，就出现了信贷配给（credit rationing）。信贷配给是银行应对借款企业逆向选择和道德风险的结果（斯蒂格利茨和威斯，1981），具体指如下两种情况：一种是在所有贷款申请人中，一部分人得到贷款，另一部分人被拒绝贷款，被拒绝的申请人即使愿意支付更高的利息也得不到贷款；另一种是只能部分满足给定申请人的借款要求。在我国，由于上市的"门槛"效应，一般能够上市的公司都是高质量的公司，因此信贷配给问题很少发生在上市公司身上，但是上市公司在经营过程中也存在经营风险，如果上市公司财务状况出现问题而需要向银行借款，那么信贷配给的第二种情况可能会发生，即银行可以通过控制向上市公司提供贷款的额度来规避信息不对称而产生的风险。

二　信息不对称与道德风险：委托代理理论

委托代理理论认为，企业内各经济主体之间的契约关系是一种委托代理关系。当某一经济主体通过契约关系将达到某一目的的行为委托给另一经济主体实施时，两经济主体之间便形成了委托代理关系。其中，行为委托主体被称为委托人，代替委托人实施行为的经济主体被称为代理人。代理人掌握实施行为过程中的所有信息，具有信息优势，而委托人具有信息劣势，因此委托人和代理人之间存在严重的信息不对称，从而使得双方签订的契约具有不完全性。由于信息不对称，委托人事前无法完全观测到代理人的行为，只能通过代理人事后行为的结果来判断代理人是否实现了自己的目标或给自己带来了利益。但由于缺乏必要的信息，委托人无法准确判断代理人的行为，这就为代理人进行机会主义行为提供了机会。为了确保代理人的行为不偏离委托人的目标或不损害委托人的利益，委托人必须采取一些措施控制代理人的行为，有三种措施：一是对委托人进行监督；二是在确保代理人保留效用的前提下，设计一个代理人的激励约束契约；三是要求代理人保证不采取损害委托人利益的行为或在代理人采取损害委托人利益行为时给予必要的惩罚。因此，由于委托人和代理人的利益冲突会产生代理成本，詹森和麦克林（1976）认为代理成本包括设计、监督和约束利益冲突的委托人和代理人之间的一组契约所必须付出的成本，加上执行契约时成本超过利益所造成的剩余损失。

委托代理理论为研究信贷契约中的委托代理关系奠定了基础。借贷关系中，银行是委托人，借款人是代理人，由于信贷契约的不完全性和信息不对称，借款人会产生逆向选择和道德风险行为，为了约束借款人的机会主义行为，银行需要监督、激励和惩罚借款人损害银行利益的行为，这就是信贷契约的治理作用。

第三节　债务融资治理理论

由于所有权和经营权分离，使得经营者和股东的效用函数不完全一致而产生利益冲突，从而产生了代理成本（詹森和麦克林，1976）。可以通过设立一套有效的激励监督约束机制来约束企业经营者的行为，使得经营

者与股东的目标相一致。但这需要付出监督和激励成本。债务融资契约是
抑制经营者道德风险，降低股权代理成本的一种有效方式。主要体现在三
个方面：一是当企业的外部融资总额和经营者的持股数额不变时，债务融
资能提高经营者的持股比例，从而激励经营者与股东目标相一致（詹森
和麦克林，1976）。二是债务契约内容的限制，债权人通常会在债务契约
中加入许多限制性条款来限制企业降低债权价值的经营行为，这些限制性
条款可以约束股东侵害债权人利益的行为，降低负债代理成本，而且能够
有效约束经营者的行为，缓解外部股东与经营者之间的股权代理问题。三
是债务到期清偿对自由现金流量具有硬约束，进而约束了经营者的过度投
资行为（詹森，1986；斯图尔兹，1991），而且当企业不能及时清偿到期
债务时，会产生破产风险，破产通常会使股东丧失剩余索取权，而且也会
使经营者失去在职的所有好处。詹森（1986）把债务的这些治理作用称
为负债的相机治理作用。国外学者对债务融资契约治理的研究有很多，主
要是从以下几个方面来研究的。

一　债务规模对经营者行为的约束

债务融资契约主要是通过自由现金流约束、破产机制、声誉机制来约
束经营者的机会主义行为。

（一）自由现金流量约束

债务对自由现金流量的约束主要体现在两个方面，一是债务定期还本
付息经常性地减少了自由现金流量，二是通过债务契约的限制性条款来限
制经营者对自由现金流量的使用。米歇尔·詹森（1993）将自由现金流
量界定为企业在经营活动过程中产生的，经营者拥有的任意进行支配的那
部分现金，即经营者可以用来承接项目，可以用来支付股利，也可以保留
为闲置的货币资金。他用"现金缓冲器"解释了经营者对自由现金流的
偏好的原因。他认为如果经营者持有大量的自由现金流量，那么就能增加
弹性经营的空间，这样经营者就能够利用自由现金流来应对可能出现的失
误。由于股东和经营者的委托代理关系，使得他们的利益目标函数不相
同，经营者为了最大化自身效用会以损害股东利益为代价，这就是经营者
与股东的代理成本（詹森和麦克林，1976）。詹森和麦克林（1976）认为
只要经营者不拥有企业全部股权，经营者和股东的代理成本是不可避免
的。股东可以通过举借负债相对地增加经营者的持股比例，负债比例越

高，经营者的相对持股比例越高，经营者目标与股东的目标越趋于一致，因此负债能够缓解经营者与股东的利益冲突。詹森和麦克林（1986）对于债务约束理论进一步进行探讨，建立了"纯粹自由现金流量模型"。在这一模型中，经营者总是不断地对公司的资金进行"合理"安排，因此会把投资者收益中未抵押给债权人的每一份货币都挥霍掉。负债可以限制经营者的机会主义行为，诸如减少经营者的在职消费，控制经营者进行非效率投资，等等。

债务对自由现金流的约束除了体现在定期的偿还义务上，还体现在债务契约的保护性条款上。限制性条款一般出现在长期借款的合同中，由于长期借款期限长，风险大，银行为了保障贷款能够按时足额偿还，会在借款合同中设定限制性条款，来约束借款企业的现金流支配。限制性条款主要从以下三个方面限制自由现金流量：一是对借款企业流动资金保持量的规定，目的在于保持借款企业资金的流动性和偿债能力；二是对借款企业支付现金股利和再购入股票的限制，目的在于限制企业借款期间的资金外流；三是对借款企业资本支出规模的限制，目的在于防止借款企业资本支出规模失控给银行带来过大风险。对于债权人来说，贷款额越高，限制性条款设置越严格，对使用自由现金流的限制越多。

（二）破产机制约束

破产机制能够约束经营者行为的前提条件是存在有效的破产清算制度。从控制权的角度看，当企业偿债能力不足时，控制权由股东转移给债权人，这种转移是基于在企业资不抵债时债权人成为实际的剩余索取者，从而有更大的激励作出适当的决策。通常，对经营者来说债权人控制比股东控制更残酷，企业的控股股东会遵循债主的意见调整或重组企业避免破产清算。债权人通常倾向于管制以至更换股东任命的经营者（吉尔森，1990），因此，债务能更好地约束经营者（格鲁斯曼和哈特，1982）。债权人对企业的控制通常是通过受法律保护的破产程序来进行的（杰克逊，1986；哈特，1995）。大多数发达国家的破产法都规定债权人对偿债能力不足的企业可以有两种处理方式：一种方式是清算，通过部分或整体拍卖，所得到的清算价值根据法律规定的绝对优先原则来进行分配（通常首先是担保债务，然后是各种优先要求权、无担保债务、次优债务，最后是股东权益），而经营者将结束职业生涯。另一种方式是重组，债务重组通常的做法是债权变股权、延期偿债、减免债务本金和利息等。资产重组可能包括剥离不良资产，引入新的管理制度，改变经营方向及采用更合适的生产技术。对偿债能力不足的企业进行重组也可能包括更换企业的管理人员。但通常来说，在职经营者重组时比清算时更有可能保留工作。因此，清算比重组对经营者的约束性更强。破产机制对经营者的约束主要体现在以下两个方面，一是破产将使经营者丧失在职的好处，二是破产将阻止经营者在资本市场上再融资。

格罗斯曼和哈特（1982）建立了担保模型来分析破产机制对经营者的约束作用。他们将债务视为一种担保机制，能够促使经营者多努力工作，少个人享受，并且做出有效率的投资决策，从而降低由于两权分离而产生的代理成本。该模型的核心思想是：在公司生存的前提下，经营者的利益依赖于他的经理职位，因为破产会使经营者丧失任职期间所享有的一切好处，这就是经营者必须承担的破产成本。因此，对经营者来说，存在着较高的私人收益同较高的破产成本之间的权衡。然而，破产的可能性取决于企业的融资结构，破产的可能性与债务—股权比率正相关。如果投资完全依靠股权融资，破产的可能性为零，但无法约束经营者利用股权资本享受其任职好处的机会主义行为。另外，如果投资完全依靠举债融资，则任何非利润最大化的决策都必然导致破产。因此，可以通过引入负债约束经营者努力工作，避免破产。

经营者在职的另一个好处是能够获得代理权（或控制权）。里斯—雷维吾（Harris Raviv, 1990）考察了企业的负债—股权比及兼并市场三者之间的关系，研究发现，企业兼并竞争的结果取决于经营者的所有权份额。因此存在一种权衡，随着在职经营者股份增大，在职经营者掌握控制权的概率增大，从而其收益增大；另外，如果在职经营者股份太大，企业的价值及相应的经营者持有股份的价值就会减少，因为更有能力的潜在竞争者兼并成功的可能性减少。因此，对于经营者来说，最优的所有权份额是掌握控制权带来的任何个人收益同自有股份的资本价值损失权衡的结果。但在职经营者为了获得控制权，会通过改变负债水平来增加其股份（假定经营者拥有一笔固定数额的财富）。他们证明，代理权之争导致需要一些负债，而确保收购股权不能成功则要求更多的负债。因此，负债能够确保经营者拥有代理权，但是如果兼并是有效率的，可以通过负债约束经营者反抗股权收购，保护股东利益。

破产机制对经营者约束的另一个途径就是阻止经营者在资本市场上再

融资。伯尔顿·斯恰思泰恩（Bolton Scharfstein，1990）建立了一个与哈特—莫尔（1989）相似的模型，该模型的核心思想是：当债务违约时，债权人有足够的力量阻止公司从资本市场上进行再融资，因此也就切断了公司未来的资金来源。由此可见，伯尔顿·斯恰思泰恩对违约的惩罚，是阻止再融资，制造破产危机。

（三）声誉约束

戴蒙德（Diamond，1989）建立模型揭示了负债通过声誉机制对经营者的约束。他指出，资产替代问题（詹森和麦克林，1986）将由于经营者考虑到其声誉而得到缓解。在他的模型里，有两种可能的投资项目，一种是净现值为正的安全项目，另一种是净现值为负的有风险项目，二者的初始投资额相等，并通过负债融资。风险项目有两个结果，即成功或失败。现有三种类型的企业，第一类是只投资安全项目；第二类是只投资风险项目；第三类是两者均可。由于贷款人事前无法区分这几类企业，最初的贷款利率反映了他们对将被选中的项目的平均预期风险。由于资产替代问题，股权价值最大化目标将会使第三类企业选择风险项目。可是如果企业能向贷款人证明，它是只投资于安全项目的企业，则能够享受到较低的贷款利率。由于贷款人只能通过观察企业拖欠债务的历史来判断企业的类型，因此企业可以通过不拖欠债务而建立起只投资于安全项目的声誉。企业按期清偿债务的历史越长，其声誉就越好，借款成本就越低。因此，老的、有声誉的企业将选择安全的项目，从而避免丧失价值无穷的声誉。海什里弗和塞克尔（Hirshleifer and Thakor，1989）也建立模型分析了经营者的声誉机制能够缓解股东的资产替代行为。他们指出，股东喜欢的是高风险高收益的项目，而经营者由于考虑到自己的声誉有积极性选择相对安全的项目。由于经营者在市场上只区分成功与失败，所以，经营者关注的是成功概率最大化，而股东则关注预期收益最大化。如果安全项目成功的概率更高，则即使风险项目的预期收益更大，经营者也会选择前者。经营者的声誉机制将降低债务的代理成本。因此，如果经营者对这种声誉效果非常敏感，企业将不会使这种情况下负债更多。

声誉机制约束经营者行为的前提是存在有效的经理人市场。在竞争性经理人市场上，经理人员的市场价值决定于其"声誉"，即过去的经营业绩；从长期看，经理人员必须对自己的行为负完全责任，即使没有显性激励机制，他们也会积极工作，因为，这样做可以不断改进其在经理市场上的"声誉",从而提高未来的收入(法玛,1980)。由此可见,只有当经营者的经营决策能够及时、充分地以价值的形式在经理人市场上体现出来时,经营者才能够对声誉敏感,声誉才能够约束经营者的行为。

二　债务期限结构对经营者行为的约束

(一)短期债务对经营者的约束

无论是短期债务还是长期债务都因对企业经营者具有硬约束而产生治理效应,但是短期债务与长期债务对经营者约束的侧重点有所不同。短期债务融资要求企业在借款后一年内偿还本息,这要求企业资金有很强的流动性,因此能够强迫经营者保留充足的自由现金流量支付给债权人,避免经营者的非货币性消费或过度投资。由于短期债务的不延期性,使得当企业持续经营的价值小于清算价值时而引发破产清算。詹森(1986)认为,当经营者存在利用公司自由现金流量从事获得私人利益的过度投资的道德风险行为时,短期债务融资有利于经常性地削减公司自由现金流量,而且短期债务还增加了企业发生财务困境的可能性,这将激励经营者更有效地使用企业资金。另外,短期债务能迫使经营者定期关注债权人生产信息,以评价主要经营决策的风险和收益,债权人根据这些新信息将于期限到期时对债务重新定价,来约束经营者的投资不足或资产替代行为。迈尔斯(1977)认为投资不足的激励可以通过发行期限在成长期权被执行前的短期债务加以控制。因为借款人和贷款人在未来期权被执行前重新签订契约,因此贷款人可以根据经营者生产的信息来判断是否行权。斯巴尼亚等(1981)认为,与迈尔斯(1977)的投资不足问题一样,资产替代效应可以通过缩短债务期限加以控制,因为短期债务价格相对于长期债务价格对于企业资产价值变化的信息较不敏感,而且短期债务使企业时常面临还本付息的压力,这就迫使经营者约束其偏好风险的动机,控制资产替代行为。

(二)长期债务对经营者的约束

短期债务融资契约的治理效应主要是因为公司的清算机制和约束经营者对自由现金流量的随意决定权,而长期债务的治理效应主要是因为长期债务能够防止经营者的无效率扩张(哈特和莫尔,1995)。如果企业持续经营价值大于清算价值并且企业的内部资金不能满足投资所需资金,经营者融入资金的能力就会受企业长期负债的制约,也就是说,当企业经营者关注建造帝国的无效投资时，优先的长期负债能够通过抵押现有资产的收益抑制经营者依赖现有资产产生的收益为无效投资进行融资的行为，从而限制企业的无效扩张。波格乐夫和塞顿（博格尔夫和塔登，1994）还指出，长期债务的约束作用主要体现为可以阻止新的资本的流入，也就是说，在经营者愿意以任何代价，或者还不需要以任何代价进行新投资时，能够阻止经营者的最好办法就是使他筹集不到资本。然而，企业大量长期负债的存在也可能制约经营者为净现值为正的项目融资而发生投资不足。因此，拥有大量优质投资项目的公司或增长型公司，其长期债务融资的比例相对较低，以免影响对优质项目的融资；相反，对发展相对成熟或低增长型的行业来说，企业长期债务融资的比例应该相对较高，以实现长期债务对经营者为无效投资进行融资的约束。

三　债务配置结构对经营者行为的约束

企业债务融资过程按其信息是否公开分为公开债务（public debt）融资和非公开（private debt）债务融资，一般将公开债务与非公开债务之间的构成比例关系称为债务配置结构（placement structure of debt）（杨兴全、郑军，2004）。公开债务要求融资企业在公开的债务市场上公开披露大量与他们的业务活动和经营前景相关的信息，以促使投资者购买他们的证券和满足证券监管部门的要求，公开债务融资主要包括公司普通债券、可转换债券、零息债券以及浮动利率票据等公开交易的债务；相反，非公开债务融资并不要求企业公开披露有关赢利项目的关键信息而避免企业的特有（firm-specific）信息泄露给竞争者，非公开债务融资主要包括银行贷款和金融公司贷款等。

（一）公开债务对经营者的约束

公开债务在证券市场上公开发行，拥有众多的个体投资者，每个投资者都要对企业进行调查和监督，就会造成信息生产和监督成本的重复和浪费（莱玛克里斯南和塞克尔，1984），因此很容易产生"搭便车"现象，而不愿意自己付费收集信息进行监督。另外，个人监督的高昂成本与其固定收益的不对称性也大大削弱了投资者的监督激励。但是因为公开债务市场相对来说是非私人的，所以签订的契约是较为正式的和较为刚性的，因此当发债企业不能够及时偿还债务，按照债务契约，债权人通过破产机制获得剩余控制权，从而限制债务人的机会主义行为。另外，债券投资者为

了保护自身权益唯有通过合约设计，增加限制性条款来约束经营者的行为
（詹森和麦克林，1976）。由此可见，债券投资者并没有处在监督的主要
位置上，而金融中介机构比单个投资者有关于投资项目事后投资收益方面
的信息优势，因此能够克服债权分散的公开债务市场上信息收集和实施监
控的"搭便车"问题（戴蒙德，1984）。另外，相对企业债券的发行面对
众多的债权而言，银行贷款的债权人一般较少，因此对提供银行贷款的金
融机构来说，平均违约风险较高，这使得中介机构有强烈的对企业进行监
督的激励（中村俊辅，1973）。

（二）非公开债务对经营者的约束

金融中介机构可以通过与企业的信贷业务来了解企业的信息，因此金
融中介在收集借款企业信息方面具有优势（拉玛克里希南和塞克尔，
1984；博伊德和普雷斯科特，1986 等）。银行的信息优势使得在监督过程
中的信息搜集成本远远低于公众债权人，因此监督成本较低，当监督收益
大于监督成本时，监督是有效的，因此银行比公众债权人有更强的监督动
机，而公众债权人因为高昂的监督成本而无法监督（拉詹，1992）。斯蒂
格利茨（1985）认为，银行在监督管理层方面处于有利的地位，与通过
证券市场融资相比，银行具有鲜明的监督控制能力，因此应由银行实施监
控职能。他比较了银行控制、股权集中和经营者声誉三种控制机制，认为
银行控制是最重要的，贷款人通过明确或默认的契约直接或间接地部分控
制着管理层，银行贷款的契约性质使银行具有较好的控制能力。特别是在
辛迪加贷款中，一家银行处于"牵头"银行的地位，承担着保证借款者
被有效控制的责任。如果允许银行持有企业一定比例的股票，银行的监控
动力就更强。当银行持有企业的股票，银行就和股东具有相同的控制权，
能够控制企业的内部经营和决策。即便如此，大股东的性质能够影响其监
督行为，德瓦特里庞、梯诺尔（1994）也发现在干预企业问题上，持债
人（如银行）普遍总是具有过高的积极性，而持股人却带有典型的消极
被动性。为了有效地对企业进行管理，最好是让两种资产的持有者轮换进
行控制。在经济形势好的时候让本质上对干预企业持消极态度的持股人控
制企业经营者；经济形势不好时，就应由本质上严格管理的持债人来干预
了。当债务人陷入财务困境时，企业对银行的依赖性更大。帕斯奥毛恩梯
（2003）指出，在公司重组、短期债务到期、较差的债权人市场环境中，
银行需要发挥出领导作用，才会促进有效的公司治理。存在较高的财务杠

杆时，银行也必须发挥较大的作用。但由于银行和企业之间存在关于初始信贷契约再谈判的可能，使得银行贷款成为"软约束"，因此，即使企业陷入财务困境，不能清偿债务的时候，银行可能也不会马上要求企业破产。

无论是公开债务融资还是非公开债务融资，当企业不能偿还债务时，债权人可以要求企业破产清算，但由于交易成本的存在，选择清算还是重组常常取决于债权人的集中程度。如果债务集中在少数债权人（如银行）手中，很可能通过债务再谈判来解决债务清偿问题，债务重组就更有可能发生；但如果债务分散在众多债权人时，进行债务再谈判的成本过高，更有可能发生清算。因此，银行借款是"软债务"，发行债券是"硬债务"。

第四节 信贷契约治理理论

信贷契约作为债务契约的主要部分，其治理作用不容忽视。因为银行具有信息和监督优势，理论上，信贷契约能够产生治理效应。但信贷契约的治理效应还取决于契约的完备性和信贷契约治理的宏观条件。下面从理论和实证两个角度梳理信贷契约的治理理论。

一 信贷契约治理的理论研究

（一）完全信贷契约理论研究

信贷契约的治理作用体现为银行通过信贷契约设计实施监督职能。由于借贷双方有关事后企业投资项目收益方面存在信息不对称，因此银行需要进行监督，克服信息不对称对借贷行为造成的影响。监督是有成本的，如果信贷契约当事人在缔结契约时能够完全预期到可能发生的所有状态，并将所有状态进行特定化，推导出与事后的企业投资项目现金流收益分配相对应的激励相容契约，那么此时的信贷契约是完备的信贷契约。标准的信贷契约应该满足三个条件：一是银行个体理性约束条件，即银行提供贷款所获得的收益不能小于其将该资金投资于安全资产所能获得的期望收益，二者至少相等。二是借方有限责任条件，即在有限责任制下，借方通过投资所获得的期望收益或期望消费不能为负。三是借方激励相容约束条件，即在有关企业投资项目收益方面，借方必须向银行提供真实信息。汤森德（Townsend，1979）最早运用完备契约理论的"成本状态验证"

（costly state verification，CSV）分析方法论述了激励相容金融契约的特征和条件，并得出了存在事后监督成本的情况下，企业为筹集资金而发行的最优激励相容契约是负债契约。汤森德的理论模型是一个企业家和一个投资者的两人经济模型，那么他的研究结论说明了最优激励相容契约的负债契约是一个企业家和一个债权人的债务契约，现实中更多地表现为企业与银行的信贷契约。在汤森德之后，戴蒙德（1984）还分析了企业家和金融机构之间存在非金钱惩罚因素时的最优借贷契约。加勒和赫尔维格（1985）通过借贷契约模型分析了竞争的资本市场条件下，最优的借贷契约是一个标准的含有破产机制的借贷契约，此时，破产发挥着对企业投资项目收益的事后状态进行确认的功能。

（二）不完全信贷契约理论研究

完全的信贷契约在现实中是不存在的，格鲁斯曼和哈特（1986）指出，由于个人的有限理性，外在环境的复杂性、信息的不对称性和不完全性，契约当事人或契约的仲裁者无法验证或观察一切，从而造成契约条款的不完备性。在不完全契约下，当发生契约中未能明确规定状态或事件时，契约的当事人必须对不可观测状态或事件的处理和收益分配等进行再谈判。到底谁拥有决定处理不可观测状态或事件的决策权呢？关键是谁拥有剩余控制权（格鲁斯曼和哈特，1986）。不完全信贷契约所要解决的也是在不确定性状态下，最优剩余控制权的分配问题。阿弘和博尔顿（Aghion、博尔顿，1992）最早分析了企业融资契约的剩余控制权分配问题。他们在不完全契约模型中导入了企业家财富约束要素，分析了不同收益状态和投资下，不同的企业控制权分配对企业融资及投资可能的影响，并得出了负债契约能有效配置企业剩余控制权的观点。阿弘和博尔顿的研究说明了，在不完全契约下，无论何种形式的债务融资契约，本质上都是一种依存于企业收益状态的控制权相机配置机制：当企业投资项目产生的现金收益能够确保债权人获得约定的固定收益时，股东或者经营者拥有企业的剩余控制权；当企业投资项目产生的现金收益无法偿还债权人约定的固定收益时，企业的剩余控制权就转移给了债权人，由债权人决定是否对企业进行清算。但由于银行和企业之间存在信息不对称，经营者为了拥有剩余控制权会产生道德风险，因此，存在信息不对称时，金融中介机构具有了存在的意义和作用。戴蒙德（1984）认为，如果企业家向多个投资者筹集资金进行项目投资，如果存在项目投资事后收益方面的信息不对称，单个投资者可能因为监督成本太高，或因为"搭便车"行为而放弃对企业家的监督，此时，如果众多投资者将事后的监督委托给一个代表的投资者来进行，就可以降低监督成本和避免"搭便车"问题。现实中的金融中介机构就是这一代表监督者，金融中介机构从众多投资者手中获得资金，并承诺向其支付固定报酬，然后将资金贷给企业家，并花费一定成本进行监督。

（三）信贷契约治理理论

银行作为主要的金融中介机构相对于一般投资者具有信息方面的优势，具有获得信息的规模经济（戴蒙德，1984），而且戴蒙德（1991b）和梯诺尔（1997）还发现，银行利用拥有的信息资源，在项目审查方面具有优势，可以更好地监督公司项目选择的正确性，从而减少公司投融资决策方面的失误，提高公司绩效，因此银行具有监控企业的更强动机（戴蒙德，1984）。银行之所以具有信息优势，能够获得资本市场中其他利益相关者难以获得的信息，卢玛和麦康奈尔（1989）认为有两方面原因，一是银行投资于信息收集技术，从而使它们在评价借款机会的风险程度上具有竞争优势。当一个潜在的借款人向银行申请借款，银行会评估借款人，银行的决策将作为一种关于潜在借款人信息的信号，传递给资本市场的参与者。斯顿和司麦夫（1976），坎贝尔和卡卡乌（1980）充分发展了这一观点，假设公司只有在当前没有银行融资，或者新的信贷条件比已有的信贷合约更为有利时，才会签订新的银行贷款协议。这一理论逻辑推理预测，当有新的银行贷款公告时，股票价格将有正的反应。二是因为银行与客户亲密的、持续的业务关系，从而使银行能够获得关于其客户的私有信息（法玛，1985）。詹姆斯（1987）也认为银行对借款顾客有额外的信息，特别是对小企业或中等规模的企业，这是因为银行经常向这些顾客提供服务（如交易清算等），这些服务具有补充信息的特征。

银行的信息优势有助于设计合理的信贷契约，约束或激励经营者行为，从而发挥治理作用，产生治理效应。让·梯诺尔（Jean Tirole，2007）通过建立理论模型研究了信贷契约的治理作用，银行可以通过是否发放贷款、贷款合同的期限、贷款的抵押等来激励经营者努力工作。戈顿和派尔（2000）通过建立理论模型设计信贷合约，他认为可以通过抵押要求来弥补借款人违约时银行所遭受的损失；而且可以在合约中设计一些较紧的限制条款，从而使银行能够在任何时候根据自己的需求中断借款。限制性条款包括肯定条款和否定条款，前者要求借款者执行某些行为，如定期向银行提供财务报表，维持一定的流动比率和资本结构等，后者则是限制借款者的一些行为，如限制借入新的债务、购买额外的固定资产、兼并、出售资产、股利分配等（罗斯，1999）。通过这些限制性的条款来限制借款企业的行为，保证借款企业能够有充足的现金流还本付息。可是，马瑟（2004）认为借款合同中的限制性条款具有两面性，一方面如果限制性条款设计得松弛，不可能有效地控制借款人潜在的机会主义行为；另一方面如果限制性过于强制，则有可能会影响借款人的最佳投资战略从而引发贷款拖欠。

二　信贷契约治理的实证研究

理论研究大都是基于一定假设条件的研究结果，势必需要大量的实证研究加以证实。由于各国的宏观环境和选取样本的差异，各国实证研究的结果未必一致，但能够为理论研究提供更多的证据。理论研究分析了银行的信息优势有助于信贷契约发挥治理作用，银行在进行契约设计时主要依靠财务信息，因此财务信息质量影响信贷契约的治理效应。另外，信贷契约治理作用能够产生预期的治理效应，还受制度环境的影响。

（一）财务信息对信贷契约治理的有用性

信贷契约治理作用是否有效取决于信贷决策程序中银行掌握信息的准确性和完备性，以及在信贷决策中借贷双方的谈判力度。信贷决策程序中主要利用的信息是财务信息，通过财务信息能够考察借款企业目前资本结构对债务的保障程度，而且也能够通过对某些财务数据的设定来限制借款企业未来的资本结构变化，以保证债务的未来保障程度。摩尔曼（1996）通过对 228 个信贷契约的考察发现，其中有 76% 的合同使用了会计数据条款，这说明会计指标的使用已经成为了债权人对债务人进行间接监督的重要方式。科特（1998）通过对澳大利亚银行高级经理的走访调查发现，会计信息限制性条款的内容最为广泛的是限制财务杠杆、利息保障倍数、流动比率和优先偿还权债务比率等会计信息，而且条款的限制力度因公司规模、行业不同而异，规模大的公司采用的条款限制力度较弱，工业企业比其他行业（如采掘业）的企业采用的条款限制力度较弱。为了验证走访调查结果的真实性，他将 23 份实际的银行借款合同与走访调查结果相比较，发现两者是基本一致的。阿卜杜勒（1973）对贷款决策质量与会计信息使用进行了研究，他们发现"信息越详细、对贷款决策越有用"这一情况只在一定条件下存在，而财务比率的预测能力在没有更详细信息的支持下不见得很强。这是因为借款企业为了获得贷款或者是获得优惠利率的贷款，通常会利用会计政策选择等盈余管理手段来粉饰报表，降低会计信息的真实性和客观性，因此，银行更加关注会计政策的稳健性（瓦特，2003）。因为稳健的会计政策能够使得"坏"的项目尽早被发现，从而使资本及时从这些项目撤出或减少对这些项目的投入（布什曼等，2005），这其中当然也包括银行信贷资本。艾哈迈德等（2002）的研究表明，借款企业会计政策的稳健程度与其债务成本呈负相关，即会计政策越稳健，其债务融资的成本越低，这说明银行等债权人对稳健会计政策运用的关注，并把它作为贷款定价和控制风险的依据。巴特等（2006）也发现盈余质量低的企业利率更高，贷款期限更严格，而且可能需要抵押。上述研究都说明了银行在签订信贷契约时对会计信息的重视，并对盈余管理的企业进行"惩罚"。

银行也会利用其他中介机构所提供的非会计信息服务来进行信贷决策，拉姆齐和西杜（1995）对银行借款合同中非会计信息的限制性条款进行了研究，他们的研究结果表明，在银行借款合同中，以非会计信息为基础的限制性条款是有效的，其内容涉及产品/投资政策、股利支付政策、融资限制、偿还方式的调整等公司多个经营方面。埃斯蒂斯和德利玛（1977）研究了不同类型的审计意见对贷款决策程序的影响程度，他们向222个贷款主管寄发问卷调查，问卷模拟了现实贷款决策情形，要求调查者对涉及会计原则的保留意见的会计报表做出"最大贷款额"的决策，统计结果表明：不同类型的审计意见对贷款主管的决策程序并无显著的影响。而弗斯（1978）的研究却得出不一样的结论，他研究发现：无保留意见公司被给予的"最高贷款额"显著大于持续经营和资产计价两类保留意见公司；"偏离公认会计原则"保留意见公司被给予的"最高贷款额"显著大于持续经营和资产计价两类保留意见公司；持续经营和资产计价两类保留意见对"最高贷款额"的影响并不显著，贷款决策者并不区分这两种类型的保留意见。由此可见，审计意见是有信息含量的，但银行对审计意见信息的使用是有针对性的，因为相对于股东，债权人比较保守，他们更加关注的是资产的变现能力。基恩（2006）等研究了审计师的特征（规模和审计任期）与贷款利率之间的关系，根据公司财务杠杆的高低、是否具有投资价值和分析师跟随的多少，分别将总样本一分为二，结果发现，财务杠杆高、不具有投资价值和分析师跟随少的子样本，审计师特征对贷款利率作用的显著性更强；当借款公司发生审计师变更时，银行会要求更高的贷款利率，且这种作用在于"四大"变更为"非四大"和"非四大"之间的变更时更加显著。这说明了审计的特征对贷款利差的影响很显著，审计师的规模和审计任期能够增加审计意见对财务报告真实性和客观性的合理保证程度，审计师的规模越大，任期越长，越能够发现财务报告中的错报、漏报等现象。而且银行对证券分析师提供的信息也很关注，因为利斯（1981）调查发现，分析师的信息来源按重要性排序依次为：会见公司管理层；10—K（美国 SEC 要求的财务报告披露的格式之一）以及其他提交给证券交易委员会的报告；年度和中期股东报告；经营者预测（如果披露）；公司管理层的其他正式陈述。

我国学者饶艳超和胡奕明（2005）以问卷调查的方法得到的样本研究发现，信贷人员在利用会计信息进行信贷决策时，利用资产负债表、损益表和现金流量表最关注的前五个报表项目分别是经营活动产生的现金流量净额、长短期借款科目、应收账款科目、主营业务利润科目。由此可见，银行签订借款合同，最关注的是现金流的充足情况，因为现金流直接影响银行能否及时收回贷款本金和利息；另外，还可以看出，银行很关注债权保护，因为长短期借款和应收账款体现了借款企业现有债务结构，银行一旦签订借款合同，就成了借款企业的新债权人，根据《破产法》规定，企业一旦破产，对于没有优先权的债权人来说，对于剩余的破产财产应根据债权比例进行偿还。这说明了现有债权人越多，新债权人所受的物质保护越小，因此，银行非常关注贷款前借款企业的现有债权结构。一般地，赢利是产生现金流的源泉，赢利能力越强，企业的违约风险越小。孙铮、李增泉、王景斌（2007）检验了会计信息对信贷契约有用性的影响，他们选择了流动比率、速动比率、现金比率、股东权益比率、利息保障倍数、清算比率、营业毛利率、净资产收益率、总资产报酬率和资产周转率10 个会计指标反映公司的偿债能力和赢利能力，然后运用主成分分析方法获得偿债能力因子和赢利能力因子作为解释变量，研究发现公司获得贷款的可能性及获得贷款的期限与偿债能力和赢利能力呈显著相关性，说明银行的信贷决策非常关注公司的赢利能力和偿债能力，因此，体现了会计信息对信贷契约的有用性，同时也验证了饶艳超和胡奕明（2005）问卷调查的结果。但孙铮、李增泉、王景斌（2007）还发现，由于产权的影响，降低了短期信贷契约对偿债能力的关注和长期信贷契约对赢利能力的关注。说明制度环境影响信贷契约的治理效应。陆正飞、祝继高、孙便霞（2008）研究了存在盈余管理情况下会计信息对信贷契约的有用性，研究发现赢利能力越好的企业，越容易获得更多的银行长期借款，这表明会计信息在信贷契约中发挥着重要的作用。但盈余管理程度高的公司与盈余管理程度低的公司相比，ROA 与本年度新增长期借款的相关性并无显著差异，这说明银行并未有效区分会计信息质量，即银行不能识别上市公司的盈余管理行为，上市公司的盈余管理行为损害了会计信息的债务契约有用性。

（二）制度环境对信贷契约治理的影响

制度环境能够影响信贷契约的治理效应，主要体现在金融市场的发达程度、法律保护以及政府的干预程度对信贷契约治理效应的影响。发达的金融市场能够有利于银行判断企业的质量从而进行信贷决策，发达的金融中介和金融市场能够减少市场不安全性，有效地减轻信息不对称的程度，从而降低债务融资成本（拉詹和津加莱斯，1998）。提供充足的债务资本（孔特和维奇，2002）。法律是维护契约双方谈判地位的保障，因为不同的书面法律和法治水平对债权人的保护是不同的（拉波尔塔等，1998）。钱和斯特拉恩（2007）通过实证研究发现，国家间债权人的法律保护差异确实能够很好地解释银行和企业之间的信贷契约，以及签订和执行合约的成本。莱文和麦鲁尼（2005）发现，不同国家间的司法效率[①]与利率差负相关，而且捷普利等（2005）也发现，司法效率的改善将降低企业面临的信贷约束，有助于提高银行的贷款意愿。孔特和维奇（1999）研究发现，法律保护程度和长期贷款比例成正比例关系，在法律保护程度越强的国家，债务期限越长；而法律保护程度比较弱的国家，短期贷款更多。由此可见，法律维护了债务契约双方的谈判地位，保护了债权人利益，同时，法律也使借款企业获得了更多的贷款和更优惠的利率。因此，有效的法律体系能够维护债务契约双方的平等地位，从而达到双赢的结果。

当司法体系不能保证债务契约得以有效执行时，"政府关系"就成为了重要的替代机制（孙铮等，2005）。因为"政府关系"是一种声誉机制（孙

---

① 司法效率指的是法律制定的完善程度和法律的执行程度。

铮等，2005），可以帮助有政治关系的企业获得更多的贷款。但政府干预阻碍了市场化程度，使得银行或有政治关系的公司可能因为这种声誉机制而偏离利润最大化目标（施莱弗和维什尼，1994）。具体地说，政府干预能够使银行产生差别贷款，具有"政治关系"的企业能够获得优惠的利率，而且银行对企业的监管也会放松（法乔，2006），因此，约翰逊和米顿（2003），弗雷泽等（2006），赫瓦贾和米安（2005），白崇恩等（2006），恰鲁米林等（2006）及克拉森等（2007）分别对马来西亚、巴基斯坦、中国、泰国和巴西的研究发现，有政治关系的企业更易于获得银行贷款。在法律体系不健全和公司治理不完善的情况下，银行会较少地为企业提供长期债务融资（吉安尼提，2003 等），因为短期债务能使银行及时、经常地获得有关贷款企业生产和经营方面的信息，从而有利于银行对企业进行更加紧密的监督与控制（戴蒙德，1991；拉詹，1992）；而且当企业出现财务困境时，短期借款能够更好地利用破产机制，有利于银行收回资金（戴蒙德和拉詹，2001）。因此，企业要想获得更多的长期债务融资，就必须向银行提供更多的信息或担保，银行为此也要进行更多的监督（戴蒙德，1991，1993）。但是，在政府干预的情况下，政府可以通过财政补贴降低企业违约的可能，从而企业更容易从银行取得长期借款；还可以直接通过对银行借贷决策的影响，帮助企业获得贷款，并且，为了降低官员轮换对贷款成本的影响，这种贷款更多的是长期贷款（Fan 等，2004）。

政府对银行信贷行为的影响取决于金融系统的市场化程度和产权保护程度，拉波尔塔等（2002）的研究发现政府对经济干预多、金融系统落后和产权保护弱的国家，银行产权由政府所有的比例更高。所以，具有国有产权的银行理所当然会"偏爱"具有"政治关系"的企业，为它们提供优惠的贷款利率。萨皮恩扎（2004）对意大利银行的研究发现，相对于私有银行，国有银行向类似的或者相同的企业提供贷款所要求的利率更低，意大利国有银行偏好对经济困难地区的企业提供更低利率的贷款。而且他还发现意大利国有银行的贷款行为受到与银行有密切关系的政党的影响：企业所在地区的政党越强大，企业获取贷款的利率越低。由此可见，政府干预降低了金融环境的市场化程度，使银行的信贷决策往往偏离了银行利润最大化目标，更多地成为了实现政治目标的工具，因此，弱化了银行监督的激励，不仅对具有"政治关系"的企业提供宽松的信贷政策，而且也放松了对贷款使用情况的监控。赫瓦贾和米安（2004）对巴基斯坦 1996—2002 年间的企业贷款的研究发现，具有政治关系的企业从银行获得的贷款是其他企业的两倍，但拖欠率却比其他企业高出 50%，并且这种情况仅发生在政府控制的银行，与政治关系相伴的寻租所产生的成本占到每年 GDP 的 0.3% 到 1.9%。当公司陷入财务困境时，政府更愿意为国有上市公司提供援助（勃兰特和李，2003）。而且，上市公司对于地方政府而言是"免费"的融资渠道，当上市公司发生财务困境时，不是市场力量发挥作用，而是政府积极推动公司进行债务重组（谢德仁、张高菊，2007），在政府干预下，破产机制对债权人保护失效，因此，政府干预弱化了债权人的监督的激励。

　　由于我国正处于经济转轨时期，金融系统没有实现完全市场化，政府干预不仅影响银行的信贷行为，而且由于预算软约束，我国银行同样存在监督激励弱化的问题。江伟、李斌（2006）考察了我国国有银行在对不同性质的公司发放长期贷款时是否存在着差别贷款，以及在不同的制度环境下，国有银行在发放长期贷款时的差别贷款行为是否有所不同。研究结果表明，相对民营上市公司，国有上市公司能获得更多的长期债务融资；进一步的研究发现，在政府干预程度比较低的地区以及金融发展水平比较高的地区，国有银行对不同性质公司的差别贷款行为有所减弱。这一研究成果有助于更加深入地理解导致国有银行差别贷款行为的制度根源。孙铮等（2005）实证分析了地区市场化程度对当地企业债务期限结构的影响。结果表明，企业所在地的市场化程度越高，长期债务的比重越低，这种差异主要归因于地方政府对企业干预程度的不同。黎凯、叶建芳（2007）从财政分权的角度检验了中央政府与地方政府对银行贷款行为的影响。研究发现，中央政府和地方政府对短期借款基本没有影响，中央政府控股的上市公司对长期借款的需求较小，而且很少通过政府干预力量获得更多的长期借款。政府干预强度能够显著增加中央政府控股和地方政府控股的上市公司的长期借款。这说明了政府并不是对所有银行贷款行为都有影响，而是对银行贷款进行选择性干预。

　　政府干预是我国学者研究银行差别贷款的主要角度，但是却不是唯一角度。余明桂、潘红波（2008）分别以民营企业和国有企业为研究对象，检验了政治关系、法治、金融发展对银行贷款行为的影响。研究发现，有"政治关系"的企业比无政治关系的企业获得更多的银行贷款和更长的贷款期限；而且，地区的法治水平和金融发展水平越高，企业获得的银行贷款越少，贷款期限越短。由此可见，由于我国特殊的制度背景，使得银行在签订信贷契约时受到金融发展水平和政府干预的影响，从而影响了我国信贷契约的治理效应。田利辉（2004）以1994—1998年上市公司数据为样本发现我国银行贷款规模越大，经理层的公款消费和自由现金流量越大，这说明银行不但没有监督经营者为偿还债务而努力工作，反而使得银行贷款成为经营者进行在职消费的资金来源，说明了我国信贷契约治理失效。邓莉、张宗益等（2007）以2001年至2004年上市公司数据为样本，研究了贷款期限的公司治理效应，研究发现我国银行贷款无论是短期还是长期，对借款公司都没有显著的治理效应。黄乾富、沈红波（2009）以中国制造业上市公司为研究样本，检验了银行贷款对过度投资的约束作用，研究发现，银行贷款由于受到政府干预缺少对企业过度投资行为的约束作用，童盼（2005）也发现银行借款抑制投资规模的作用小于商业信用。高雷等（2006）从银行债务与资金侵占之间的关系来考察信贷契约对现金流的约束，研究发现，银行债务越多，控股股东侵占上市公司资金的程度越严重，这说明了我国银行信贷契约不仅没有通过现金流约束来保护自身的安全，反而加剧了上市公司对银行的利益侵占，而且他们还发现当上市公司受国家控制或受政府干预多时，控股股东才会通过侵占上市公司资金的方式损害银行债权人利益。邓莉、雷光勇、刘慧龙（2008）研究了不同产权环境下，信贷契约对现金股利支付的约束作用，研究发现，短期债务对现金股利的制约作用最为明显，而长期债务只是在非国有控制的公司中才能够制约现金股利支付，而且在公司最终控制人为非国有产权的情况下，短期债务和长期债务对公司现金股利的影响，比公司最终控制人为国有产权控制的情况下更为明显。这些债务主要是银行借款，这说明了我国银行能够在一定程度上对经理层的"自由现金流量问题"的"代理控制"，或是对大股东"资源转移"问题的"代理控制"进行监督，而且这种监督作用在非国有产权性质的公司更为显著。

第五节　文献评述与总结

一　文献评述

债务融资能够通过约束现金流、破产机制、声誉机制来约束经营者的机会主义行为，从而产生治理效应。而且，不同期限的债务、不同配置结构的债务的治理作用不同。由于银行存在信息和监督优势，则银行的信贷契约具有治理作用。信贷契约治理的研究是以企业契约理论和信息不对称理论为基础，强调了银行和借款人之间通过信贷契约设计来缓解利益冲突，因此信贷契约治理的结果是激励经营者努力工作，减少代理成本，提高公司绩效。银行在进行信贷决策时主要是利用财务信息来判断企业的财务状况和治理状况，从而决定是否提供贷款、贷款利率、贷款期限以及限制性条款等，从而保证债务的安全性。信贷合同对债务人的约束力取决于金融发展水平、法治水平和政府干预程度，总的来说，金融系统越发达，银行信贷行为的自主经营的能力越强，越有动力通过设计信贷契约来监督借款企业的经营行为；一个国家的法治水平是债权人利益的保障基础，法治的威慑力能够强制债务人履行债务合同；政府适当干预能够成为法律保护的替代机制，但同时政府干预能够降低金融系统的市场化程度，使得银行贷款行为受政府多重目标的干预，因此将导致预算软约束，使银行降低甚至失去了监督的动力。

从国内外学者的研究结果来看，债务的治理作用是毋庸置疑的，而且由于银行的信息优势，其治理作用也受到了足够重视。银行在进行信贷决策时会关注企业各个方面的信息，根据信息评价的结果设计合理的信贷契约来约束借款人的机会主义行为。因此信贷契约的治理作用与财务信息息息相关，但由于会计信息的真实性和可靠性会影响治理效应，另外制度环境也能影响治理效应，因此国内外学者都关注了这两个研究角度。由于我国处于经济转轨的特殊时期，无论是会计信息处理还是金融发展水平、法治水平和政府干预程度都体现出了与西方国家完全不同的特征，我国的制度背景的大体特征是金融系统长期依赖于国有产权性质，一直是政府完成政治目标的工具，虽然近几年我国国有商业银行不断进行公司制改革，但仍然没有摆脱政府的干预；我国法律制度不健全，而且执法系统效率低下，导致我国债权人法律保护环境较弱。这样的制度背景使我国学者对信贷契约治理效应的研究可能得出与国外学者不一样的结论。通过对上述文献回顾，目前对信贷契约治理效应的研究还欠缺以下几个方面：

（1）国内外学者对信贷契约治理的研究侧重于信贷契约签订前影响银行信贷行为的因素研究，而忽视了信贷契约签订后信贷契约治理结果的研究。如果单纯侧重研究一个方面是不全面的，对于信贷契约治理的研究也就不连续不全面。因此，本书认为对于信贷契约治理的研究应先研究影响银行信贷决策的因素，如果银行的信贷决策依据公司的财务状况和公司治理状况，再继续研究信贷契约是否会产生治理效应。

（2）国内外学者都关注了贷款利率、贷款期限、贷款规模的治理作用，但是债务再谈判对于信贷契约来说是很重要的内容，因为由于信息不对称，初始信贷契约不可能包含对未来所有事项和行为的规定，因此债务再谈判是非常有必要的。可能由于债务再谈判的内容是不确定的，所以限制了国内外学者对债务再谈判治理作用的研究，使得信贷契约的治理作用研究不完全。

（3）国内外学者都承认信息不对称是产生债务治理的主要原因之一，但却很少关注信息透明度对信贷契约治理效应的影响。银行监督利用的信息主要是财务信息，但是由于盈余管理使得财务信息对信贷契约的有用性大大降低。因此，在对上市公司进行研究时，还应该关注信息披露质量对信贷契约治理效应的影响。因为上市公司信息披露的初衷是供股票投资者使用，为了保证股票投资者的利益，我国证券监管部门加强对上市公司信息披露的监管，从信息披露的质量、数量两个方面要求上市公司定期、及时、充分披露财务报告和重大事项，因此，政府监管在一定程度上保证了信息披露的质量。由于上市公司的信息披露对银行来说是公共信息，几乎是"免费"的信息，因此根据成本收益的原则，银行应该利用上市公司披露的信息来判断公司质量，进行信贷决策。因此，本书认为信息披露质量能够影响信贷契约的治理效应。

二　本章小结

信贷契约治理效应的研究是以企业契约论和信息不对称理论为理论基础的，由于企业是各经济利益主体缔结的一系列契约的连接点，信贷契约作为企业契约的一部分，能够影响企业的价值。由于信息不对称和契约的不完备性，会使得信贷契约当事人之间存在利益冲突，因此，银行需要通过设计信贷契约缓解借贷双方的利益冲突，从而起到治理作用，产生治理效应。在信贷契约中，银行是委托人，借款人是代理人，由于代理人参与经营活动的全过程，所以，具有信息优势，从而代理人可能会利用信息优势产生道德风险行为。因此，银行需要对借款人进行监督，监督和惩罚借款人损害银行利益的行为，从而产生治理效应。汤森德（1979）最早研究了完全金融契约的激励相容条件，认为借款契约是最优的激励契约。由

于个人的有限理性，外在环境的复杂性、信息的不对称和不完全性，契约
当事人或契约的仲裁者无法验证或观察一切，从而造成契约条款的不完备
性。不完备契约主要研究剩余控制权的配置问题，阿弘和博尔顿（1992）
最早研究了不完全金融契约的剩余控制权配置问题。企业经营良好的时
候，经营者或股东拥有控制权，由于信贷契约对破产问题的约束，当企业
陷入财务困境的时候，控制权就转移给了银行。由于银行具有信息收集技
术和客户长期的业务往来，使得银行具有信息优势，具备监督的能力和动
力。如果银行在签订信贷契约时关于企业的项目事后收益和现金流具有完
备的信息，那么银行可以通过信贷契约设计来有效约束借款人未来的机会
主义行为。但是现实中，信息不对称是不可避免的，因此会使得银行监督
失效。在信息不对称情况下，银行可以通过是否发放贷款、贷款的期限、
贷款利率、贷款的限制性条款等来起到治理作用。信贷契约的实证研究主
要是从财务信息对信贷契约治理作用的有用性和制度环境对信贷契约治理
作用的影响两个角度来研究的。实证研究表明，信贷契约设计主要依据会
计信息，但由于盈余管理，使得会计信息质量降低，因此，财务信息的质
量影响信贷契约的治理效应，而且由于政府干预、法治不健全和金融市场
的发展程度弱化了银行的监督激励。

　　但通过文献回顾发现，国内外的学者对信贷契约治理的研究，认为信
贷契约的治理作用必然会产生信贷契约的治理效应，所以侧重研究了信贷
契约的治理作用。但本书认为，治理作用和治理效应是两个不同的概念，
治理作用的结果还取决于其他因素，因此只对信贷契约治理作用进行研究
是不全面的。国内外学者都关注了银行通过设计信贷契约的贷款规模、贷
款利率和贷款期限来产生治理作用，但对债务再谈判治理效应的研究较
少。另外，信息不对称是产生信贷契约治理作用的关键因素之一，但学者
却很少关注信息透明度对信贷契约治理效应的影响。基于上述国内外学者
研究缺陷，确定了本书的主要研究内容。

第三章

信贷契约治理效应的理论分析

债务融资具有治理效应首先是由于债务定期付息的特征约束现金流和固有的破产威胁，但是债务治理效应的实现很大程度上取决于债务人的履约情况，因此债务具有治理效应的第二个原因是债权人为了保障债务的安全程度，需要对债务人的机会主义行为进行监督。但由于债权人是债务资本使用的委托人，而债权人是代理人，所以双方存在信息不对称是不可避免的，因此，信息是信贷契约治理的基础。另外，债权人通过设计信贷契约进行监督，但不一定能够得到预期的结果，信贷契约的治理效应需要一定的实现条件。理论上，如果银行在签订信贷契约前和签订信贷契约后拥有关于借款企业的充分的信息，并且信贷契约设计和履行过程中能够充分保障契约的有效履行，那么银行能够通过设计最优的信贷契约以约束经营者机会主义行为，或者激励经营者努力工作，从而产生治理效应。

第一节　信贷契约治理的基础和实现条件

由于信贷契约双方存在信息不对称，因此，信贷契约的治理效应需要以充分的信息基础为前提；信贷契约是否能够起到约束或激励作用，要视信贷契约是否"硬约束"，因此，信贷契约产生治理效应是需要实现条件的。

一　信贷契约治理的基础：信息

契约论将企业看作是一系列契约的集合（科斯，1937；阿尔钦和德姆塞茨，1972 等），这种观点试图打开企业这个"黑箱"，把注意力从企业与外部市场的关系转向企业内部人与人之间的关系上，形成了以市场为基础的契约关系。这些契约关系可能是正式的，也可能是非正式的，但这些契约应该都是自愿达成的。契约赋予了参与主体的权利，同时也规定了相应的义务，当契约主体间存在着完美信息，则契约能够有效保障参与主体的权利，同时也能有效地监督相应义务的完成情况，此时的契约是有效的。但是由于现实的信息不对称，契约能否有效保障权利和约束相应的义务，取决于签订契约时对未来不确定事项的估计。但由于人的有限理性，很难对未来不确定事项进行全面估计。张维迎（1999）认为信息能够解决这个问题，他认为信息的经济作用主要体现在三个方面：首先，信息以市场信号的形式显示社会稀缺资源配置的有效程度；其次，信息具有减少不确定性从而确定决策的经济作用，因为现实中不确定总是存在的，而不确定性的减少又有赖于信息的获取，因此只有在信息足够的条件下，才能建立起适合未来变化的决策模型；最后，信息是企业经营管理的手段或工具，经济信息是企业经营管理的出发点和决策依据。资本市场是实现资本流动的平台，资本的流向取决于理性投资者对期望收益和投资风险的评估，因此信息对投资者的决策起着非常重要的作用，它是资本流向的前提。有效的资本市场总能使资本从经营效率高的企业流向经营效率低的企业，这是因为有效资本市场的投资者能够获得与投资相关的完全信息。但是有效的资本市场在现实中是不存在的，即使是经济发达的美国的资本市场也只是处于弱势有效状态（法玛，1970）。因此，现实中，资本市场上的资金供应者和需求者之间总是存在着信息不对称。

（一）信息不对称与信贷市场

信贷市场最主要的功能就是完成从储蓄到投资的转化，从而进行资源配置，而信息是促进这种转化和资源配置的基础，在一个信息"完全而没有成本"的世界中，信贷市场有效率地进行资源配置的结果是为收益高的项目提供资金。但现实中，信贷资源配置过程中不可避免地受到信息不对称的影响，资金未必能得到最优配置。这取决于信贷契约关系的特殊性，借贷关系不同于一般买卖关系，主要体现在以下三个方面：第一，借贷契约当事人之间的不平等，贷款协议中更多地限制了借款人的行为；第二，借贷双方承担风险的非对称性，由于借贷双方权利义务存在时间间隔，因此借款人与贷款人承担风险关系是单向的[①]；第三，贷款利益的分

① 在借贷关系中借贷在前，还款在后，所以一旦发生借贷关系，剩下的仅是借款人不履行义务，而不会出现贷款人不履行义务，所以从风险承担的角度看，借款人与贷款人承担风险关系是单向的。

享和贷款失败风险不对称，对于贷款人来说，项目成功，获得固定的利差收益，项目失败，不仅不能获得利差收益，甚至可能失去本金；对于借款人来说，项目成功，获得支付利息后的剩余收益，项目失败，由于有限责任制，以其出资额为限承担债务。借贷关系的特殊性必然导致信贷市场的信息不对称，信贷市场的信息不对称是指信贷契约双方当事人不能拥有一致对等的信息，借款人持有关于自己的经营状况、风险状况及资金用途等真实情况的私有信息，而银行则较难获得这方面的真实信息。信贷市场中的信息不对称包括事前的信息不对称和事后的信息不对称，事前的信息不对称主要是指在银行与企业签订贷款协议时，对借款人实力、信誉、贷款项目质量、市场前景等方面存在的信息不对称，借款人比银行拥有更多的私人信息，借款人为了争取以更优惠的条件获得更多的贷款，部分信息不能或不愿提供给银行；事后的信息不对称主要是指在银行贷款后，借款人的情况发生变化或借款人作出不同于贷款合约约定的行为选择，如将贷款用于风险更大的项目等，而银行得不到相应信息。信息的事前不对称和事后不对称会产生逆向选择和道德风险问题，造成信贷资本配置偏离效率，因此信息是信贷市场生存与发展的基石。

贷款人最关注的是贷款的安全性，因此贷款人提供信贷的条件依赖于对还款可能性的判断，这种判断建立在对贷款申请人的财务状况和激励结构的判断基础之上。除了一些具有一般价值的信息之外，贷款人还需要关于借款人的特定信息，而这些信息通常是很难转移的。由此可见，信贷交易是一种不确定的、有风险的、跨期的交易，银行在信贷交易中的主要任务就是收集、处理借款人的信息，以降低信贷交易的不确定性。因此，信贷市场以信息为基础，但信息总是不完全和不对称的。

（二）信息与信贷契约

由于信贷市场总是存在信息不对称，因此银行在进行信贷决策、设计信贷契约时以信息为基础。

银行要缓解由于信息不对称而产生的逆向选择和道德风险问题，必须投入资源，收集信息。但信息收集是有成本的，如果信息收集成本很高，银行唯一的选择就是拒绝对那些没有抵押品或自有资金很少的企业提供贷款，结果一些净现值（NPV）为正的投资项目有可能得不到融资而产生融资约束。因此，为了能够有效地配置信贷资源，信息收集是关键。银行的信息来源有三个：一是在长期的银企关系中获得的客户信息；二是在提供贷款前走访贷款申请人和他们的企业，直接搜寻信息，或者从公共记录中收集信息；三是从其他贷款人那里获取信息，以了解贷款申请人的还款记录和总负债情况。第一种方法只局限于特定的客户，面对新的贷款申请人，银行必须有其他信息渠道；第二种方法可能造成高昂的成本或信息无效，因为直接走访虽然能够获得直接信息但成本太高，而从公共记录中搜集信息只对上市公司可行，对大部分非上市公司而言是无效的，这些企业公开披露的信息很少；第三种方法成本较低，但这一般要求贷款人承担对等义务，将自己拥有的信息提供给他人，也就是说贷款人之间必须存在信息共享的制度安排。银行也可以利用资本市场提供的信息，因为信贷市场与资本市场具有不同的功能，主要体现在股票市场能加总信息，并能运用接管机制实施有效监督等，这些功能改进了市场上的信息质量，提高了对企业监督和控制的效力，因而诱使企业更多地向银行贷款。这在客观上会产生"溢出效应"，即银行通过观察股市的波动和披露的信息就能推断出企业的质量，从而更好地对借款人进行分级，提高贷款质量。

银行和企业在初始谈判过程中，双方都掌握部分信息，这些信息是不完全和不对称的。因此，谈判是基于不完全和不对称的信息而进行的。合约各方所掌握的信息可分为三种：一是共有信息，即双方都知道的信息；二是私人消息，即一方拥有而另一方并不清楚的信息；三是未知信息，即与该交易活动相关，但不为各方所掌握的信息。合约谈判实质上是各合约方基于共有信息的讨价还价的过程，各方根据公共信息通过设计合约条款来确定各方的权利，并以法律保护为基础形成合约及合约权利。在合约存续期间，即使因信息流动而扩大了共有信息范围，但由于合约条款受法律保护，合约权利结构并不会变动，除非经各方同意对合约进行修订。私人信息分别为各合约方提供了一个独立的行动范围，每个合约方以效用最大化为目标采取行动，通过掌握的信息攫取权力，从而增加自身利益，直到边际行动收益和边际行动成本相等时，自身利益最大，行动停止。各合约方之间的行动是相互影响的，是一个博弈过程，当合约双方行动停止时，权力博弈也停止，而达到均衡。

银行与企业之间的信贷交易过程中，信贷契约是整个交易过程的主要载体，信贷资金则是交易的标的物，通过交易，企业获得信贷资金的使用权，而银行则获得对未来还本付息的索偿权。信贷契约是银行与企业间信贷交易关系的集中反映，体现了两者在交易过程中的权利与义务，在很大程度上决定了整个交易所要支付的费用额。因此，信贷契约是银行与企业之间交易的主要研究对象，信贷契约的不完全性是信贷交易的关键问题。

由于信息不对称的存在，银行与企业在签订信贷契约前存在逆向选择问题，在签订契约后存在道德风险问题，信贷契约设计的好坏成为贷款能否顺利回收的关键因素之一，因此，银行有在签订信贷契约前进行监督的激励。根据信息经济学理论，解决逆向选择的两个方法就是信号传递和信息甄别（张维迎，1996），银行为了降低信息风险，会在签订信贷契约前进行信息搜集，评估信用风险，作为信贷契约设计的依据。

根据我国《商业银行法》和《贷款通则》，银行贷款流程如图 3—1 所示。首先，由企业向银行递交贷款申请书，提出贷款申请，申请书中包括借款金额、偿还能力、借款用途及还款方式等。银行接到企业贷款申请后，通过信息调查，对企业的资金结构、经济实力、发展前景、人员素质等进行评估，评定企业的信用等级，对不满足信用等级要求的企业拒绝贷款申请，并根据银行自身掌握的信息对满足信用等级要求的企业进行风险评估，设计信贷契约，包括确定贷款金额、贷款利率、还款方式、还款期限、抵押担保、违约责任等。双方签订借款合同后，进入贷款运营阶段，银行按照合同规定按时按批发放贷款，并监管企业执行借款合同的情况及其经营情况。在贷款期限届满时，收回贷款本金和利息，对于不能按期收回的贷款按照信贷契约规定进行处理。

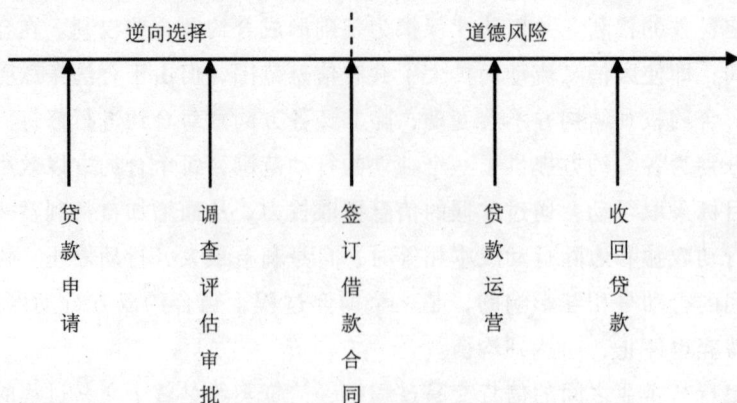

逆向选择			道德风险	
贷款申请	调查评估审批	签订借款合同	贷款运营	收回贷款

图 3—1   商业银行贷款流程

银行在签订信贷契约时主要依据的是财务信息。财务信息是财务活动在时间和空间上的具体反映，并从数量和质量上体现了财务分配关系，是一种重要的社会资源。财务信息的具体体现是财务报告，财务报告是会计师根据我国的会计准则和会计法规对企业的经营状况的价值性描述，因此，从财务报告中能够看出企业经营各个方面的状况，如偿债能力、赢利能力、发展能力、营运能力、现金流状况及公司内部治理状况。因此，财务信息是经济决策和预测的基础，投资者、债权人、政府、社会公众都是财务信息的需求者。由于信息的自利性，企业不会主动地向市场供应财务信息，即使是被动地提供了财务信息，也是披露有利于自身绩效的财务信息。例如，企业为了满足融资等类似目的的需要，往往包装或粉饰财务信息。因此，自利性往往使企业利用盈余管理手段降低财务信息的真实性和可靠性。为了取信于公众，需要独立的第三方对财务信息作出合理保证，如注册会计师审计。另外，政府为了保障投资者的利益，对上市公司的信息披露质量进行监管，对于违规的上市公司进行惩罚并予以公示，这也能在一定程度上保证财务信息的可靠性和真实性。银行在利用财务信息时应该关注上市公司披露的信息，因为这部分信息属于公共信息，是"免费的午餐"，符合成本收益原则。

信息能够解决信贷关系中的道德风险和逆向选择问题，所以银行在进行信贷决策时必须依靠信息掌握未来不确定性因素，通过设计信贷契约来约束借款人的机会主义行为，从而实现治理效应。因此，信息是信贷契约治理的基础。但由于信贷市场总是存在着信息不对称，而且信息收集是有成本的，因此，从成本收益的角度来考虑，银行在进行信贷决策时应适当关注公共信息。银行进行信贷契约设计时更多依赖的是财务信息，因为财务信息能够反映企业的经营状况，但由于盈余管理能够降低财务信息的可靠性和真实性，因此需要利用注册会计师审计的审计报告。而且，由于政府对上市公司披露信息的管制，能够在一定程度上为财务信息的质量提供保证，因此银行在进行信贷契约设计时也应该利用上市公司对外披露的信息。

二 信贷契约治理效应的实现条件

信贷契约产生治理效应需要一定的实现条件，需要有效的信贷契约履行机制，债权人有能力和有动力监督、信贷契约存在监督和激励的可行性。

(一) 以有效的债务契约履行机制为基础

信贷契约产生治理效应需要建立在企业健全的债务合同履行机制之上，如果没有健全的债务合同履行机制，银行不但不能有效监督，保障债务资本的安全性，信贷契约反而会成为借款企业侵占银行利益的来源。根据债务融资契约的履行是否需要司法权的参与，可将企业债务的履行机制分为自我履行机制和强制履行机制。债务的自我履行机制是指在不需要外部力量直接参与的情况下，债务人自动按事先达成的协议履行其偿债义务，债务的自我履行机制主要通过信誉机制来运行。信誉机制是债务人履约的隐性激励机制，它是行为主体基于维持长期合作关系的考虑而放弃眼前利益的行为 (张维迎，2005)。在最初签订信贷契约时，由于银行无法区分债务人的类型，所以只愿意以平均价格发放贷款，即向债务人要求相同的利率，但债务人在未来信贷契约中支付利息的大小和未来获得贷款的机会主要取决于其过去债务的履行情况，因此债务人为了能够获得优惠的利率和长期与银行达成债务契约，获得持续的银行贷款，必须按照合同规定偿还债务。此时，对违约的惩罚不仅是来自合同的规定或法律的制裁，而是未来高昂的贷款成本和贷款融资的中断。由此可见，债务人履行债务的历史情况越好，说明其偿债的信誉越好，债务人在未来越可能获得优惠的利率或者能够容易获得银行贷款。假定一个企业非常关注未来债务资本的成本或连续筹措状况，那么，即使能够通过策略违约侵占银行利益，它也会理性地选择按合同规定偿还债务。因为企业一旦与一个银行违约，由于信息共享机制，这份违约记录会使得银行对企业的信用等级评价下降，很难再获得银行贷款，即一次违约将会造成信誉资产价值的大幅度下降。因此，信誉变成值得保护的有价值的资产而显得非常重要 (戴蒙德，1989)。当信誉价值大于债务人违约行为的所得时，信誉损失的威慑就可以促使债务人自动履行信贷契约。

债务的强制履行机制主要表现为债务人违约时的法律机制。法律是一种激励机制，它使得行为主体为其行为负责任，通过责任的分配和赔偿—惩罚规则的实施，将违约的外部成本内部化，从而利用法律的威慑力来诱导债务人履约。但不同的法律对合同当事人的威慑力是不同的，就债务纠纷合同而言，违约责任人涉及的大部分是民法和民事问题。相对于刑事责任而言，民事责任主要有以下特点：一是"民不告，官不究"，只要当事人双方没意见，法院不会干涉；二是民法的赔偿是补偿性的，主要对给对方造成的损害进行赔偿；三是赔偿的形式以货币为主（张维迎，2005）。民事责任的特征说明了，债务人即使违约，也可以通过货币事后补偿来解决违约责任，因此，债务违约的法律机制只能在一定程度上对债务人的履约产生激励。在债务履约法律机制中，对债权人利益保护起到关键作用的是破产机制。一般地，债权人只有固定求偿权，没有控制权，但当企业有征兆表示资不抵债，无法偿还债务时，控制权就由股东转移给了债权人。此时债权人有权决定企业继续经营还是破产清算。效率的决策应该是当继续经营给债权人带来的收益大于破产清算给债权人带来的收益时，债权人应该选择支持企业继续经营，但必须监督企业继续经营项目的风险，以保证项目成功的概率大大提升，使债权人能够获得更高的债务补偿。反之，应该选择清算。经营者是不愿意失去控制权的，因为控制权会给经营者带来控制权收益，因此有效的破产机制能够约束经营者履约。

债务的自我履行机制与强制履行机制并不是相互排斥，而是相辅相成，存在互补关系。债务契约需要法律的支持，但法律对契约的保护是有限的，它对不完备契约常常是无能为力，这就需要信誉基础，信誉也需要法律基础（张维迎，2001）。有了信誉机制的约束就可以节约合约的成本，也可以使当事人更加信守合约，因此很多可能导致信誉受损的机会主义行为被制止。如果当事人不讲信誉，法律的作用也很有限。所以，虽然合同对违约行为规定了很多的惩罚，但维护契约的执行还是需要当事人对信誉的重视。另外，信誉也需要法律的支持，被法律所不容的信誉是不可能长久地存在下去的。因此，两者相互补充，相互支撑，共同保证债务契约的有效履行。

（二）债权人有监控企业的能力和动力

信誉机制能够约束债务人履行债务契约的前提是不讲信誉的行为能被所有债权人知晓，否则，债务人可以通过与不知情的债权人继续签订债务契约，获得债务资本，信誉就没有价值了。因此，有关交易者行为的信息传递对信誉机制的建立非常重要。中介机构的主要功能就是向市场提供信息，作为金融中介机构的银行有能力，特别是有动力监控企业的行为。如果银行持有公司的股份，取得企业经营的直接控制权，则银行具有较强的监控企业运行的能力。如德国推行全能银行制，全能银行不受金融行业分工限制，不仅能够全面经营商业银行、投资银行、保险等各种金融业务，为企业提供长期贷款、有价证券的发行交易、资产管理、财产保险等全面的金融服务（在不同的发展时期，德国全能银行的信贷与证券业务有不同侧重），而且还可以经营不具备金融性质的实业投资。这说明了德国的商业银行扮演着双重角色：一方面，它作为一般金融中介向客户提供各类金融服务；另一方面，它通过持有非金融机构所发行的股票直接介入这些企业的公司治理之中。因此，全能银行对企业的经营和财务具有很大的控制权。日本的主银行制也意味着主银行有直接控制权。因为主银行与企业之间具有长期、固定的交易关系，同时，双方之间不仅是融资方面的关系，而且主银行的证券子公司通常作为企业发行企业证券的承销机构，主银行与大公司最重要的关系是持股关系，主银行通常处于大公司前五位大股东掌握（山本康裕，2008）。因此，主银行作为公司的大股东对企业的经营有直接控制权。从控制权的大小看，日本的主银行制要低于德国的全银行制，但日本和德国的银行都实现了对公司的直接控制，因此银行有能力监督公司的经营决策，而且银行又是公司的大股东，基于剩余控制权与剩余索取权相对等的原理，银行更有动机监督公司的经营，因此，日德银行是积极监督者。而英美的银行并不直接干预企业经营战略决策，只是通过诸如资本市场或公司控制权市场的外部机制实现监管和治理，这样的情况下，银行就不能取得直接控制权，由于债务固定收益的特征，使得银行的监督动力也相应下降，因此英美银行是比较消极的监督者。如美国一直限制银行对企业的直接影响，禁止商业银行持有非金融企业的股票，银行与企业之间主要是一种借贷关系，银行通过"状态依存"机制取得对企业直接的控制权。企业在申请贷款时会被要求实行抵押或担保贷款，所以在这种情况下，对于那些经营绩效较好的企业，其信用级别高风险小，因此能够从银行融到大量贷款。而对于那些经营不善面临危机的企业，不管其性质如何，银行都不会提供融资。从而，通过市场兼并机制实现企业的持续经营，因此并购决策是能够反映掌握企业信息的债权人对经营者的决策有重要影响的事件。由此可见，美国的银行和企业间的关系是以自由市场为运行基础的，银行关注贷款的安全和保障，没有剩余收益索取权，而且，银行作为外部投资者不能直接参与企业内部经营决策，因此与日德模式相比，英美银行的监督动力和能力相对较弱。

无论是日德模式还是英美模式，银行作为金融中介机构在实现储蓄向投资转化的同时能够利用银企关系了解企业的信息作为监督的基础，因此银行具有监督企业的信息优势，而且可以通过中断贷款、破产机制等履约机制来约束债务人履约，因此银行具有监督债务人的能力。另外，银行作为集中债权人，发放贷款是银行的主要赢利项目，因为监督具有规模经济效应，监督成本较小，因此当监督收益（即收回贷款本息）大于监督成本时，从银行利润最大化的角度看，银行具备监督债务人的动力。

债权人监督的动力和能力取决于债务集中度，在监督具有规模经济的情况下，大的债权人就可以用相对更低的成本来监督企业的行为。但债权集中可能导致债务的软约束，因为大债权人在处理债务问题时可能面临"投鼠忌器"的问题。如企业在资不抵债无法偿还债务的时候，如果银行要求企业破产清算，债权人只能得到将破产财产清理后的货币收益，而且在不存在优先权的情况下，债权人得到的货币收益是按照债务比例来分配的，这样的情况下，大债权人得到的货币收益很有限。但是，企业可能会以新的项目为条件要求银行再贷款，如果项目成功，银行能够得到的货币收益远大于清算时的收益，因此银行会愿意再向企业提供贷款。但是，预期到银行会追加贷款，企业可能就没有积极性提高企业经营效率了。相反，如果债权人很分散的话，再融资就不可能发生了。存在若干债权人的情况下，当债权人了解企业资不抵债的时候，都会争先恐后地主张破产清算，以使债权得到哪怕部分偿还。即使存在企业有盈利的机会，但说服每一个债权人不要求清算的成本显然是巨大的。因此，最终的结果是企业破产清算，从而形成了对事前经营者的硬约束。

（三）信贷契约具有激励和监督的可行性

债务融资主要是通过激励和监督来解决委托人和代理人利益冲突，由于信息不对称，委托人通过设计激励合同和监督合同使得代理人的行为目标与委托人一致。最优的激励合同至少应该具备两个基本条件：一个是"参与约束"，也就是说合同必须对代理人有吸引力，使得代理人参加合同至少比不参加合同要"好"；另一个是"激励相容约束"，即委托人要想得到的结果必须符合代理人的利益，代理人是在先最大化自己利益的基础上为委托人努力的，违背代理人的意愿将得不到最优的结果（张维迎，2005）。符合上述两个条件的股权最优激励契约即为"基本工资+奖金"，在奖金与公司绩效相挂钩的情况下能够激励经营者努力工作。但对于信贷契约而言，这种激励形式是很难找出来的，因为经营者的报酬是由股东支付的。那么信贷激励契约是怎么体现的呢？潘敏（2002）认为信贷激励契约的借方参与约束条件即在有限责任制下，借方通过投资所获得的期望收益或期望消费不能为负，借方激励相容条件即在有关企业投资项目的收益方面，借方必须向贷方提供真实的信息。这对于优质的借款人来说是可行的，但对于劣质借款人来说，存在无法获得银行贷款的危险，因此信贷激励契约具有一定的可行性。

当激励无法完全解决委托代理问题时，实施监督可能是更有意义的，因为监督可以提供更多的有关参与人行动选择的信息（张维迎，2005），从而可以减少代理人的风险成本（里斯和雷维吾，1979）。但是监督是有成本的，如果监督成本高于监督收益，即使能够提供最多的信息，监督也是没有意义的。监督可以分为产出监督和投入（过程）监督。产出监督的目的是收集有关外部环境因素和产出信息，从而降低产出的风险，使观察变量具有更大的信息量。产出监督的收益有两部分：一是降低代理人的风险成本；二是强化激励机制。银行通过观察是否及时全部地偿还债务来进行产出监督，产出监督使得债权人避免了违约风险，但同时债务人通过策略违约的收益越大，债务人的违约激励越大，银行承担的违约风险就越大，这意味着需要的激励强度越大，监督的价值也就越大。因此，监督能够改进激励机制。但是产出监督是有成本的，要收集更多的信息，更准确地测度产出水平就要花费更多的时间和精力。对于一个债权人来说，最重要的监督成本可能不是直接的物质和时间耗费，而是机会成本：当把更多的时间用于监督债务偿还的及时性和完整性时，就只有更少的时间去设计最优的债务契约。一般地说，监督的边际成本是递增的，最优的监督强度取决于监督的收益和成本的比较。当监督产出很困难的时候，监督投入可能是一个更好的选择，监督投入的目的是监督债务合同条款的履行，使债务偿还有所保障。监督产出忽略了债务合同履行的过程，只需确定债务偿还的最后结果，而监督投入是通过监督债务履行过程来推断债务的偿还，当债务人能够按照合同规定，非常好地执行合同条款，则意味着债务人在合同到期日违约的成本比较大，因此违约的概率比较小。但无论是监督产出还是监督投入都是有成本的，其成本大小取决于监督方式、信息收集能力和信息处理能力，银行作为金融中介机构具有信息收集和处理的优势，因此信贷契约的监督手段是可行的。

第二节 信贷契约要素治理效应的理论模型分析

对于企业来说，银行收益是个外部性问题。外部性是指有人承担了他人行为所引起的成本或者获得别人行为创造的收益；换句话说，行为者本身只承担和享受了行为的成本和收益的一部分，而另外的部分被别人承担或享受。在这种情况下，利益主体的权利和责任的边界的界定是模糊或者至少是不明确的（张维迎，2005）。银行收益取决于经营者的努力程度，如果经营者努力工作，项目成功的概率增加，则银行只能获得本息，剩余收益归企业所有，因此，银行只享受了经营者努力工作的一部分收益；如果经营者"偷懒"，项目失败的概率增加，由于受到有限责任制的保护，股东只在出资额范围内承担偿债义务，银行利益可能受到损害，因此银行承担了经营者"偷懒"的成本。所以，为了使行为主体为自己的行为负责，承担自己行为所引起的成本，关键在于银行如何通过信贷契约设计监督激励机制。最优的激励合同至少应该具备两个基本条件：一个是"参与约束"，也就是说合同必须对代理人有吸引力，使得代理人参加合同至少比不参加合同要"好"；另一个是"激励相容约束"，即委托人想要得到的结果必须符合代理人的利益，代理人是在最大化自身利益的基础上为委托人努力的，违背代理人的意愿将得不到最优的结果。潘敏（2002）认为设计信贷契约的激励机制也需要具备上述两个基本条件：借方参与约束条件是在有限责任制下，借方通过投资所获得的期望收益或期望消费不能为负。借方激励相容条件是在有关企业投资项目的收益方面，借方必须向贷方提供真实的信息。但由于借贷双方的委托代理关系，产生了信息不对称，银行的监督实效受影响（德瓦特里庞，1994，1995），因此，为了保证贷款的安全性，银行需要设计信贷契约的激励机制，激励经营者努力工作，产生治理效应。

在不对称信息条件下，对于委托人（银行）而言，只有使代理人（经营者）行动效用最大化，才有可能使其自身效用最大化。但是，要使代理人采取行为效用最大化，必须对代理人的工作进行有效的刺激。因此，委托人（银行）和代理人（经营者）之间的利益协调问题，就转化为信息激励机制的设计问题（段文斌等，2007）。所谓激励，就是委托人如何使代理人在选择或不选择代理人最大化标准和目标时，从自身效用最大化出发，自愿或不得不选择与委托人最大化标准或目标相一致的行动。

信贷契约对经营者的激励基于经营者对贷款的需求，银行在设计信贷契约时要充分利用激励机制使信贷契约产生治理效应。下面笔者从银行的贷款规模设计、贷款期限设计、贷款利率设计及债务再谈判四个方面以激励机制为理论基础分析信贷契约要素的治理效应。

一　激励机制与贷款规模治理效应的模型分析

银行是否向企业提供贷款及提供贷款数额的大小取决于银行贷款的风险。如果银行预期贷款风险在可接受范围内，则银行会选择发放贷款，而且，贷款的风险越小，银行越愿意与这样的企业合作，提供的贷款数量越多。但是贷款风险大小是不确定的，银行需要收集信息进行评估，或者是利用抵押（或担保）来规避贷款风险，能够提供抵押（或担保），银行就愿意放贷，而且贷款规模取决于抵押品（或担保）价值，因为银行在决定贷款规模时是根据抵押品价值一定比例来确定的。所以抵押品（或担保）价值越大，能够获得的贷款数量越多。而且，当银行为项目提供贷款时，贷款收回的可能性取决于项目成功的概率，而项目成功的概率受经营者努力程度的影响，为了使信贷契约能够激励经营者为了获得最优的贷款规模而努力工作，银行放贷时至少需要向经营者传递以下两方面信息：一是经营者"偷懒"一定不能够获得贷款；二是经营者获得贷款的额度与其代理成本呈负相关关系。此时，银行的最优贷款规模不仅能够保障贷款的安全性，而且能够激励经营者努力工作。下面利用让·梯诺尔（2007）的持续投资模型分析存在激励机制的贷款规模设计。

（一）理论模型分析

让·梯诺尔（2007）的理论模型论证了银行如何通过设计信贷契约的贷款规模来激励经营者努力工作。银行与借款企业签订信贷契约前必须确定预期的可保证收入，只有预期可保证收入大于初始的投资成本，银行才会愿意向企业发放贷款。而银行的预期可保证收入受经营者努力工作程度的影响，经营者努力工作的程度越高，银行预期可保证收入越大，越愿意提供贷款。

让·梯诺尔的持续投资模型①假设规模报酬不变，且股东和经营者利益一

---

①　模型来自让·梯诺尔《公司金融理论》（上册），第 1 版，王永钦等译，中国人民大学出版社 2007 年版，第 194—197 页。

致。股东有一项投资 I（$I \in [0, \infty)$），在成功时会产生成比例的收入 RI，失败时收入为 0，项目成功的概率 P 取决于经营者努力工作的程度，如果经营者努力工作，则成功的概率 $P = P_H$，但不能获得私人收益，如果经营者"偷懒"，则项目成功的概率 $P = P_L < P_H$，经营者的私人收益为 $BI > 0$，且 $\Delta P \equiv P_H - P_L$。股东拥有初始投资（现有资金或净资产）$A < I$，为了实施项目，必须从银行获得贷款（$I - A$）。银行是充分竞争的，预期收益为 0。贷款协议规定，由于有限责任制的保护，如果项目失败，双方各获得收入为 0，如果项目成功，双方分享利润 R，股东分得 R_b，银行获得 R_1，$R_1 = RI - R_b$。如果经营者努力工作，则每单位投资具有正净现值（$P_H R > 1$），如果经营者"偷懒"，每单位投资具有负净现值（$1 > P_L R + B$），因此除非能够控制住代理问题，否则投资是不会获得贷款的。假设每单位投资的期望净收益（$P_H R - 1$）小于每单位的代理成本（$P_H \dfrac{B}{\Delta P}$），即有公式：

$$P_H R < 1 + P_H \frac{B}{\Delta P} \tag{3.1}$$

最优信贷契约的经营者努力工作的激励相容约束和银行收支相抵条件分别为：（ΔP）$R_b \geqslant BI$[①] 和 P_H（$RI - R_b$）$\geqslant I - A$。[②]均衡时，在有利于股东的合约下，竞争性的银行利润为 0。股东的净收益可表示为：

$$U_b = (P_H R - 1)I > 0 \tag{3.2}$$

因此，经营者的最优选择是尽可能多的投资。投资的上限及企业的借款能力由激励相容约束和收支相抵条件共同决定，即可得到：

$$I \leqslant kA，其中 k = \frac{1}{1 - P_H(R - B/\Delta P)} > 1 \text{[③]} \tag{3.3}$$

说明股东可以利用借款来增加财富，k 就是乘子。用私人收益 B 和似然率（ΔP）/P_H 的相反数两种方法来衡量代理成本，私人收益越大，似然率越低，乘子越小。借款企业的借款能力，即贷款的最大额度为：

---

① 经营者努力工作的激励相容约束为：$P_H R_b \geqslant P_L R_b + BI$

② 因为 $R_1 = R - R_b \leqslant$（$R \leqslant \dfrac{BI}{\Delta P}$），则银行预期可保证收入为 P_H（$R - \dfrac{BI}{\Delta P}$）。为了使银行愿意提供贷款，必须使银行收支相抵，因此银行贷款的必要条件是预期的可保证收入大于初始费用，即 P_H（$R - \dfrac{BI}{\Delta P}$）$\geqslant I - A$，又因为 $R_b \leqslant \dfrac{BI}{\Delta P}$，所以 P_H（$RI - R_b$）$\geqslant I - A$。

③ 将（ΔP）$R_b \geqslant BI$ 代入 P_H（$RI - R_b$）$\geqslant I - A$ 得到的结果，由于 $P_H R > 1$，$1 > P_L R + B$，所以（ΔP）$R > B$，因此 k 的分母小于 1。

$$d = \frac{P_H(R - B/\Delta P)}{1 - P_H(R - B/\Delta P)} \text{①} \tag{3.4}$$

说明每单位的代理成本（$P_H \dfrac{B}{\Delta P}$）越小，借款企业的借款能力越大，银行提供贷款越多。由于股东的最优选择是尽量多的投资，所以经营者对贷款的需求越大，因此，银行能够通过贷款规模来激励经营者努力工作。

让·梯诺尔（2007）还分析了担保品价值与获得贷款的最优激励原则。假设项目成功时的利润为 R^sI，股东获得 R_b^s，项目失败时的利润为 $R^FI(R^F > 0)$，可以认为 R^FI 是资产残值，股东获得 R_b^F。由于股东承担有限责任，则 R_b^s，$R_b^F \geq 0$。最优信贷契约应该最大化股东的期望收益报酬，即：

$$U_b = \max_{\{R_b^s, R_b^F, I\}} \{P_H R_b^s + (1 - P_H)R_b^F - A\} \tag{3.5}$$

它受到双重约束，即股东的激励约束为：

$$(\Delta P(R_b^s - R_b^F) \geq BI \tag{3.6}$$

投资者的收支相抵约束为：

$$P_H(R^SI - R_b^S) + (1 - P_H)(R^FI - R_b^F) \geq I - A \tag{3.7}$$

在这里，投资者的收支相抵约束是紧的，否则，股东可以使 R_b^s 和 R_b^F 同等上升一个很好的量，从而不影响激励相容约束，报酬的统一上升将会提高股东的收益，那么投资者不会获得任何剩余，因此股东的收益等于净现值，即：

$$U_b = (P_H R + R^F - 1)I \tag{3.8}$$

由于假设每单位投资的净现值为正，因此经营者会选择最大限度的投资，容易出现投资过度问题，所以投资者的激励约束是紧的。由于两个约束都是紧的，借款能力为：

$$R^FI + P_H(R - \frac{B}{\Delta P})I = I - A \tag{3.9}$$

说明借款企业的有形资产 R^FI 越大，借款能力越强，即借款企业的物质担保价值越大，从银行获得的贷款越多。

（二）理论模型结论及启示

由让·梯诺尔（2007）的持续投资理论模型可以得出如下结论：

① 由于股东的最优选择是尽可能多的投资，因此股东的最优选择是将他资金 A 的 k 倍用于投资，相当于借款 $k-1$ 倍。

（1）银行为了保障贷款的安全性，需要在信贷契约中设计激励机制，此时，银行发放贷款的充分必要条件为预期的可保证收入要大于银行放贷的初始费用，预期可保证收入取决于经营者的努力程度，如果经营者选择"偷懒"，则银行会预期到债务资本损失，从而拒绝贷款。因此经营者要想获得贷款，必须努力工作。（2）用私人收益（B）或者似然率（$\Delta P/P_H$）的相反数来衡量代理成本，代理成本越低，企业的外部融资能力越强，因此经营者为了获得更多贷款，会产生努力工作的激励。（3）借款企业必须有足够的资产，才能够保障银行贷款的安全性，银行才会提供贷款，而且借款企业拥有的有形资产越多，银行提供的贷款越多。

　　银行为了保障贷款安全性，最优的信贷契约可以从两方面来设计贷款规模，一方面是在信贷契约中设计激励机制，通过贷款规模设计向经营者传递要获得最优的贷款规模必须努力工作的信息；另一方面是以物质抵押或担保作为激励机制的替代机制，但是由于经营者受抵押和担保规模的限制，未必能够通过这种替代机制满足经营者的最优贷款规模需求。因此，从银行和经营者两个角度来看，最优的贷款规模设计是以信贷契约的激励机制来实现的，既能够保障银行贷款的安全性，又能够满足经营者自身效用最大化。根据第三章的基础理论分析，信贷契约具有激励的可行性，因此，信贷契约在存在激励作用的情况下，银行可以通过贷款规模设计来激励经营者努力工作，实现治理效应。

二　激励机制与贷款期限治理效应的模型分析

　　根据激励机制理论，委托人在设计契约时选择激励机制，而不是使用一个给定的机制，因此，委托人实际上就是在设计一个博弈规则，包括代理人的行动空间。委托人设计激励机制的目的是最大化自己的期望效用函数，但同时受到两种约束，即参与约束和激励相容约束，满足参与约束的机制成为可行机制，满足参与约束和激励相容约束的机制是可行的可实施机制（段文斌等，2007）。因此，银行在进行贷款期限设计时要选择一个可行的可实施机制满足自身效用最大化。银行在设计贷款期限时不仅要考虑贷款的风险，还要考虑企业需要持续资金支持时，贷款期限的选择能否为经营者带来最大化的收益，因为对于经营者来说，项目期限的选择取决于不同期限项目所带来的收益。下面通过理论模型分析短期贷款契约和长期贷款契约能否满足参与约束和激励相容约束，成为可行的可实施机制，而产生治理效应。

（一）理论模型分析

让·梯诺尔（2007）利用贯序项目①研究了最优贷款期限契约的激励作用。让·梯诺尔假设股东存在增进净资产的激励，这里的净资产是指项目成功的留存收益，由于净资产是债务的可靠保障，所以最优的贷款期限设计应该使得股东在进行贯序项目投资时，存在增进净资产的激励，则贷款才能得到安全保障。而增进净资产需要经营者努力工作才能实现，因此，最优贷款期限设计能够激励经营者努力工作。

让·梯诺尔的贯序项目理论模型②分析了净资产的增进激励与贷款期限合约的关系。在贯序项目的情况下，假设不存在折现，第 1 个项目发生在第 1 期，结果发生在第 1 期期末，第 2 个项目发生在第 2 期，结果发生在第 2 期期末。假设第 1 期贷款协议只覆盖第 1 个项目。

1. 短期贷款协议

银行在第 1 期进行信贷分析时，必须看穿股东增进净资产的激励，因此，他们必须逆向推理，计算股东在第 2 期用任意资产 A_2 在资本市场为第 2 期项目融资时的总收益。关于股东的收益问题，让·梯诺尔在持续投资项目的理论模型中是这样论证的，股东的总收益是初始自有资金和股东的净收益 U_b，即：

$$U_b^g \equiv A + U_b \equiv vA \tag{3.10}$$

v 是自有资本的影子价值，即 1 单位自有资本，能使股东获得 v 倍的总收益。

$$v = \frac{P_H B/\Delta P}{1 - P_H(R - B/\Delta P)} > 1 \text{③} \tag{3.11}$$

自有资本的影子价格会随着每单位收入 R 的提高而提高，随着道德

---

① 假设第 1 个项目发生在前，第 2 个项目发生在后，第 1 个项目结果发生以后才发生第 2 个项目。

② 模型来自让·梯诺尔《公司金融理论》（上册），第 1 版，王永钦等译，中国人民大学出版社 2007 年版，第 282—285 页。

③ 由于股东的最优选择是尽量多投资，因此，$I = kA$，即 $I = \frac{1}{1 - P_H(R - B/\Delta P)}A$，代入 $U_b = (P_H R - 1)I$ 中，得 $U_b = (P_H R - 1)\frac{1}{1 - P_H(R - B/\Delta P)}A$，再代入 $U_b^g \equiv A + U_b$ 中得 $U_b^g = \frac{P_H B/\Delta P}{1 - P_H(R - B/\Delta P)}A$。

风险程度的提高而降低。在这里为了分析方便，需要介绍一些指标符号：
每单位投资的预期收益为：

$$\rho_1 \equiv P_H R \tag{3.12}$$

每单位投资的预期可保证收入为：

$$\rho_0 \equiv P_H \left(R - \frac{B}{\Delta P} \right) \tag{3.13}$$

则 $\rho_1 > 1 > \rho_0$。① 股东的总收益为：

$$U_b^g \equiv vA = \frac{\rho_1 - \rho_0}{1 - \rho_0} \tag{3.14}$$

那么，在贯序项目中，股东在第 2 期用任意资产 A_2 在资本市场为第 2 期项目融资时的总收益为 vA_2。对于第 1 期项目而言，假设相应的贷款协议规定，投资水平为 I_1，项目成功时股东得到 R_b，银行获得 R_1，而且只有项目成功了股东才会有回报，令 $A_1 = A$，表示股东最初拥有的资金，那么第 1 期投资者的收支相抵约束条件为 $P_H R_1 \geq I_1 - A$，由于存在自有资金的影子价值，股东努力工作的激励约束为 $(\Delta P)\left[v\ (RI_1 - R_1) \right] \geq BI_1$。由于自有资本的影子价值的影响，使得每单位投资的可保证收入变成了如下结果：

$$\rho_0' = P_H \left(R - \frac{B}{v\Delta P} \right) \equiv \rho_1 - \frac{\rho_1 - \rho_0}{v} = \rho_1 + \rho_0 - 1 \tag{3.15}$$

第 1 期的借款能力由 $I_1 = k_1 A$ 得出：

$$k_1 = \frac{1}{1 - \rho_0'} = \frac{1}{2 - \rho_0 - \rho_1} > k = \frac{1}{1 - \rho_0} \tag{3.16}$$

在短期贷款协议下，当且仅当股东有收入的时候，即当且仅当第 1 个项目成功的时候，经营者才会在第 2 期继续投资，他的投资额度为：

$$I_2^S = kA_2^S = \frac{A_2^S}{1 - \rho_0} \tag{3.17}$$

其中 A_2^S 是第 1 期成功的情况下，股东在第 2 期的留存收益，表示为：

$$A_2^S = RI_1 - R_1 = \frac{BI_1}{(\Delta P)v} \tag{3.18}$$

实际上，经过计算，让·梯诺尔发现预期的第 2 期投资等于第 1 期的投资，即 $P_H I_2^S = I_1$。由此可见，在适当的绩效条件下，第 2 期投资是第 1 期投资的 $\frac{1}{P_H} > 1$ 倍。在短期贷款协议下，股东的总收益为：

① 因为 $P_H R > 1$，$1 > P_L R + B$。

$$U_b^{g,ST} = P_H[\upsilon A_2^S] = \frac{\rho_1 - \rho_0}{2 - \rho_1 - \rho_0}A \qquad (3.19)$$

股东的净收益为：

$$U_b^{ST} \equiv U_b^{g,ST} - A = \frac{2(\rho_1 - 1)}{2 - \rho_1 - \rho_0}A \qquad (3.20)$$

等于项目的净现值，即：

$$NPV = (1 - \rho_1)(I_1 + P_H I_2^S) \text{①} \qquad (3.21)$$

从上面的分析过程中可以得出结论：因为留存收益对没有后续项目时的影子价值大于1，所以银行更为信任经营者会努力工作，愿意为其提供更多的贷款，从而第1期的借款能力比不存在后续项目时的借款能力大（$k_1 > k$），因此，说明后续项目的前景是一项激励机制，一方面能够激励经营者努力工作，享受成功时的影子价值，另一方面，银行也愿意提供贷款。但是，由于短期贷款协议的性质，如果第1个项目失败了，经营者就无法再继续第2个项目，因此短期贷款协议不能保证第2个项目的融资。

2. 长期贷款协议

上述分析得出了短期贷款协议能够通过后续项目的前景激励经营者努力工作，但是却不能为第2个项目提供融资保证，那么长期贷款协议能否提供这种保证呢？很明显，经营者在长期合约下要比短期合约稍微好一些，因为长期合约总能够连续复制短期合约来获得短期合约下的结果，但问题是经营者签订长期合约能否一定保证股东得到收益？如果长期合约不能保证股东获得收益，那么长期合约将失去对经营者的激励。首先来看一下在规模报酬不变的模型中推导出最优的长期信贷契约。

假设银行和经营者的第1期合约规定，第1期投资 I_1，第2期投资 I_2，第2期的投资取决于第1期项目的成功或失败，而且规定了收入分配，第1期的收入划分为 R_b 和 $R_1 = RI - R_b$。股东在第2期的净收益取决于第1期项目的成功或失败，分别为 V_2^S 和 V_2^F，银行的第2期收益分别为 W_2^S 和 W_2^F。则一定有：

$$V_2^k + W_2^k = (P_H R - 1)I_2^k, \forall k = S, F \qquad (3.22)$$

假设基于自身利益最大化目标，股东会选择将第1期的收入 R_b 消费掉了，因为 R_b 如果有一部分用于再投资的话，可以等价地将这部分再分

---

① 因为 $P_H I_2^S = I_1 = A/(2 - \rho_0 - \rho_1)$。

配给银行，那么银行用于支付第 2 期的成本份额就会增加。第 2 期的激励相容约束条件为：

$$V_2^k \geqslant \frac{P_H B}{\Delta P} I_2^k, \ \forall \, k = \mathrm{S,F} \tag{3.23}$$

如果想最大化股东的净跨期收益，即：

$$\max U_b = P_H (R_b + V_2^S) + (1 - P_H) V_2^F - A \tag{3.24}$$

则第 1 期的激励相容条件为：

$$(\Delta P)(R_b + V_2^S - V_2^F) \geqslant B I_1 \tag{3.25}$$

收支相抵约束条件为：

$$P_H [R I_1 - R_b + W_2^S] + (1 - P_H) W_2^F = I_1 - A \tag{3.26}$$

让·梯诺尔求解了股东的净跨期收益最大化问题，发现第 1 期和第 2 期的投资与在短期合约下是一样的，即存在：

$$I_1 = \frac{A}{2 - \rho_0 - \rho_1}, \ I_2^S = \frac{I_1}{P_H}, \ I_2^F = 0 \tag{3.27}$$

股东的收益也是短期合约下的收益之和，即：

$$U_b^{g, LT} = \frac{2(\rho_1 - \rho_0)}{2 - \rho_1 - \rho_0} A = U_b^{g, ST} \tag{3.28}$$

因此，如果技术是规模报酬不变的，则股东会获得与短期贷款协议下相同的跨期收益，但是这个结果严格依赖于风险中性假设。[①] 由此可见，在契约参与者是风险中性的假设条件下，长期信贷契约不仅能够提供持续的资金，而且能够与短期信贷契约一样激励经营者努力工作。

（二）理论模型结论及启示

由让·梯诺尔（2007）的贯序项目理论模型可以得到以下结论：（1）短期贷款契约和长期贷款契约能否激励经营者努力工作，取决于两种契约是否存在可行的可实施激励机制；（2）以经营者存在增进净资产激励（即存在自有资本的影子价值 v）为前提，短期信贷契约存在可行的可实施激励机制；（3）与短期贷款相比，长期贷款存在能够持续为项目提供资金的优势，同时，在严格的契约参与者风险中性的假设条件下，长期信贷契约也存在可行的可实施激励机制。

---

① Chiappori 等（1994）根据委托代理理论研究了委托人和代理人之间最优的长期合约可以通过一系列短期合约来实现的条件是委托人和代理人都是风险中性者。

该理论模型的研究结论以经营者存在增进净资产激励为前提，该前提被称为影子价值 v，即股东投资 1 个单位的自有资本，能够得到 v 倍的收益。当 $v > 1$ 时，经营者愿意继续经营后续项目，通过债务融资来实现财务杠杆的正效应，因此，经营者在选择短期贷款时会努力工作，希望继续获得贷款进行持续项目投资；经营者在选择长期贷款时能够获得与短期贷款同样的跨期收益，因此也能够激励经营者努力工作。当 $v < 1$ 时，反之。因此，银行在进行贷款期限设计时，首先需要明确经营者增进净资产的激励，然后通过贷款期限设计来激励经营者努力工作。

三 激励机制与贷款利率治理效应的模型分析

利率是债权人让渡资本使用权所要求的收益率，如果利率不受政府管制，那么根据风险收益均衡理论，利率由债权人投资风险决定，投资风险越大，债权人要求的风险补偿越高，利率越高。由于信息不对称，银行放贷时不可能获得借款企业的全部信息，无法准确判断借款企业的类型，此时，银行只愿意以平均的价格进行贷款。而企业经营者为了获得贷款或获得优惠的利率，会利用其信息优势产生道德风险和逆向选择问题，因此，银行需要设计一套信息激励机制，能够使代理人在决策时不仅需要参考原有的信息，而且需要参考由信息激励机制发出的新信息。这种新信息能够使代理人不会因为隐瞒私人信息或显示虚假（或错误）信息，或隐瞒私人行动而获利，甚至有可能使之遭受损失，从而保证代理人无论是否隐瞒信息或是采取"信息欺骗"行为，代理人所获得的收益都是一样的，因此代理人就没有必要隐瞒私人信息和采取"信息欺骗"，同时也保证了委托人的利益，即达到了委托人和代理人之间的激励相容。

有效的信息激励机制使得银行可以利用企业提供的信息准确判断借款企业的类型，从而对贷款进行合理定价。贷款利率取决于企业的经营状况和信用状况，经营状况越好，贷款利息的保障程度越高，银行放贷风险越小，要求的利率相应会降低。但同时借款企业的违约风险还取决于其本身的信用状况，如果股东存在恶意违约或策略违约，那么其偿债状况就与经营状况没有必然的联系。因此，利率能够成为甄别借款企业质量的信号，银行提高利率会使高质量企业退出信贷市场，愿意接受高利率的企业是低质量的企业（斯蒂格利茨和威斯，1981）。对于高质量的借款人，银行可以在信贷契约中通过设计利率与项目成功概率的因果关系，来激励经营者努力工作,产生治理效应。但对于低质量的借款人,银行无法通过提高利率来弥补放贷风险,因此产生了信贷配给问题。

(一)理论模型分析

在此引用让·梯诺尔(2007)的固定投资理论模型[①]来证明贷款利率的激励作用,该理论模型说明了在最优的信贷契约中如果经营者不努力工作,那么会出现两种结果,要么银行的收益小于投入的债务资本,产生债务资本损失;要么经营者将自有资本用于消费获得福利改善,那么债务的保障程度就降低。

理论模型假设股东有一个项目,需要固定投资 I,成功时会产生可验证收入 $R > 0$,失败时收入为 0,项目成功的概率 P 取决于经营者努力工作的程度,如果经营者努力工作,则成功的概率 $P = P_H$,但不能获得私人收益,如果经营者"偷懒",则项目成功的概率 $P = P_L < P_H$,经营者的私人收益 $B > 0$,且 $\Delta P \equiv P_H - P_L$。股东拥有初始投资(现有资金或净资产)$A < I$,初始投资的现金既可以用于投资,也可以用于消费。为了实施项目,必须从银行贷款($I - A$)。银行是充分竞争的,预期收益为 0。贷款协议规定,由于有限责任制的保护,如果项目失败,双方各获得 0,如果成功,双方分享利润 R,股东得到 R_b,银行得到 R_1(指本金和利息)。银行的零利润约束可以表示为 $P_H R_1 = I - A$,如果贷款协议能够激励经营者努力工作,那么利率 r 可表示为:

$$R_1 = (1 + r)(I - A) \quad [②] \tag{3.29}$$

则 $r = \dfrac{1}{P_H} - 1$,说明项目成功的概率越大,贷款利率越小,因此能够激励经营者努力工作。假设只有不存在道德风险的情况下,项目才可行,说明经营者努力工作,项目就具有正净现值,即:

$$(P_H R - I) > 0 \tag{3.30}$$

如果经营者不努力工作,即使将经营者的私人收益考虑进去,项目仍具有负的净现值,即:

---

① 模型来自让·梯诺尔《公司金融理论》(上册),王永钦等译,中国人民大学出版社 2007 年版,第 178—179 页。

② 由 $R_1 = (1 + r)(I - A)$ 得,$1 + r = \dfrac{R_1}{I - A}$,由 $P_H R_1 = I - A$ 得,$P_H = \dfrac{R_1}{I - A}$,所以 $1 + r = 1 / P_H$。

$$(P_L R - I + B) < 0 \tag{3.31}$$

可以写成：

$$[P_L R_1 - (I - A)] + [P_L R_b - A + B] < 0 \tag{3.32}$$

说明了经营者不努力工作的情况下，要么银行的资本会遭受损失，要么经营者通过消费股东的现金获得福利改善，要么两种情况同时发生。[①]理性的债权人能够预期到这两种结果，因此，银行在信贷决策时要么提高利率，进行风险补偿，要么拒绝贷款。通常情况下，提高利率能够使经营者产生道德风险，如投资于更高风险项目，大大提高了违约风险，因此，银行通常会拒绝贷款。

（二）理论模型结论及启示

由让·梯诺尔（2007）的固定投资理论模型可以得到如下结论：（1）银行在进行贷款利率决策时必须满足可保证收入大于投资者费用的$(1 + r)$倍，才会进行放贷，r为贷款利率；（2）对于高质量借款人而言，存在激励机制的贷款利率设计必须满足贷款利率与项目成功概率存在反向关系；（3）对于低质量借款人而言，银行无法通过贷款利率设计来起到激励作用，因此出现了信贷配给。

从企业的角度来说，贷款利率是债务筹资成本的最主要组成部分，而债务资本成本又影响着公司价值，资本成本越高，公司价值越小，股价降低。如果经营者的报酬与公司股价相连，那么经营者有选择低债务资本成本的激励，从而努力工作。但是，由于银行贷款利率来源于存款，银行作为独立经营的金融机构，不会将贷款利率降至存款利率以下，即贷款利率存在下限，因此贷款利率对经营者的激励作用也存在限制。

第三节　债务再谈判的治理效应分析

一　激励机制与债务再谈判

债务再谈判（debt renegotiation），是债权人与债务人就事前已签订的

---

① $P_L R - I + B < 0$ 可以写成 $[P_L R_1 - (I - A)] + [P_L R_b + B - A] < 0$，使不等式成立的条件是要么 $[P_L R_1 - (I - A)] < 0$ 成立，要么 $[P_L R_b + B - A] < 0$ 成立，要么同时成立。$[P_L R_1 - (I - A)] < 0$ 说明银行的贷款收入小于贷款投资，$[P_L R_b + B - A] < 0$ 说明经营者把股东的现有现金用于消费。

正在执行过程中的负债合同条款进行协商、修改和补充完善（郭斌，2005）。由于债务再谈判需要成本，因此对于分散投资者来说，债务再谈判是不可能的。而对于信贷契约而言，因为是一对一的契约关系，所以债务再谈判相对比较容易，因此债务再谈判一般发生在银行和企业之间。由于契约的不完全性，契约双方无法在签约时预料到所有的事情，当未能预料的事情发生时，为了保证契约的有效性，就需要进行再谈判，修正原有契约。企业与银行间的债务再谈判一般发生于企业陷入财务困境的时期，在财务困境中，企业主要面临两种困难：第一，企业的现金流不足以向银行偿还当前的债务，债务人违约，因此，银行在法律上有权利要求重组或清算；第二，企业资不抵债，即企业资产的预期现值低于外部债务水平，这意味着很难发行新债务渡过目前的财务困境。因此，根据事前签订的信贷契约，从银行监督的角度看，停止对企业提供新的债务融资甚至执行破产清算似乎是最优的。但在有些情况下，清算并不是效率的行为。斯蒂格利茨和威斯（1983）说明了困境企业一旦出现违约或很差的绩效，债权人若能用惩罚来威胁借款人（例如一个拖欠银行贷款的企业将来不可能获得贷款），则信贷市场的不完全信息而导致的逆向选择和道德风险问题就可以被弱化，但是这样就使得银行的第一笔贷款变成沉没成本，因此它将影响到银行的未来决策。特别是当企业中还存在着另外的可以提供正 NPV 的项目时，就会存在一个使得借贷双方都受益的激励相容的新契约，在这种情况下不通过双方之间的再谈判来利用这种机会将是不理性的。

对企业股东而言，通过债务再谈判可以获得"喘口气"的机会，至少可以缓解在破产清算中所处的清偿次序的不利局面。对经营者而言，破产清算将使经营者失去在职的一切好处，包括物质薪酬、经理人市场价值、控制权等，因此经营者一般会倾向于债务重新谈判。因此，对企业而言，债务再谈判可避免较大的破产清算成本，债务再谈判一般比企业直接进入破产清算更能改善经济福利。

由此可见，债务再谈判对银行和企业来说都是有利的，但是债务双方在再谈判过程中的获利程度受双方的谈判力度的影响。赫格隆和梅拉－巴拉尔（2002）从公司规模和债务类型两个角度分析了债务双方在债务再谈判过程中的获利情况，并得出了公司的运营政策。他们研究发现，在双方就债务进行谈判的情况下，最终公司将从再谈判的结果中获得更多的利益；对小公司而言，银行拥有事后谈判优势，并且由银行向公司开出谈判条件，最终银行将从再谈判结果中获得更多的谈判利益。从债务类型角度得出的结论是：当公司债务在市场上被公众所分散持有时，这些分散的债权人的谈判力度通常都较小，并且就债务进行重新谈判几乎没有多大可能。一方面，同众多分散的债权人进行再谈判会带来高昂的交易成本，如美国有关法律规定，修改债务合约一般性条款必须由 2/3 以上的债权人（或代理人）同意，对债券数量和期限的修改须经全体债权人的同意。另一方面，债券持有者的再谈判还存在"搭便车"问题，每一位债券持有者都想保持他对项目回报的原始要求权，而让其他人去对其要求权进行再谈判，以便对额外的投资进行融资。显然，企业债券的性质决定了债权人与债务人间再谈判是较困难的，企业债券也被视为不可重谈的债务融资方式。在银行信贷情形下，处于财务困境中的企业更有可能与银行达成债务的重新谈判，因为银行贷款的再谈判是一对一的协商，其谈判难度、成本明显要低，且不存在"搭便车"问题，因而，银行债务也称为可重谈的债务融资方式。吉尔森、约翰和朗（1990）的研究证明，高比例银行贷款的企业其合约调整可能性更大，尤其是在企业陷入财务困境时，银行能提供流动性帮助而提高企业价值。川上高志（2005）也发现，债务契约再谈判能够提升企业价值。休伯曼和卡恩（1998）、哈特和穆尔（1998）也证明，在特定情况下，债务再谈判能改进福利。

　　企业与银行债务再谈判的主要内容包括：是否继续贷款，推迟还款期限，减免债务（利息或本金），降低利率等。表面上看，债务再谈判是债权人的妥协行为，但是债权人为了不丧失第一笔贷款的沉没成本，债务再谈判也可能是效率的选择。由此可见，债务再谈判是一把"双刃剑"，一方面，陷入财务困境的企业可以通过债务再谈判缓解偿债压力，获得"喘口气"的机会；另一方面由于债权人的妥协使银行贷款成为"软"债务，从而会导致股东（经营者）以侵占债权人利益为前提最大化私人收益，而并不能保证企业利用债务再谈判的机会摆脱财务困境，提高公司绩效。王俊海（2004）利用成长期权理论建立模型，论证了债务再谈判对财务困境企业决策的影响，研究发现，企业债务再谈判的存在使迈尔斯（1984）所提出的企业投资不足问题变得尤为严重，其原因在于债务重新谈判期权使企业财富在投资时更容易向债权人转移，而且企业通过引入债务重组并不能完全消除其高昂的破产成本，即使是忽略债务税盾利益对企业清算政策的影响，仍然受到其股权投资人次优投资政策的影响，并最终导致企业被过早地无效率地清算,当企业股权投资人拥有足够高的谈判力度时,重新谈判将会使股东对其原始债务进行策略性违约的可能性变得更大。由此可见,债务再谈判不能从根本上改善公司绩效,只是暂时性地缓解了公司的现金流约束。相反,从债行重新谈判的过程中,从公司规模角度得出的结论是:对大公司而言,公司拥有事后谈判优势,并且从公司向银行开出谈判权人监督的角度来看,因为债务再谈判使得债务的破产机制丧失了对股东(经营者)的"硬"约束,而且,由于债务再谈判将使经营者拥有一定的自由现金流,从而增加了在职消费等代理成本,因此,笔者对债务再谈判的治理效应产生质疑。下面以债务再谈判最常出现的结果——债务减免为对象来论证债务再谈判对经营者是否存在治理效应。

二 债务减免信号传递功能的理论模型分析

通常,在我国债务再谈判最常出现的结果是减免债务(包括本金和利息),银行对上市公司减免债务会出现两种结果,一种是银行"雪中送炭",即银行对处于财务困境的企业减免债务,为企业提供了"喘口气"以改善经营业绩的机会,同时,债务减免产生的"债务重组利得",也能使企业扭亏为盈;另一种是使经营业绩"锦上添花",即银行为了能够迅速收回剩余的本息,或者是出于债务人资产债务重组的整体安排,对经营业绩良好的企业减免债务,从而更加提高企业的经营业绩。但是,投资者并不能准确把握哪种是"雪中送炭",哪种是"锦上添花",即便判断出银行是"雪中送炭",也不能正确分析公司扭亏为盈是因为债务减免而产生的"债务重组利得",还是因为公司暂时"喘口气",找到了新的投资机会,使公司"脱胎换骨"。也就是说市场无法判断债务减免后公司的质量,投资者关于公司获得债务减免的原因也存在着信息不对称。而投资者通常会认为债务减免程度越高,公司的财务状况越差,越需要"救济",因此,债务减免似乎能向市场传递关于公司质量的信号。如果债务减免真的存在信号传递功能,那么就能够激励经营者努力工作。下面通过设计理论模型来证明债务减免是否存在信号传递功能。

(一) 理论模型设计

本书是借鉴罗斯(1977)对负债信号传递功能的研究思路来设计债务减免信号传递功能的研究。负债的信号传递功能说明经营者选择高负债比率的时候,外部投资者相信公司有能够偿还高额负债的高收益率,因此愿意持有该公司股票。因为前人的研究论证了负债比例与公司的收益性正相关，所以负债成了向市场传达公司质量的信号。笔者在论证债务减免的信号传递功能时沿用了前人的研究思路，目的是证明银行减免债务程度与企业收益性之间的关系，从而使债务减免程度成为向市场传达企业质量的信号。笔者首先借鉴了内田交谨、后藤尚久（2005）关于优先权侵害治理效应研究时的假设条件，并结合理论模型的研究结论设定合理的假设条件，在此基础上设计理论模型。理论模型的设计思路是：首先，证明债务减免对经营者努力工作程度的影响，因为经营者努力工作的程度关系到企业的收益，企业的收益状况决定着银行的收益；其次，银行作为理性的经济主体在进行债务减免决策时，其判断标准是自身期望收益最大化，因此银行存在一个最佳的谈判后负债面额（即最佳的负债减免程度）；接着证明银行最佳的谈判后负债面额与企业收益性之间的关系；最后投资者利用银行最佳的谈判后负债面额与企业收益性之间的关系来判断企业的质量，作出合理的投资决策，从而产生债务减免的信号传递功能。

假定银行和借款企业存在 2 个时期 3 个时点的业务往来（$t = 0$，1，2）。为了简化分析的过程，假设经济主体都是理性的而且都是风险中立者，无风险利率等于 0。公司在 $t = 0$ 时持有原有资产，经过生产经营，$t = 2$ 时产生随机收益 y_2，收益有两种结果，一种是产生高收益 $y_2 = y_H$，发生概率为 p，另一种是产生低收益 $y_2 = y_L$（$y_H > y_L$），发生概率为（$1 - p$），y_H，y_L 也是随机变量，且存在 $y_H = y_L + a$（a 为常数）。y_L 的实现值表示公司的质量（收益率），y_L 越高的公司收益性越好，质量越高。公司在 $t = 0$ 时借入面值为 D_1 的银行借款，$t = 2$ 时必须偿还借款额 D_1。[①] 为了简化起见，假设公司的借款银行只有 1 家银行。$t = 1$ 时，就能确定 y_H 和 y_L 的实现值，不过这个实现值只有经营者和银行知道，外部投资者不知道。在确定 y_H 和 y_L 实现值的时点（即 $t = 1$）时，银行为了自身期望收益最大化，能够修改负债面值，减免债务，债务减免后的负债面值记为 D_2。

在 $t = 1$ 时经营者决定自己努力工作的程度 e（$0 \leq e \leq 1$），$t = 2$ 时产生 y_H 的概率 p 依赖于经营者努力工作的程度，即存在函数 $p = p(e)$，令该函数存在以下特征：经营者努力工作的程度越大，产生 y_H 的概率 P 越大，但随着经营者努力工作程度的增加公司收益增长的速度越来越慢，当经营

---

① 假设在债权人充分竞争的市场上，债权人的收益率为 0。

者努力程度最大时公司一定产生高收益，即 $p'(e) > 0$，$p''(e) < 0$，$p(0) = 0$，$p(1) = 1$。另外，经营者努力工作需要花费私人的非货币成本，用 $c = c(e)$ 表示，令该函数有以下特征：经营者努力程度越大花费私人的非货币成本越大，而且随着经营者努力程度的增加所花费私人的非货币成本的增长速度越来越快，如果经营者选择不努力工作则无须花费私人的非货币成本，即 $c'(e) > 0$，$c''(e) > 0$，$c(0) = 0$。经营者的最佳努力程度是使自身期望收益 U_M 最大化，自身期望收益可以写成：

$$U^M = E[\max(0, y_2 - D_2)] - c_{(e)} \tag{3.33}$$

E〔·〕表示在已减免债务的负债水平下的公司期望收益。上述假设条件可以总结为图3—2。

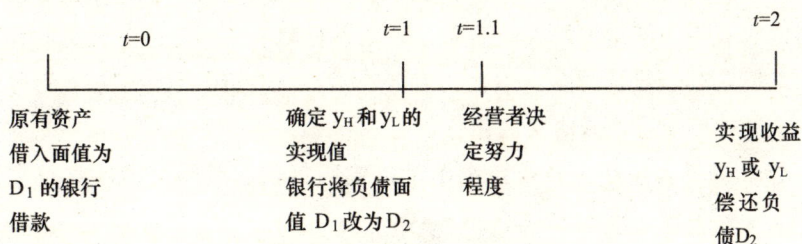

图3—2 银行和经营者的时间路线

1. 修改后负债面额对经营者努力水平的影响

如果在 $t = 1$ 时银行和公司进行债务再谈判，银行减免债务，将负债面值由 D_1 改为 D_2，经营者在 $t = 1$ 时根据减免后的负债水平 D_2 以自身收益最大化为目标决定自己的努力程度，因此有下面的辅助命题1成立。

辅助命题1：在给定 y_L 的时候，经营者选择的努力水平有三种情况：

（1）如果公司的低收益能够用于满足债务偿还（即 $0 \leqslant D_2 \leqslant y_L$），经营者会选择满足自身收益最大化的努力程度，即满足 $p'_{(e)}(y_H - y_L) - c'_{(e)} = 0$ 的 $\bar{e}$。

证明：若 $0 \leqslant D_2 \leqslant y_L$，经营者的期望收益为：

$$U^M = p_{(e)}(y_H - D_2) + [1 - p_{(e)}](y_L - D_2) - c_{(e)} \tag{3.34}$$

令期望收益最大的条件是：

$$p'_{(e)}(y_H - y_L) - c'_{(e)} = 0 \tag{3.35}$$

设 $\bar{e}$ 满足 $p'_{(e)}(y_H - y_L) - c'_{(e)} = 0$ ，所以经营者会选择 $\bar{e}$ 的努力水平。

（2）如果公司产生低收益不足以偿还减免后的负债，只有在产生高收益时才能够偿还，而且偿债后有剩余（即 $y_L < D_2 < y_H$），则经营者的努力程度 e 是减免后债务面值 D_2 的减函数。

证明：若 $y_L < D_2 < y_H$，则经营者的期望收益 $U^M = p_{(e)}(y_H - D_2) - c_{(e)}$，令期望收益最大的条件是 $p'_{(e)}(y_H - D_2) - c'_{(e)} = 0$，这个时候，谈判后的负债面额和经营者选择的努力水平间存在下列关系：

$$\frac{de}{dD_2} = \frac{p'(e)}{(y_H - D_2)p''(e) - c''(e)} < 0 \qquad (3.36)$$

所以 e 是 D_2 的减函数，即 D_2 越大 e 越小。这说明在 $y_L < D_2 < y_H$ 范围内，经营者会选择努力工作提高公司收益率，使 y_2 向 y_H 靠近，这样投资项目的收益除了满足债权人的需求，股东还有剩余，而且债务减免的程度越大，股东剩余收益越多，因此，在 $y_L < D_2 < y_H$ 范围内，债务减免程度越大，越能够激励经营者努力工作。

（3）如果公司产生高收益也不足以偿还负债，或产生的高收益完全都用于偿还负债，即 $y_H \le D_2$，则 $e = 0$。

证明：若 $y_H \le D_2$，则经营者的期望收益 $U^M = -c_{(e)}$，很明显经营者会选择不努力工作，即 $e = 0$。这说明当 $y_H \le D_2$ 时，经营者努力工作得到的收益完全归银行所有，而努力工作而产生的成本却完全由经营者承担，因此经营者会选择不努力工作。

另外，为了确认在 $y_L < D_2 \le y_H$ 范围内 $e(D_2)$ 的形状，如果计算 $e(D_2)$ 的 2 次微分，就得算出 $p(e)$ 和 $c(e)$ 的 3 次微分，所以不能确定结果的符号，下面为了简化分析过程，这里只讨论 $e''(D_2) < 0$ 的情况。$e''(D_2) < 0$ 说明经营者的努力程度随着债务减免程度的增大而增大，但经营者努力程度增大的幅度是越来越小的。

2. 银行决定的最佳负债面额

在 $t = 1$ 时银行根据 y_H，y_L 的实现值，以其自身期望收益最大化为目标来确定债务减免后的负债面额，关于银行最佳负债面额的确定有下面的辅助命题 2 成立。

辅助命题 2：给定 y_L，y_H（$= y_L + a$）的时候，在 $y_L < D_2 < y_H$ 范围内存在使银行期望收益最大的最佳负债面额 D_2^*。如果 $D_2^* < D_1$，则理性的

经济主体银行会在 $t=1$ 时减免债务，并把负债面额修改为 D_2^*。

证明：当银行决定使负债面额 D_2 满足 $0 < D_2 \leqslant y_L$ 时，银行确定在 $t=2$ 时一定能得到 D_2，所以在这个范围内，银行很明显会把 D_2 设定为 y_L，得到期望收益 y_L。当 $y_H \leqslant D_2$ 时，由命题 1 可知，经营者会选择不努力工作，又因为 $p(0)=0$，所以公司在 $t=2$ 时只能得到收益 y_L，因此银行确定能得到期望收益 y_L。当在 $y_L < D_2 < y_H$ 范围内，银行的期望收益为：

$$\pi = p(e(D_2))D_2 + [1 - p(e(D_2))]y_L \tag{3.37}$$

π 对 D_2 微分得：

$$\pi'(D_2) = (D_2 - y_L)p'(e)e'(D_2) + p(e) \tag{3.38}$$

在这里 $\pi'(D_2)$ 的符号是不能确定的，[①] 但是 $\pi'(D_2)$ 的极限值的符号能够确定，[②] 而且根据下面的计算可以判断 $\pi(D_2)$ 的形状。

$$\pi''(D_2) = 2p'(e)e'(D_2) + (D_2 - y_L)\{p''(e)[e(D_2)]^2 + p'(e)e''(D_2)\} < 0$$

而且

$$\pi(y_L) = \pi(y_H) = y_L \tag{3.39}$$

由上面分析可知，如图 3—3 所示，在 $y_L < D_2 \leqslant y_H$ 范围内存在一个使银行期望收益最大的最佳负债面额 D_2^*。

由辅助命题 1 和辅助命题 2 可以总结得到：

（1）当 $0 \leqslant D_2 \leqslant y_L$ 时，债务再谈判后的负债面额越大，银行期望收益越高，但同时公司股东收益越小，经营者增加自身收益的弹性越小，因此，债务减免不会改变经营者的努力程度，经营者会选择继续保持使自身收益最大时的努力程度（$\bar{e}$）。

（2）当 $y_L < D_2 < y_H$ 时，债务减免能够激励经营者努力工作，而且存在一个银行最佳的负债面额 D_2^*。

（3）当 $y_H \leqslant D_2$ 时，公司经营所得全部归银行所有，经营者会选择不努力工作，所以公司的收益会由 y_H 变为 y_L，银行只能得到 y_L。

---

① 因为由辅助命题 1 得到 $e'(D_2) < 0$。

② $\lim\limits_{D_2 \to y_L} \pi'(D_2) = p(e(y_L)) > 0, p(e(y_L))$ 是常数

$\lim\limits_{D_2 \to y_H} \pi'(D_2) = (y_H - y_L)p'(e)e'(y_H) < 0$，因为 $p(e(y_H)) = p(0) = 0$。

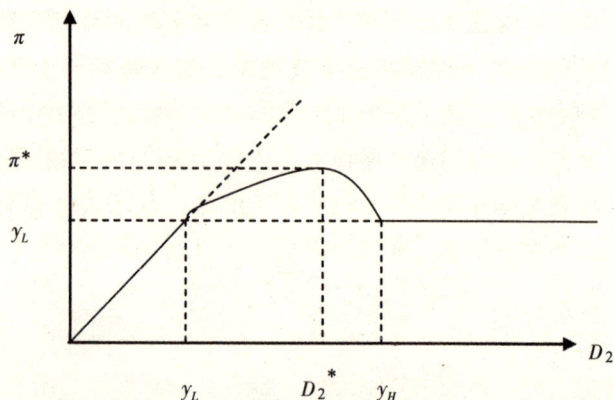

图 3—3　负债额与银行期望收益的关系

3. 公司收益率和银行最佳负债额的关系

如前文所述，在 $t=1$ 时，公司的收益性 y_L 和 y_H 的实现值是确定的，银行和经营者能够观察到 y_L 和 y_H 的实现值，而外部投资者不能观察到。另外，关于公司的原负债额 D_1、经营者的收益函数、银行期望收益函数是市场所有参与者的公共信息。这时公司的收益率（y_L 的实现值）和使银行期望收益最大化的最佳负债额 D_2^* 的关系如下面的辅助命题 3 所示。

辅助命题 3：公司的收益率（y_L 的实现值）越高，使银行期望收益最大化的最佳负债额越高，即 $D_2^* = D_2^*(y_L), \dfrac{dD_2^*}{dy_L} > 0$。

证明：在给定的 y_L 前提下，最佳负债额 D_2^* 在 $y_L < D_2^* < y_H$ 的范围内应使银行期望收益最大化，即满足：

$$(D_2^* - y_L)p'[e(D_2^*)]e'(D_2^*) + p[e(D_2^*)] = 0 \qquad (3.40)$$

因此，$D_2^* = D_2^*(y_L)$ 可表示为

$$\frac{dD_2^*}{dy_L} =$$

$$\frac{p'(e)e'(D_2^*)}{2p'(e)e'(D_2^*) + (D_2^* - y_L)p''(e)[e'(D_2^*)]^2 + (D_2^* - y_L)p'(e)e''(D_2^*)} \qquad (3.41)$$

可以得出 $0 < \dfrac{dD_2^*}{dy_L} < 1$。

因此，如图 3—4 所示，公司的收益率（y_L 的实现值）越高（低），银行的期望收益曲线越向右上方（左下方）移动。这个结果说明，公司的收益率越高，股东的期望收益越高，这和降低修改后的负债面额一样，有提高经营者努力水平的效果（$\frac{\partial e}{\partial y_L} = -\frac{\partial e}{\partial D_2} > 0$）。因此，公司的收益率高时，即使设定比较高的负债面额，负债的代理成本降低（经营者选择努力工作），能够偿还银行贷款，银行能够设定比较高的负债面额。

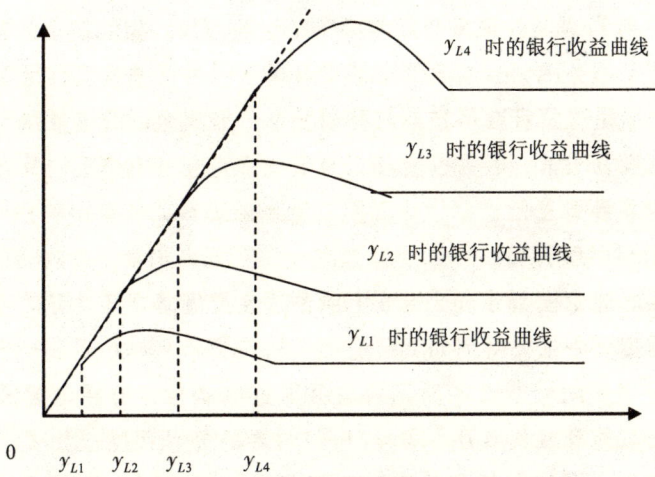

图 3—4 企业收益率与银行的期望收益曲线

4. 债务减免后的负债面额具有信号传递功能

外部投资者虽然不能得到 y_L 的实现值，但公司收益率和谈判后银行最佳负债额的关系为投资者进行决策提供了依据。发布债务减免公告的时候，如果投资者知道债务减免后负债面额 D_2^*，根据辅助命题 3 或图 3—3 能够间接判断 y_L 的实现值（即公司类型），从而判断公司质量。由此可以证明，债务减免后的负债面额可以向市场传递关于公司质量的信息，而且债务减免后的负债面额的大小取决于债务减免程度，因此该结论证明了债务减免程度具有信号传递功能。

命题：银行减免债务的时候，外部投资者可以做出判断：债务减免后的负债面额 D_2^* 越高，或债务减免程度越小，y_L 的实现值越大，公司收益性越好。

证明：因为 $0 < \dfrac{dD_2^*}{dy_L} < 1$ ，所以很明显 $\dfrac{dy_L}{dD_2^*} > 1$ 。

该命题意味着银行减免债务的时候，谈判后的负债面额能向市场传递公司类型（收益率）的信号，这与亨克尔（1982）、罗斯（1977）等研究的负债信号传递功能是一致的。该模型意味着银行减免债务时，如果设定较高的负债面额，外部投资者判断即使那个公司负担较高的负债额，但因为负债代理成本降低（经营者选择努力工作），该公司有较高的收益率，因此股价上升。从另一个角度分析，谈判后的负债面额 D_2^* 越低，债务减免程度（$D_1 - D_2$）越高，债务重组利得越高，从而提高了公司业绩，但股价下降，可见债务减免后的股价变动没有体现因为债务重组利得而提高的公司业绩，而是投资者在信息不对称情况下，根据银行的债务减免程度作为信号进行投资决策，因为投资者认为银行作为金融中介机构具有信息优势和足够的监督能力。

（二）理论模型的结论

通过上面的理论模型分析，论证了债务减免与负债一样具有信号传递功能，在证明过程中主要得到如下结论：

（1）债务减免对经营者的激励效应并非连续函数，但在相关范围内（$y_L < D_2 < y_H$），债务减免（$D_1 - D_2$）与经营者的努力程度正相关，这与夏蜀（2002）的"赖账经济"的理论分析不符，笔者认为债务减免给财务困境公司"喘口气"的机会，经营者看到了公司"起死回生"的希望，从而产生了努力工作的激励。

（2）存在且仅存在一个 D_2^* 使银行期望收益最大。通过债务再谈判进行债务和解的时候，债务减免的大小取决于双方的谈判力度和政府的干预程度。银行作为理性的经济主体会选择使期望收益最大的谈判后负债面额，但当债务公司掌握信息优势或政府为了避免公司退市等原因而加以干预，银行会被动地进行次优决策，此时偏离了破产清算时的绝对优先权原则，公司剩余价值由债权人向股东转移，这与 Franks-Torous（1989）的研究结论一致。

（3）公司的收益性与银行最佳负债面额 D_2^* 正相关，这是因为公司的收益性越高，需要"救济"的程度越低，银行减少债务减免。

（4）由于债务减免（$D_1 - D_2$）与公司的收益性存在负相关，因此债务减免有信号传递功能，能够向市场传递公司质量的信号，债务减免程度越高，公司的收益性越差。

（三）理论模型的启示

理论模型是基于假设条件建立的，假设条件与现实情况有很大的区别，因此理论模型的结论不一定能够完全反映现实情况。但可以从理论模型中得出一些启示：

（1）由于债务减免与负债一样有信号传递功能，因此，企业在与银行进行债务再谈判时，不能一味地"占便宜"，希望债务减免越多越好。根据理论模型的结论，债务减免的程度能够向市场传递企业质量的信号，债务减免程度越大，企业的收益性越差，投资者不愿意购买该公司股票，股价下跌。因此债务减免存在双重效应，一方面能够缓解企业的财务压力，并能产生相应的"债务重组利得"，增加利润的账面价值，但另一方面公司价值被低估，造成的损失仍然由公司自己承担。因此，公司在与银行进行债务和解谈判确定债务减免程度时，应该权衡债务减免给公司带来的正效应与因债务减免的信号传递功能给公司带来的负效应，并不是债务减免的额度越大越好。

（2）债务减免的信号传递功能在我国资本市场上未能很好地体现出来，如实达集团（600734）2009 年 1 月 7 日获得债务减免 693 万元，股价涨幅 -1.85%；7 月 2 日获得债务减免 1015 万元，股价涨幅 1.81%；7 月 15 日获得债务减免 794 万元，股价涨幅 0.62%[①]，并没有体现债务减免信号传递功能[②]，这主要是因为我国的现实环境与理论模型的假设条件存在很大的差别。主要体现在以下几个方面：

①银行没能很好地发挥监督作用，使得减免债务没有起到激励经营者努力工作的作用。理论模型的辅助命题 1 得出的主要结论是在相关范围内，债务减免能够激励经营者努力工作，而且二者正相关。但是这个命题的前提条件是经营者努力工作使得公司经营业绩提高，改善后收益的一部分用于偿还银行。而现实中由于银行没能很好地发挥大债权人的监督作用使得经营者产生道德风险，这意味着债权人的优先权受到侵害，将债权人的利益转移给了投资者，产生代理成本，此时改变了经营者的期望收益函

①　数据来源于巨潮资讯网中实达集团（600734）的公告摘要。

②　虽然一个上市公司的数据不具有代表性，债务减免程度与股价的关系是否具有稳定性需要进行统计分析，但笔者以实达集团的例子只是为了说明债务减免在我国不具有信号传递机制的现象特征。

数，因此辅助命题 1 难以成立。但我国随着商业银行改革的深化、国有大型商业银行的改制上市，银行内部风险管理得到加强，银行也越来越好地实现了监督作用（胡奕明等，2008 等），因此辅助命题 1 的结论在我国的适用性将越来越高。

②制度背景对银行进行债务减免决策的影响。我国企业取得银行贷款时就具有特殊性，主要表现在两个方面：一是国有企业更容易获得银行贷款（卡尔和许，2005），二是国有企业更容易获得长期贷款（江伟和李斌，2006）。正是因为我国特殊的制度背景，使某些有"政治关系"的上市公司在经营业绩下滑的时候也能得到贷款，债务积压，无力偿还时可以利用"政治关系"让银行开"绿灯"。因此，银行对即将暂停上市或者即将 ST 的公司减免债务，是债权银行的无奈之举。从银行的角度来说，如果银行对公司放贷过多，把上市公司留在主板，重组进而收回贷款的希望自然要比暂停上市的公司希望大得多，因此，银行无法根据自身效益最大化来确定谈判后的最佳负债面额（即最佳债务减免程度），只能以收回贷款或提前收回贷款为目标与公司进行债务再谈判。所以，无法得到辅助命题 2 和辅助命题 3，也就不能根据理论模型判断出银行债务减免程度与公司收益性之间的关系，投资者也不能很好地来利用债务减免程度判断公司的质量，债务减免的信号传递功能就无法发挥作用。

由此可见，要想在我国建立和健全债务减免信号传递功能，激励经营者努力工作，改善制度背景是至关重要的。必须减少政府对银行信贷行为的影响，加强银行的监督职能，彻底完成国有商业银行公司化改造，促进债务减免市场化，这样才能够建立和健全债务减免的信号传递功能，促使资本合理配置。

第四节　本章小结

由于信贷契约双方的权利和义务存在不可忽视的时间间隔，因此信息契约是否能够有效约束经营者履行义务，取决于银行对未来经营者机会主义行为的预测，由于人的有限理性，很难全面估计到未来发生的不确定事项，因此银行需要收集信息，减少不确定因素，从而设计信贷契约约束经营者的机会主义行为。如果银行在设计信贷契约时能够掌握借款企业的完备信息，那么信贷契约一定能够产生治理效应。但是由于信息不对称，完备的信贷契约是不存在的，因此银行为了保障贷款的安全性，提高信贷契约的治理效应，必须尽量收集信息。信贷契约主要依据的信息是财务信息，因为财务信息能够反映企业的经营状况。因此，信息是信贷契约治理的基础，而且银行在设计信贷契约时应该适当利用上市公司披露的信息。

信贷契约产生治理效应是需要条件的，首先需要有效的债务履约机制，有效的债务履约机制能够对违约行为进行惩罚或者能够存在破产威胁，从而激励经营者努力工作。其次是债权人必须有监督的动力和能力，主要体现在收集信息的能力和动力上，银行作为金融中介机构有收集信息的能力，同时银行作为大债权人又存在监督的动力，有效的监督是信贷契约产生治理效应的关键。最后是信贷契约激励和监督的可行性，对于优质借款企业来说，由于有限责任制和信息提供激励，存在最优的信贷激励契约，但信贷契约对劣质借款企业的激励作用有限，更多地是利用监督职能。

理论上，在存在充分的信息基础和良好的实现条件的情况下，最优的信贷契约能够约束经营者的机会主义行为，或激励经营者努力工作，产生治理效应。由于信贷契约条款的复杂性和不同主体契约的差异性，无法分析信贷契约所有内容的治理效应，因此，本书主要分析了信贷契约的基本要素，即贷款规模、贷款期限、贷款利率及债务再谈判的治理效应。本书以激励机制理论为理论基础，以设计最优信贷契约为指导思想，以让·梯诺尔的理论模型为工具，在满足参与约束和激励相容约束的前提下，分析贷款规模、贷款期限、贷款利率的治理效应。

首先，利用让·梯诺尔的持续投资理论模型研究发现，满足最优信贷契约的激励相容约束和投资者收支相抵的约束时，经营者会选择尽量多的投资，而且代理成本越大，银行放贷额度越小，所以经营者为了获得最大的净收益，最优选择是努力工作，获得更多的贷款，进行尽量多的投资。因此，银行贷款额度能够激励经营者努力工作，产生治理效应。

其次，利用让·梯诺尔的贯序项目理论模型分析了长期贷款契约和短期贷款契约的治理效应。在最优的短期贷款契约下，由于存在自有资本的影子价值，因此后续项目的前景是一种激励机制，激励经营者努力工作。此时，银行也非常信任借款企业的经营者，愿意为其提供短期融资。但短期贷款协议会因为项目的失败而中断融资，相对地，长期信贷契约能够满足这种不足，但是最优的长期信贷契约还必须保证股东能够严格获得收益。在长期信贷契约参与者风险中性的假设条件下，长期信贷契约能够获得与短期契约相同的跨期收益，因此长期贷款契约与短期贷款契约一样，都能够激励经营者努力工作。

再次，利用让·梯诺尔的固定投资模型分析了贷款利率的治理效应。如果贷款协议能够激励经营者努力工作，那么贷款利率与经营者努力程度呈反向关系，如果贷款协议不能激励经营者努力工作，那么银行会选择提高利率进行风险补偿，甚至放弃贷款，通常情况下，提高利率会加大违约风险，因此银行会放弃贷款，产生信贷配给。而且，由于银行贷款利率受存款利率限制，使得贷款利率的治理效应受到限制。

最后，分析了债务再谈判对经营者的治理效应，债务再谈判能够为企业提供"喘口气"的机会，但同时债务再谈判又能够使银行债务变成"软约束"，因此，债务再谈判对经营者的治理效应需要进一步分析。本书以债务再谈判最常出现的结果——债务减免为研究对象，建立理论模型，分析债务减免的激励作用。理论模型推导过程中发现，债务减免在一定范围内能够激励经营者努力工作，公司的收益性与提高债务减免程度一样，有提高经营者努力水平的效果，债务减免与负债一样具有信号传递功能。因此，债务减免的信号传递功能能够激励经营者努力工作，提高公司绩效。

这些理论分析一般是基于一定假设条件基础上的，为了验证信贷契约的治理效应，必须以实证研究加以验证，但是由于债务减免很多时候发生在暂停上市的公司与银行间的债务和解，债务减免公告发布不一定有对应的股价变动，因此，本书未能对债务减免的信号传递功能进行实证研究。但是，理论模型证明了债务减免信号功能的存在，为我国建立和健全债务减免信号传递功能提供了思路，也为后续研究提供了理论支持。

第四章

我国信贷契约治理的制度背景分析

我国正处于经济转轨时期，与西方国家相比，存在太多的特殊性，从而影响了信贷契约的治理效应。本章从法律制度、政府干预两个方面来分析我国信贷契约的治理环境，目的是要分析我国是否存在充分的信贷契约治理的基础和良好的信贷契约治理效应的实现条件。

第一节　法律制度对债权人利益的保护

法律制度是债务履行机制有效运行的保障，可以约束债务人的违约行为，法律对债权人的保护程度越高，法律对债务人违约行为的惩罚越充分越严重，从而逼迫债务人履行债务契约。中国法律对债权人保护程度低于世界平均水平。拉斐尔拉抛塔等（1998）检查了49个国家债权人保护的法规、法律渊源以及这些法规的实施质量。结果表明，在债权人权利保护方面，普通法法系最为完善，法国民法和斯堪的纳维亚民法法系相对较差，德国法法系介于两者之间；在执法力度方面，斯堪的纳维亚民法法系国家最好，法国民法法系最差。从中国的情况来看，法律渊源较接近民法法系国家，但在很多方面又不同于民法法系国家。中国的法律体系还很不完善，政策和制度仍起着主导作用，在很大程度上存在执法腐败现象（肖作平、廖理，2007）。艾伦等（2005）检查了中国法律体系的测量值并与拉斐尔拉抛塔等（1998）研究中的49个国家的平均测量值进行比较，得出结论：就法律制度对债权人保护来看，无论是和拉斐尔拉抛塔等（1998）样本中的发达国家还是和发展中国家相比，中国的法律制度和执行力度都处于劣势。从债权人权利的总体情况来看（见表4—1），英国法系国家对债权人权利保护最为充分，而法国法系国家则最不充分，中国处于英国法系中有高度保护措施的国家和法国法系中保护措施极差的国家之间。

表4—1　　　　　　　　　　债权人权利保护比较

国家	进入重组后抵押物可否获取	有抵押债权是否最先偿付	债权人可否限制重组	管理者不能进入重组程序	债权人权利总分	法定偿债准备金与资本金的比例
英国法系平均	0.72	0.89	0.72	0.78	3.11（78%）	0.01
法国法系平均	0.26	0.65	0.42	0.26	1.58（53%）	0.21
德国法系平均	0.67	1.00	0.33	0.33	2.33（83%）	0.41
斯堪的纳维亚法系平均	0.25	1.00	0.75	0.00	2.00（75%）	0.16
LLSV 样本平均	0.49	0.81	0.55	0.45	2.30（68%）	0.15
中国	0	0	1	1	2	0

注：中国—中国破产法（2000）；LSSV 国家—LSSV（1998）。债权人权利总分等于上述1—4项权利总和，其中1为债权人保护是在法律中，否则为0。括号中的数值表示子样本国家的测量值高于或等于2（中国的总测量值）的百分比。

资料来源：肖作平、廖理：《大股东、债权人保护和公司债务期限结构选择——来自中国上市公司的经验证据》，《管理世界》2007 年第 10 期。

表4—1 中法律对债权人保护的得分只能体现法律法规关于债权人保护条款设置的详细程度，只是对书面的法律体制进行衡量，而不是实践中的法律体制，因为法律法规条款能不能真正保护债权人利益还取决于法律的实施力度。艾伦等（2005）还给出了法律实施的比较（见表4—2），就法律执行的两个范畴——法治和腐败而言，不管它们的法律渊源，中国的度量值显著低于拉斐尔拉抛塔等（1998）样本国家的平均度量值，这表明不能仅仅依靠表4—1 中国债权人程度的评分来评价中国法律对债权人的保护程度。结合表4—1 和表4—2 可以说明，我国的法律不仅不完善，而且不能够有效地实施法律规范，债权人保护较弱。艾伦等（2005）还将中国的法律体制和其他主要新兴市场国家的法律体制进行比较（见表4—3）。中国的债权人权利比阿根廷和墨西哥高，但中国的腐败指数是7 个发展中国家中最差的。这说明即使中国的法律体系能够保护债权人利益，但由于法律腐败，也使得债权人利益保护的有效性降低。

表 4—2 　　　　　　　　　**法律实施的比较**

国家	司法体系的效率性	法规	腐败	剥夺风险	拒付债务契约风险	会计标准上的会计等级
英国法系平均	8.15	6.46	7.06	7.91	7.41	69.62
法国法系平均	6.56	6.05	5.84	7.46	6.84	51.17
德国法系平均	8.54	8.68	8.03	9.45	9.47	62.67
斯堪的纳维亚法系平均	10	10	10	9.66	9.44	74
LLSV 样本平均	7.67	6.85	6.9	8.05	7.58	60.93
中国	N. A	5	2	N. A	N. A	N. A

　　注：中国—国际国家风险（等级代理）；LSSV 国家—LSSV（1998）。

　　资料来源：肖作平、廖理：《大股东、债权人保护和公司债务期限结构选择——来自中国上市公司的经验证据》，《管理世界》2007 年第 10 期。

表 4—3 　　　　**法律体系比较：中国和其他主要新兴市场国家**

国家	司法体系的效率性	法规	腐败	对抗董事权	债权人权利	会计标准
中国	N. A.	5	2	3	2	N. A.
印度（E）	8	4.17	4.58	2	4	57
巴基斯坦（E）	5	3.03	2.98	4	4	N. A
南非（E）	6	4.42	8.92	4	4	70
阿根廷（F）	6	5.35	6.02	4	1	45
巴西（F）	5.75	6.32	6.32	3	2	54
墨西哥（F）	6	5.35	4.77	0	0	60

　　注：中国—国际国家风险（等级代理）；其他所有国家—LLSV 来源"E"（"F"）代表法律渊源是英国普通法系（法国民法体系）

　　资料来源：肖作平、廖理：《大股东、债权人保护和公司债务期限结构选择——来自中国上市公司的经验证据》，《管理世界》2007 年第 10 期。

　　由此可见，中国的法律体制还不完善，法律执行效率比较低，中国现有的法律环境不仅不比任何其他主要的新兴市场国家（如印度、巴基斯坦和南非）超前，反而明显比那些英国法系的国家落后。

　　就我国具体的法律而言，我国改革开放以来，围绕信贷契约的订立与履行，调整债权债务关系的法律主要有《合同法》、《担保法》、《破产法》等。《合同法》和《担保法》是适用于信贷契约履行情况的法律规范，我国现行的《合同法》是 1999 年 3 月 15 日第九届全国人民代表大会第二次会议通过的，《合同法》对信贷契约的订立、效力、履行、变更、权利义务和违约责任做了规范性的指导，并对借款合同中债权人和债务人的权利义务进行了详细的说明，这为信贷契约的签订和履行提供了法律依据和有效保障。但我国《合同法》在债权人保护方面存在一定的缺陷，由于有关合同当事人保护的条文过于笼统、抽象，因此缺乏可操作性。我国现行的《担保法》是 1995 年 6 月 30 日第八届全国人民代表大会常务委员会第十四次会议通过的，《担保法》对信贷契约中有关保证、抵押、质押的范围、金额、期限以及担保的权利和义务做了明确的规定，加强了对债权的物质保障。但随着保证形式、抵押和质押物品的不断丰富，《担保法》的解释力越来越不充分，使得很多担保物品无法严格遵循《担保法》的规定来处理。我国现行的《破产法》是 2006 年 8 月 27 日第十届全国人民代表大会常务委员会第二十三次会议通过的，新《破产法》与 1986 年我国颁布的《企业破产法》相比，有了很大的完善，对债务履行机制产生了更好的约束作用。1986 年颁布的《企业破产法》只适用于全民所有制企业，其他性质企业的破产问题缺少可供具体操作的法律政策，2002年 9 月 1 日最高人民法院颁布的《关于审理企业破产案件若干问题的规定》（以下简称《规定》）开始实施。该《规定》适应了国内经济发展格局，突破了《企业破产法》调整范围仅适用于全民所有制的局限，首次将股份制公司纳入破产条例。但该《规定》的出台主要是解决人民法院在审理破产案件中的程序问题，涉及实体方面的内容不多，尤其是对于上市公司，许多实体方面的法律规定尚在研究之中。2007 年 6 月 1 日开始施行新的《破产法》，新破产法的适用范围更加广泛，债权人可以是所有人，债务人是除金融机构以外的所有企业法人。而且新破产法实施后，债权人申请债务人破产的门槛降低，又不需要交纳费用，为促进有效实行破产机制提供了有力武器。由此可见，新《破产法》能够比较有效地监督债务人进行债务履约，但是法律条款能否有效监督债务人的履约行为，还取决于法律执行部门的执行力度，如法院或仲裁机构对案件的受理、审理以及对审理结果的执行情况。目前，我国执法机关的案件受理、审理程序复杂，时间间隔长，需要耗费大量的人力和物力，而且"谁起诉谁举证"

的规定也为债权人进行违约诉讼带来了困难。债务人有债不还的，债权人通常是提起诉讼并申请法院对债务人强制执行，但执行难；债权人虽然也可以申请债务人破产，但要让法院受理，比执行还难。

对于上市公司而言，具有"壳"资源，当上市公司经营业绩不佳，陷入财务困境时，首先面临的是退市而不是破产，因此有效的退市机制是破产机制发挥作用的前提。我国《公司法》对股票暂停上市或者终止上市的情形作了具体规定，上市公司有下列情形之一的，由国务院证券监督管理机构决定暂停其股票上市：（1）公司的股本总额、股权分布等发生变化，不再具备上市条件；（2）公司不按规定公开其财务状况，或者对财务会计报告作虚假记载；（3）公司有重大违法行为；（4）公司最近3年连续亏损。股票上市的终止情形与暂停情形基本相同，只是程度和要求上有差异，其中有暂停情形第（2）项、第（3）项所列情形之一，经查实后果严重的，终止其股票上市；有暂停情形第（1）项、第（4）项所列情形之一，在期限内未能清除，不具备上市条件的，终止其股票上市。《中华人民共和国证券法》规定，上市公司丧失《公司法》规定的上市条件的，其股票依法暂停上市或者终止上市。虽然《公司法》和《证券法》对上市公司退市做了规定，但由于缺乏实施细则和操作规程，尽管上市公司中有不少公司业绩不佳，有些公司出现重大违规事件，但在2001年2月《亏损上市公司暂停上市和终止上市实施办法》出台以前，没有一家公司因为经营不善而被摘牌（肖作平、廖理，2007）。在连续亏损上市公司数量不断增多的情况下，证券监管部门不得不出台ST交易制度以作为退出机制的过渡，但事实上"亏而不退"却对亏损上市公司形成了某种政府担保，上市公司和投资者的风险意识反而因此下降。结果导致亏损公司不但未被勒令退出市场，而且由于"壳资源"的稀缺以及地方政府的扶持等，反而一方面能够与银行进行债务再谈判，要求继续贷款，或者要求减免债务，另一方面成为市场上兼并、收购和重组的首选对象，导致《公司法》和《证券法》等法规对违法、违规公司的有关制裁条款形同虚设。上市公司的破产机制和退出机制在中国尚未真正建立起来，公司退出市场的标准实际上是一种"软约束"，没有合理保障债权人的利益。

另外，我国《公司法》和《证券法》对上市公司的信息披露进行了规定。政府监管信息披露初衷是保护投资者利益，但同时能够增加上市公司信息透明度，如第三章论述的那样，上市公司披露的信息也有利于银行进行信贷契约设计。《证券法》规定，上市公司依法披露的信息，必须真实、准确、完整，不得有虚假记载、误导性陈述或者重大遗漏。对具体的信息披露规定如下：上市公司应在每一会计年度的上半年结束之日起两个月内，向国务院证券监督管理机构和证券交易所报送载有公司财务会计报告和经营情况、重大的诉讼事项、已发行公司债券变动情况、提交股东大会审议的重要事项等内容的中期报告，并予以公告；上市公司应在每一会计年度结束之日起四个月内，向国务院证券监督管理机构和证券交易所报送记载以下内容的年度报告，并予公告：公司概况；公司财务会计报告和经营情况；董事、监事、高级管理人员简介及其持股情况；已发行的股票、公司债券情况，包括持有公司股份最多的前十名股东的名单和持股数额；公司的实际控制人等事项。上市公司发生可能对股票交易价格产生较大影响的重大事件，投资者尚未得知时，上市公司应当立即将有关该重大事件的情况向国务院证券监督管理机构和证券交易所报送临时报告，并予公告，说明事件的起因、目前的状态和可能产生的法律后果。《证券法》规定了上市公司强制性披露信息的内容，并规定董事、监事、高级管理人员应当保证上市公司所披露的信息真实、准确、完整。相对于外部投资者而言，董事、监事、高级管理人员是内部人，信息披露的数量和质量是从上市公司利益出发的，因此，并不能完全保证信息的真实准确。我国《证券法》对于信息披露有虚假记载、误导性陈述或者重大遗漏的情况，适用于民法追究责任，但《证券法》中对惩罚的标准是"致使投资者在证券交易中遭受损失的"，这个标准是模糊的，对于遭受损失的大小没有明确的规定，因此执行的可行性有限。深圳证券交易所根据《深圳证券交易所上市公司信息披露工作考核办法》对上市公司的信息披露质量进行打分，分为"优秀"、"良好"、"及格"、"不及格"四个等级，来确定上市公司的诚信状况。从2004—2008年信息披露考评综合结果来看（见表4—4），10%左右的上市公司信息披露质量为"优秀"，57%左右为"良好"，27%左右为"及格"，4%左右为"不及格"。总体来看，我国上市公司大部分的信息披露质量良好，但是仍有小部分公司的信息披露质量有待于提高。从年份统计来看（见图4—1），2004—2008年上市公司信息披露质量没有大的变动，比较稳定，且没有明显提高。

表4—4　　　　　　深圳证券交易所信息披露考评结果统计

年度	2004		2005		2006		2007		2008		合计	
项目	公司数	百分比	公司数	百分比	公司数	百分比	公司数	百分比	公司数	百分比	公司数	百分比
优秀	30	5.98	55	10.05	59	9.97	96	16.27	80	10.54	320	10.70
良好	303	60.36	308	56.31	313	52.87	333	56.44	454	59.82	1711	57.22
及格	147	29.28	149	27.24	188	31.76	134	22.71	206	27.14	824	27.56
不及格	22	4.38	35	6.40	32	5.40	27	4.58	19	2.50	135	4.52
合计	502	100	547	100	592	100	590	100	759	100	2990	100

资料来源：根据深圳证券交易所公布的上市公司信息披露考核结果计算得出。

公司百分比（％）

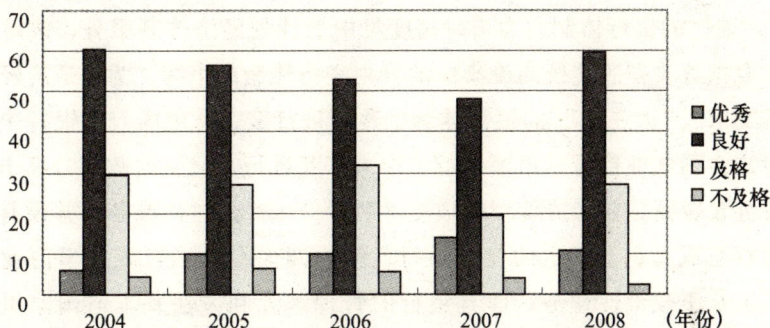

图4—1　上市公司信息披露质量年度统计柱形

　　由此可见，由于我国法律体系尚不完善，不仅使得我国缺乏有效的债务履行机制，而且由于我国对上市公司信息披露监管存在问题，使得我国信贷契约治理不具有良好的信息基础。

第二节　政府干预削减了银行监督动力

　　国内外学者已经证明了有"政治关系"的企业能够得到银行的差别贷款（恰鲁米林等，2006；江伟、李斌，2006 等），比没有"政治关系"的企业能够得到更多的银行贷款或更多的长期银行贷款，银行对有"政治关系"企业的"偏爱"不仅仅体现在贷款政策上，而且银行对有"政治关系"的企业的监管也很松弛（赫瓦贾和米安，2005），这种现象是普遍存在的，我国也不例外，这主要是国有银行和国有企业的产权同质性造成的。

一　政府对国有商业银行信贷行为的干预

银行具有监督的动力必须具备两个条件：一是产权清晰，独立经营，自负盈亏，利益是其经营的第一目标；二是债务人违约能够真正给银行带来损失。从我国国有银行改革进程来看，这两个条件恰恰在我国转型经济的特殊制度背景下不能完全具备。我国国有银行改革经历了三个阶段：

（一）国有独资专业银行改革阶段（1978—1992 年）

国有独资专业银行改革阶段（1978—1992 年），实现了"大一统"银行体系向四大专业银行体系转变。计划经济时期，中国的银行业实行"大一统"的银行体制，为当时高度集中的计划经济体制服务，改革开放后，我国逐步摆脱传统高度集中的计划经济体制的束缚，为了适应经济变革的需求，"大一统"的银行体制也逐渐被打破，从中国人民银行中相继分设出中国农业银行、中国银行、中国工商银行，又从财政部分离出中国人民建设银行，四大专业银行成立并明确分工。但这次改革，并没有将四大银行变成真正意义上的专业银行，因为四大专业银行既从事商业性业务，又从事政策性业务，而且银行的管理理念和方法基本与国家机关一样，人事任免完全取决于各级党委和组织部门，从而导致四大银行不可能以追求银行利润最大化为最终目标。

（二）国有独资商业银行改革阶段（1992—2002 年）

国有独资商业银行改革阶段（1992—2002 年），实现了专业银行体系向商业银行体系转变。1992 年 10 月，中共十四大确立了我国经济体制改革的目标是建立社会主义市场经济体制。为了适应社会主义市场经济体制改革的需要，并使四大国家专业银行尽早转变为真正的商业银行，1994年 3 月至 11 月，我国先后建立了三大政策性银行（即国家开发银行、中国进出口银行和中国农业发展银行），负责剥离和接收四大国有专业银行手中的所有政策性业务。三大政策性银行的诞生标志着四大"国家专业银行"开始真正向"国有商业银行"的身份转型。与此同时，为了营造打破垄断、促进竞争的银行业经营格局，我国不断地培植新的竞争者加盟中国银行业。1992—1996 年，先后创立了中国光大银行、华夏银行、浦东发展银行和中国民生银行等股份制商业银行，增加了银行业的竞争性。

由计划经济向社会主义市场经济体制转变过程中，大量的国有企业"水土不服"，自 20 世纪 90 年代中期以后，国企亏损面及亏损额不断增大，经济效益全面下滑。不但职工工资和福利难以保证，就连偿还贷款也成了大问题，尤其是启动了国企倒闭破产机制后，利用破产或改制的借口进行恶意逃债，使国有银行的不良贷款迅速膨胀，并不断滋长。中央政府开始了一系列的拯救国有银行的紧急行动，1998 年 8 月，财政部向四大国有银行发行 2700 亿元长期特别国债，所融资金随即全部用于补充四大国有银行资本金；1999 年，国家全额注资设立了 4 家金融资产管理公司（信达、东方、长城、华融），这四家金融资产管理公司运用出售、置换、资产重组、债权转股权、资产证券化等手段，分别负责全价买入并处理四大国有银行的不良资产，收购的四大国有银行不良贷款金额约 1.4 万亿元；为了减轻国有银行的改革压力与总体税赋，中央决定将银行业的营业税税率从 2000 年的 8% 开始每年降低 1 个百分点，用 3 年时间降至 2003 年的 5%。这一阶段的改革，从表面上看，业务职能摆脱了政策性职能，但是国有银行的大量不良贷款仍然是国家埋单，没有真正地实现自负盈亏。而且，在治理结构上没有处理好所有权与经营权的关系，国有商业银行无论是执行机构，还是决策机构和监督机构，其主要领导都由国务院直接任命，银行的领导层为了个人前途，仍然受政府目标的影响。

（三）国家控股的股份制商业银行改革阶段（2002 年至今）

国家控股的股份制商业银行改革阶段（2002 年至今），实现了传统商业银行向现代商业银行的转变。2002 年 2 月，中央召开第二次全国金融工作会议，做出了对国有商业银行进行综合改革的战略决策，要求国有商业银行按照"产权清晰、权责明确、政企分开、管理科学"的现代企业制度。2003 年 10 月 14 日中共十六届三中全会通过的《关于完善社会主义市场经济体制若干问题的决定》中明确指出：选择有条件的国有商业银行实行股份制改造，加快处置不良资产，充实资本金，创造条件上市。在 2003 年 10 月 28—30 日召开的国际金融论坛上，央行提出国有银行改革具体的三步走计划：第一步，通过国家注资来解决不良贷款和内部经营的机制问题；第二步，进行股份制改造，按照公司治理的原则来建立起良好的治理结构；第三步，择机上市。这次改革使银行进行公司化管理，但上市资金是由国家注资，因此，仍然没有摆脱政府的干预。

从我国国有银行改革进程可以看出，虽然目前四大国有银行已经上市，进行公司化管理，但是其国有性质是由历史沿革而来的，根深蒂固。因此，银行利润最大化并不是最终目标，在政府干预下，银行常常会做出非效率决策，从而导致破产机制失灵。而且，在国有企业违约的情况下，银行的损失也可能由政府埋单。在我国转轨经济的特殊制度背景下，政府干预弱化了银行监督的动力。

二　政府对上市公司的保护

政府对上市公司的保护是因为我国的分权化改革使地方政府把上市公司当作"捞政绩"的工具。我国财政分权改革主要经历了由单一中央政府完全控制财政预算分配的制度逐步推进到实行分成、财政包干体制和分税制等阶段。分权化改革使地方政府在权力范围内拥有充分的自主权和权威，成为辖区内经济的真正剩余索取者（何威风，2009）。分权化改革给政府干预带来了两个方面的影响：一是改变了地方政府的财政收支关系，激发了地方政府发展经济的积极性。地方政府获得了更大的财政决策权，因此能够更加自主地选择发展本地经济的路径。但实际上，地方政府的收入和支出并不配套，特别是分税制改革使中央政府集中了过多的财政收入，地方政府承担了过多的财政支出，因此，地方政府的财政自给率显著下降，财政收支出现很大缺口（朱恒鹏，2004）。财政收支压力的日渐增大不可避免地使地方政府瞄上了上市公司，将上市公司看作"免费"的融资渠道，因此，在政治上和经济上扶持上市公司的发展。二是改变了政府官员的晋升竞争。分权化改革导致我国政治体制有两个显著特征，即以GDP为主的政绩考核机制和（基于民意调查基础上的）官员任免制度（王用钦等，2007），上市公司的发展关系到地方政府的GDP指标，因此为了提升GDP，地方政府会保护上市公司的稳步运行，而且会"救济"陷入困境的上市公司。

在我国，政府对上市公司，尤其是因业绩亏损而进入ST行列的财务困境公司进行财政救助，亦是一种普遍现象。潘越、戴亦一、李财喜（2009）统计，2002—2009年，每年获得政府补助的上市公司占上市公司总数的比例都超过40%，而每年新增的ST公司在被ST当年，接受政府补助的比例更是普遍超过50%（最高年份高达78%）。中国证监会对业绩亏损的上市公司实行ST制度，为了避免退市，上市公司向地方政府争取财政补贴收入，政府为了不失去"免费"的融资渠道，通常会给予补贴，并且放松了监管（陈晓、李静，2001；刘浩，2002）。虽然政府保护上市公司，但对上市公司的保护程度是不同的。这与企业的国有性质有关。在转型经济中，国有企业承担了政府的多重目标，承担了政策性负担，因而有政策性的亏损，从而可以将投资、经营失败的责任推卸到政府一方，政府对此亏损负有责任，只好给予补贴。但是由于激励不相容，企业会将所有亏损，包括经营性亏损和政策性亏损，都归因于政策性原因。因此，国有企业一旦出现亏损，伸手向政府申请补助就显得"顺理成章"。但对于私营上市公司而言，其获得财政补贴的多少取决于政治背景。法乔等（2006）认为，公司高管的政治背景在决定获取政府补助的可能性和数额方面起着至关重要的作用，亦即具有政治关联的公司在其陷入财务困境时，更容易获得政府的救助。当上市公司出现亏损，进入 ST 公司行列，甚至可能面临摘牌退市风险的时候，如果企业在短期内无法通过改善经营业绩来改变这种状况，上市公司寻求政府直接财政补助以达到"扭亏保壳"目的的动机将十分强烈。在这种情况下，公司高管如果在政府部门任职或曾经任过职，凭借其在政府任职期间积累的人脉关系和社会资源，他们与政府部门的"沟通"自然会更为有效，就更有可能获得政府的补助支持。而且公司高管现在或曾经担任政府官员的行政级别越高，其政治影响力越大，就越有可能获得更多的政府救助。如果上市公司无论如何都不能摆脱财务困境，政府会出面干预，对上市公司进行并购、资产重组等。当上市公司无法偿还债务时，政府作为上市公司的"担保者"，促成上市公司与银行进行再谈判。因此，政府对上市公司的保护，使得破产机制成为"软预算"，从而导致上市公司不怕借债，更不怕没法还债。

第三节　本章小结

一个国家的制度和法律环境影响着信贷契约的治理效应，从我国的特殊制度背景中可以看出，我国法律体系尚不健全，法治执行效率有待提高，债权人保护较弱，债务人通常会钻法律的漏洞和利用无效率的法治执行体系来侵占债权人的利益。有效的法律体制能够通过威慑力来激励债务人履行信贷契约，但是我国目前的法律体制还不能很好地保障债务履约机制的有效运行。而且我国政府对上市公司的退市监管形同虚设，从而使得连续亏损的上市公司仍然能够利用"壳资源"与银行进行债务再谈判，要求继续贷款或进行债务减免，从而使得破产机制成为"软预算"。政府对上市公司的信息披露的监管仍存在缺陷，因此投资者（包括银行）并不能完全依赖上市公司披露的信息进行投资，从而影响了我国信贷契约治理的信息基础。我国的国有银行长期以来是政府完成政治目标的支柱，无论是信贷政策还是人事安排都受政府干预，银行并不是以利润最大化为唯一目标，随着经济体制改革，银行为了满足经济格局的需求，也进行了股份制改革，实现公司化管理，业务职能和人事安排逐渐摆脱了政府的干预，但是并没有完全摆脱政府干预。国有银行与国有企业的相同产权性质使得银行对国有企业的监督放松，而且当国有企业违约无法偿还贷款的时候，政府会埋单弥补银行的损失，因此政府干预弱化了银行监督的动力。虽然我国银行在改革过程中逐渐引入了股份制银行从而打破了国有银行的垄断地位，但是国有银行仍然提供了绝大部分贷款，根据人民银行统计，2009 年国有商业银行提供贷款 173225.24 亿元，其他商业银行提供贷款 81878.04 亿元。① 由此可见，目前国有商业银行仍然是信贷市场的主力军。而且由于我国财政分权改革，使得政府将上市公司视为"免费"的融资渠道和"捞政绩"的工具，因此，政府对上市公司"疼爱有加"，尤其是在上市公司经营业绩不佳，被 ST 后，政府常常会给予财政补贴，救济上市公司走出困境。但是政府对陷入困境的上市公司的补贴程度是与上市公司的产权有关的，对于国有企业来说，政府给予财政补贴"顺理成章"，对于私营上市公司而言，获得政府财政补贴的多少取决于政治背景。总之，政府对上市公司的保护，使政府成了上市公司的"担保者"，政府能够干预上市公司与银行的债务再谈判，还能够干预陷入财务困境的上市公司进行并购、资产重组等。政府的干预削弱了银行的监督动力，同时政府的干预也使得破产机制成为"软预算"。综上所述，我国特殊的制度背景没能为我国信贷契约治理提供良好的信息基础和充分的实现条件，从而会影响信贷契约的治理效应。

---

① 国有商业银行包括工商银行、农业银行、中国银行、建设银行；其他商业银行包括交通银行、中信银行、中国光大银行、华夏银行、中国民生银行、广东发展银行、深圳发展银行、招商银行、上海浦东发展银行、兴业银行、恒丰银行、浙商银行、渤海银行。

第五章

信贷决策影响因素的实证检验

在信贷契约签订前，由于经营者关于企业的质量、现有资产价值、发行者的潜在私人收益以及项目未来现金流状况等方面掌握着私有信息，因此，信息不对称会使银行产生放贷风险。在信贷契约签订后，由于银行不能进入企业来监督贷款的使用状况，借款企业容易产生道德风险。因此，银行在信贷契约签订前能够预期到借款企业的机会主义行为，因此需要通过设计信贷契约来监督或约束经营者行为，以保证贷款的安全性。银行在进行贷款决策时主要是依据企业提供的财务信息，通过财务信息来了解企业的财务状况和治理状况，从而进行信贷决策，来确定贷款的利率、期限和贷款规模。如果贷款利率、贷款期限、贷款规模与借款公司的财务状况和公司治理状况存在合理的因果关系，那么信贷契约才有可能激励经营者为了获得贷款或获得优惠的贷款而努力工作，产生治理效应。

本章检验信贷契约影响因素与信贷契约治理效应有什么关系呢？本章的研究思路为：银行根据公司的财务状况和治理状况进行信贷决策，如果银行愿意对财务状况和治理状况好的公司提供贷款，或者提供优惠利率，或者延长贷款期限，则为了获得贷款及优惠条件的贷款，借款公司的经营者会选择努力工作，改善公司财务状况和治理状况。因此，当银行的信贷决策与公司的财务状况和治理状况存在合理的因果关系时，信贷契约才可能激励经营者为了获得贷款或获得优惠的贷款而努力工作，产生治理效应。本章的实证检验是建立在第三章理论分析基础之上的，由于债务再谈判无法进行量化，因此本章仅选择了贷款利率、贷款期限、贷款规模作为信贷契约内容，来检验信贷决策的影响因素。

第一节　理论分析与研究假设

银行监督最核心的内容是关注企业的经营活动，了解企业的财务状况，预测企业违约或破产的可能性（胡奕明等，2005）。作者认为银行贷款决策最关心的应该是财务状况、公司治理状况和借款企业自身性质，贷款决策是复合的结果，包括贷款利率、贷款期限、贷款方式、贷款金额及限制性条款等。但根据第三章的理论分析，本书仅研究了贷款利率、贷款期限和贷款规模三个信贷契约基本要素的影响因素。

一　财务状况与信贷决策

企业的财务状况一般是通过财务信息体现出来的，主要利用的财务信息就是财务报表和报表附注内容。阿卜杜勒－康令（1973）的研究发现，信贷人员很关注借款人的财务状况，特别是现金流、负债结构、应收账款周转率、获利能力以及销售和增长率等指标。饶艳超、胡奕明（2005）通过问卷调查的方式，研究了银行授信过程中会计信息的应用情况，研究发现银行对长短期借款、主营业务收入、资产负债率、流动比率和速动比率等财务信息高度重视，对有助于进一步判别企业潜在风险的报表附注信息（如收入的说明，合并分立等重大事项说明等）也比较重视。银行通过对财务信息的了解，判断企业失败的可能性，来估计放贷风险的大小。齐默尔（1980）研究发现，银行信贷员在预测企业失败时会运用时间序列的财务比率分析。仲等人（1993）的研究也发现，信贷人员会通过使用历史成本、特定资产和净现金流现值等会计信息来确定借款人的信用额度和抵押资产。孙铮、李增泉、王景斌（2006）以流动比率、速动比率、现金比率、股东权益比率、利息保障倍数、清算比率、营业毛利率、净资产收益率、总资产报酬率和资产周转率共10个会计指标表示公司的财务状况，利用主成分分析方法得出偿债能力因子和赢利能力因子，来研究财务状况与新增贷款的关系，研究发现公司的偿债能力和赢利能力越强，公司越可能获得银行的贷款。银行仅通过财务信息来控制信贷风险是片面的，由于盈余管理行为使得会计信息质量下降，非财务信息也能从一定层面上说明借款企业的风险和经营状况。饶艳超、胡奕明（2005）的问卷调查还发现，银行对企业诚信、抵押质押品的可变现能力、抵押质押品的法律效力、抵押质押品的价值、保证人的还款能力和保证人的信用等非财务信息也非常关注。胡奕明、唐松莲（2007）通过问卷调查分析，我国商业银行借款合同存在一些会计信息和非会计信息限制性条款，但无论数量、形式均非常有限，没有体现出借款人的差异，而且现有的限制性条款大多只涉及还款要求、限制贷款用途要求、信息披露要求等，而缺乏对借款人经营活动如产品策略、投资和融资行为、分配政策乃至对企业经营管理的控制权等的相应约束，即使在合同中设立了相关条款，限制性条款对借款人的约束性是较弱的，说明银行在贷款合同中的谈判力较低。银行主要通过信贷契约的利率、期限、续新、限制性条款来约束借款人的行为。胡奕明、谢诗蕾（2005）分别从短期贷款和长期贷款来考察公司财务状况与利率之间的关系，研究发现短期贷款利率与资产负债率显著正相关，与经营活动现金流量指标显著负相关，与净资产收益率和销售利润率赢利性指标显著负相关。长期贷款利率与资产负债率显著正相关，与流动比率显著负相关，与经营活动现金流量指标显著负相关，与总资产周转率显著负相关，但与净资产收益率和销售利润率赢利性指标负相关性不显著。他们的研究结果说明了无论是短期还是长期贷款利率都与财务状况存在一定的相关性。胡奕明、唐松莲（2007）也检验了上市公司财务状况对贷款利率的影响，并得到了相同的结论。胡奕明等（2008）认为银行的监督和融资职能共同决定了贷款政策，他们以利率来衡量银行的监督作用，以续新来解释银行的融资作用，通过检验发现，利率与上市公司的财务状况有一定的压力传导效应，即业绩较好的企业贷款利率较低，说明了银行的贷款利率政策能够体现一定的监督作用，但这种监督作用是微弱的。而贷款续新与上市公司的财务状况的压力传导效应是反向的，即业绩不好的企业反而能够得到贷款续新，体现了银行的融资作用。

　　从上述文献可以看出，银行进行信贷决策主要是依据财务信息，从而判断企业的财务状况，虽然学者的研究角度和研究结论不尽一致，但可以通过梳理得到如下结论：一是企业的财务状况与贷款获得可能性正相关（孙铮等，2006）；二是企业的财务状况与贷款利率负相关（胡奕明，2005，2008）。企业的财务状况还能影响银行放贷时的期限决策，银行在进行放贷时，一般不发放长期贷款，因为短期贷款有利于银行监控企业行为，在企业破产时有利于资金的回收，因此，如果企业想要获得长期贷款，必须有更好的财务状况，银行才愿意发放长期贷款。根据上面分析，结合第三章的理论分析结果，提出如下假设：

假设1：公司财务状况越好，贷款利率越小，贷款期限越长，贷款规模越大。公司财务状况越好，银行贷款风险越小，根据风险和收益均衡理论，银行要求的风险报酬越低，因此贷款利率越低；财务状况越好，银行贷款风险越小，银行越愿意向这样的优质企业提供贷款，为了获得与优质企业的长期合作，越愿意向企业提供长期贷款。

二　公司治理状况与信贷决策

按照我国商业银行法规规定，我国商业银行不能持有非金融类公司的股份，因此银行不能以股东的身份参与企业经营，实施监督管理。银行主要是通过事前签订信贷契约，事后通过借款企业在银行的存款账户来了解借款企业的资金结算情况，因此企业在正常经营的情况下，银行对企业没有控制权只有监督权。由于债务资本和股权资本性质不同，债权人的监督目的是为了约束现金流保障固定收益的安全性。然而，银行利益的保护不仅仅取决于借款企业本身，还取决于借款企业的控股股东对其资金占用情况，约翰逊等（2000）用"隧道挖掘"这个词来形象地描述大股东以损害小股东及债权人的利益为代价将企业的资产和利润转移到自己手中的各种合法和不合法的侵占行为。我国由于控股大股东对上市公司的资金侵占而导致上市公司陷入财务困境的例子屡见不鲜（高雷等，2006），而且高雷等（2006）还检验了上市公司的控股股东通过侵占上市公司的资金侵害银行利益的问题。因此，银行放贷的安全性直接受控股股东的"隧道挖掘"行为的影响，控股股东占用上市公司资金的情况越严重，银行放贷的风险越大。胡奕明、谢诗蕾（2005）分别从短期贷款和长期贷款来考察公司治理状况与利率之间的关系，研究发现，短期贷款利率与大股东资金占用情况显著正相关，与经营者持股正相关，长期贷款利率与第一大股东的性质显著负相关。胡奕明、唐松莲（2007）的检验也得到了相同的结论。我国上市公司大部分都是国有企业改制而成，其产权性质决定了国有性质的上市公司会受到政府"关照"。法乔（2006）认为，这里的"关照"主要体现在国有企业的优惠待遇、宽松的征税政策、政府合同竞标中的优惠待遇以及对企业监管的放松等方面。由于国有银行与国有性质的上市公司同出一个"母体"，因此，国有银行必定会"照顾"国有性质的上市公司，提供优惠的贷款，即国有银行对拥有"政治关系"的企业和没有"政治关系"的企业存在着差别贷款行为（江伟、李斌，2006）。勃兰特和李（2003）以及卡尔和许（2005）考察了我国国有银行的差别贷款行为。银行的这种差别贷款行为并不局限于我国，赫瓦贾和米安（2005）研究了巴基斯坦的差别贷款问题，研究发现，与没有"政治关系"的企业相比，拥有"政治关系"的企业即使存在更高的违约率，也能从国有银行那里获得更多的贷款；而且当与企业有密切关系的政党其政治权力得到提高或者在选举中获胜时，这些企业获得的优惠贷款会更多；恰鲁米林等（2006）研究了泰国的差别贷款问题，研究发现，与没有"政治关系"的企业相比，拥有"政治关系"的企业能从银行那里获得更多的长期贷款，而且它们在获得长期贷款时只需要提供较少的抵押资产。由此可见，如果控股股东存在国有性质，则能够容易从银行获得贷款或获得优惠贷款。

　　股东和债权人作为两种不同性质的投资者，在公司治理机制中处于的地位是不相同的，因此二者对公司治理机制的依赖程度和依赖内容是不相同的（蒋琰，2009）。银行为了克服信贷契约中存在的信息不对称问题，非常关注公司的信息透明度。阿里恰和马尔克斯（2004）对信息不对称的程度和银行贷款配置之间的关系进行理论分析后得到这样的结论：银行将对信息不对称程度较高的借款人要求较高的利率及提供较少的贷款数量。于（2003）以 AIMR 评级作为衡量信息透明度的指标，进一步研究了会计信息透明度与利率期限结构之间的关系，发现公司透明度越高其利差就越低，而且公司透明度对短期债务资本成本的影响要大于长期债务资本成本。森古普塔（1998）以美国的 103 家上市公司为样本，用财务分析师联盟（FAF）对信息披露状况的打分作为信息披露质量变量进行了检验，发现信息披露质量和债券资本成本显著负相关，而尼古拉耶夫和兰特（2005）却不支持这一结论，他们认为由于内生性偏误的存在将导致理论上所推导的信息披露质量和债务成本之间的负相关关系不再可靠，并以美国 100 家上市公司的 358 个观测值为样本，验证了他们的结论。

　　除了公司直接披露的信息外，审计意见也是有信息含量的（弗斯，1978），因为审计能够合理保证会计信息的真实性和可靠性，提高信息透明度。布莱克威尔（1997, 1998）等人研究表明，经审计的企业获得的贷款利率要低于非经审计的企业。Gul（1987）通过对新加坡地区的研究发现，调整的非标准审计意见对是否向公司授予贷款和批准的贷款利率都会产生显著影响。无论是发行债券还是银行贷款，审计师的特征都影响其资本成本，曼西（2004）研究表明审计师的质量和任期与债务融资成本呈显著的反向关系，基恩（2006）研究认为审计师的规模和任期对贷款利差的影响很显著，当借款公司发生审计师变更时，银行会要求更高的贷款利率。胡奕明和唐松莲（2007）检验了审计、信息透明度与银行贷款利率之间的关系，研究发现无论是短期还是长期贷款利率都和审计师规模显著负相关，没有发现利率与审计意见和信息透明度的统计显著相关。但透明度高的样本公司的贷款利率与审计意见显著负相关，透明度低的样本公司贷款利率与审计意见不存在显著相关性。李海燕和厉夫宁（2008）以国际"四大"和本土"五大"会计师事务所作为高质量审计的替代变量，以利息支出率作为利率的替代变量，检验了审计质量与贷款利率之间的关系，研究发现利息支出率与国际"四大"正相关，与本土"五大"无关，与上年的非清洁审计意见正相关。但上年的非清洁审计意见与长期贷款增量不相关，长期借款增量与上市公司的资产规模、应收账款比例显著正相关。

　　上述文献从不同角度研究了公司治理状况对银行信贷决策的影响，通过梳理可以得到如下结论：一是控股股东占用上市公司资金，能够增加银行的贷款风险（高雷等，2006），银行会要求比较高的利率（胡奕明、谢诗蕾，2005；胡奕明、唐松莲，2007）；二是有"政治关系"的企业能够从银行获得更多的贷款，或获得更多的长期贷款，或获得更多优惠利率的贷款（江伟、李斌，2006；卡尔和许，2005等）；三是企业信息透明度越高，越能够获得更多的贷款，或获得更低的利率（阿里恰和马尔克斯，2004等）；四是审计的质量越高，贷款利率越低（布莱克威尔，1998，1997等）。根据第三章的理论分析还发现，代理成本越低，企业的外部融资能力越强，越能够获得更多的贷款。根据上述分析和第三章理论分析的结果，提出如下假设：

　　假设2：控股股东占用上市公司资金状况与贷款利率正相关，与贷款期限负相关，与贷款金额负相关。控股股东占用上市公司资金状况越严重，越容易使上市公司陷入财务困境，银行债权受到威胁，银行贷款风险增大。因此，大股东占用资金状况越严重，银行所要求的风险补偿越高，贷款利率越高，而且，银行不愿意向这样的企业提供贷款，或者提供短期贷款，一方面银行可以通过到期再融资观察企业的风险，另一方面企业陷入财务困境时，短期借款容易回收。

假设3：国有控股股东的上市公司能够获得较低的贷款利率、较长的贷款期限和更多的贷款金额。我国国有商业银行提供了绝大部分贷款，因此国有控股股东的上市公司会受到国有商业银行的"偏爱"，实行差别贷款，能够获得更多的贷款、更优惠的利率和更多的长期贷款。

假设4：代理成本与贷款利率正相关，与贷款期限负相关，与贷款金额负相关。代理成本越高，说明经营者努力工作的激励越小，那么银行贷款的安全性降低，因此，银行会提高贷款利率，或者缩短贷款期限，甚至减少贷款规模。

假设5：信息透明度与贷款利率负相关，与贷款期限正相关，与贷款金额正相关。信息透明度越高，银行贷款的信息风险越小，要求的风险报酬越少，贷款利率越低；信息风险越小，债务到期的违约风险越小，因此，银行越愿意提供贷款，而且愿意提供长期贷款。

三　公司自身特征与信贷决策

除了公司的财务状况和公司治理状况能够影响贷款决策外，公司自身的性质也是银行贷款决策需要考虑的主要因素之一，如彼得森和拉詹（1994）发现信贷员会将企业规模当作风险衡量指标之一，企业越大，利率越低。布莱克威尔和温特斯（1997）将借款人按风险大小粗略分为中等和低等两类，银行对这两类客户的监督频率较低。他们的研究发现，中等风险客户比低等风险客户的贷款利率显著较高。

第二节　实证研究

一　研究设计

（一）样本选取

以深圳证券交易所上市的A股上市公司2004—2008年的数据为样本，数据主要来源于RESSET（锐思）金融研究数据库、CSMAR（国泰安）金融数据库、深圳证券交易所网、巨潮资讯网等相关网站。在样本选取过程中遵循以下原则：（1）剔除金融类上市公司，这是因为金融类上市公司的资本结构受到诸如储蓄保险等显形（或隐性）投资者保险计划的强烈影响，使得金融类公司的资产和债务有其自身的特性，与非金融类公司的债务不具有可比性，而且法规对金融类公司的最少资本金要求管制严格，这也许会直接地影响到它们的债务利率和期限选择；（2）剔除拥有 B 股或 H 股公司，因为外资股的股价与公众 A 股的股价不同，而且证券交易机构的监管标准不同；（3）剔除债务融资比例或债务期限结构小于 0 与大于 100% 的异常值的公司；（4）剔除在这 4 年中 ST 类的上市公司，因为这些公司的财务状况异常，或已连续亏损两年以上，若这些公司纳入研究样本中将影响研究结论。为了数据的准确性和充分性，分别对利率检验和期限与增量贷款检验选取了不同的样本，利率模型样本数据的筛选条件是在年报附注中能够获得银行贷款利率相关信息的上市公司的截面数据，筛选的结果是 2004 年 139 家，2005 年 121 家，2006 年 153 家，2007 年 137 家，2008 年 146 家。期限模型和增量贷款模型的样本筛选条件是剔除数据缺损的公司，选择从 2004 年到 2008 年连续 5 年均可获得相关数据的公司。样本公司的行业分类以 2001 年 4 月中国证监会颁布的《上市公司行业分类指引》为依据。

（二）模型和变量

1. 模型设计

为了检验信贷决策的影响因素，设计了三个模型：贷款利率模型、贷款期限模型和贷款增量模型。在设计贷款利率模型时充分考虑了反映公司财务状况的四大能力，即偿债能力、增长能力、赢利能力和营运能力，由于现金流是偿还债务的可靠保障，因此笔者还考虑了现金流偿债能力。分别采用了资产负债率、总资产增长率、资产收益率、总资产周转率四个指标来反映上述四大能力，用经营活动现金流动负债比率反映了现金流偿债能力。由于笔者希望检验信贷决策与公司财务状况和公司治理状况是否存在因果关系，因此设计了下列三个多元线性回归的模型进行实证检验。利率模型如下：

$$INTER = \beta_0 + \beta_1 \times DEBTRT_0 + \beta_2 \times CASHCD_0 + \beta_3 \times ROS_0 + \beta_4 \times TURN\text{-}TA_0 + \beta_5 \times GROWAT + \beta_6 \times RECUA + \beta_7 \times STCH + \beta_8 \times MCR + \beta_9 \times TRANS +$$

$\beta_{10} \times AUDIT + \beta_{11} \times LNTOAT + \beta_{12} \times BUR + \beta_{13} \times COQU + \beta_{14} \times INVO + \beta_{15} \times$

$$\sum_{i=1}^{14} \text{IND}_i + \mu_{it} \tag{5.1}$$

期限模型和贷款增量模型的基本表达式为：

$IDEBT = \beta_0 + \beta_1 \times DEBTRT_0 + \beta_2 \times CASHCD_0 + \beta_3 \times ROS_0 + \beta_4 \times TURN\text{-}TA_0 + \beta_5 \times GROWAT + \beta_6 \times RECUA + \beta_7 \times STCH + \beta_8 \times MCR + \beta_9 \times TRANS + \beta_{10} \times AUDIT + \beta_{11} \times LNTOAT + \beta_{12} \times BUR + \beta_{13} \times COQU + \beta_{14} \times INVO + \beta_{15} \times$

$$\sum_{i=1}^{14} \text{IND}_i + \mu_{it} \tag{5.2}$$

$L = \beta_0 + \beta_1 \times DEBTRT_0 + \beta_2 \times CASHCD_0 + \beta_3 \times ROS_0 + \beta_4 \times TURNTA_0 + \beta_5 \times GROWAT + \beta_6 \times RECUA + \beta_7 \times STCH + \beta_8 \times MCR + \beta_9 \times TRANS + \beta_{10} \times AUDIT + \beta_{11} \times LNTOAT + \beta_{12} \times BUR + \beta_{13} \times COQU + \beta_{14} \times INVO + \beta_{15} \times \sum_{i=1}^{14} \text{IND}_i + \mu_{it} \tag{5.3}$

2. 变量设计

三个模型的被解释变量使用的是当年数据，而解释变量和控制变量使用的都是滞后变量的数据，因为银行放贷决策时是根据企业以往的财务状况和治理状况来进行信用评级和贷款契约设计的。各变量的定义和预期符号如表5—1所示，其中各变量的定义如下：

（1）被解释变量：由于我国证监部门没有要求上市公司披露银行贷款的相关信息，因此贷款利率的数据获得是比较困难的。利用手工搜集的方法，从上市公司财务报表附注中搜集，是短期贷款利率和长期贷款利率的加权平均，由公式 $INTER = \sum \dfrac{int \times debt}{totdebt}$ 计算而来的，int 指上市公司某笔贷款的利率，$debt$ 指该笔贷款的本金数额，$totdebt$ 指的是披露贷款利率的所有贷款的合计。贷款期限是用长期借款和一年内到期的长期借款的合计与贷款总额的比例来表示，贷款金额以贷款增量作为代理变量，贷款增量用本期长期和短期借款变动额合计与期初长期和短期借款合计的比值来表示。

（2）解释变量：解释变量由两部分构成，一部分是反映公司财务状况的指标，另一部分是公司治理状况指标。

一是财务状况指标。通常情况下，企业的财务状况可以通过四方面来体现，即偿债能力、赢利能力、营运能力和发展能力，银行在进行放贷时也很关注反映这四方面能力的财务指标。除此之外，银行也很关注现金流量指标，因为现金流是保障本息安全程度的根本。这里分别用资产负债率、销售利润率、总资产周转率、总资产增长率、现金流动负债比率来反映公司的四大能力和现金流状况。根据财务理论，资产负债率越高，财务风险越大，新增贷款的保障程度越低，银行放贷的风险越大，所以银行要求的贷款利率越高，或者银行会通过缩短贷款期限，甚至会减少放贷或拒绝放贷来规避贷款风险。因此，预期资产负债率与贷款利率正相关，与贷款期限负相关，与贷款增量负相关。通常情况下，企业依靠债务资本经营后产生的利润及收现的现金流来偿还银行的本息，因此公司的赢利状况越好，现金流越充足，银行放贷的风险越小，贷款利率越低，贷款的期限越长，提供的贷款规模就越大。公司的营运状况越好，说明了资产变现能力越强，银行放贷的风险越小，贷款利率越低，贷款的期限越长，提供的贷款规模就越大。总资产增长率反映了总资产增加幅度，也体现了企业的增长能力，企业的增长能力越强，未来发展前景越好，银行愿意提供期限长的债务来维持长期的合作关系，或者银行会通过持续提供贷款或增加贷款规模来维持与发展前景好的企业的合作。因此预期销售利润率、现金流动负债比率、总资产周转率和总资产增长率与贷款利率负相关，与贷款期限正相关，与贷款增量正相关。

表 5—1 变量定义及预期符号

变量名称	变量含义	预期符号		
因变量		$INTER$	$IDEBT$	L
$INTER$	贷款利率 = 短期贷款和长期贷款利率的加权平均（手工计算）			
$IDEBT$	贷款期限结构 = （一年内到期的长期借款 + 长期借款）/银行贷款合计			
L	贷款增量 = 本期短期和长期借款变动合计/期初银行贷款合计			
财务状况				
$DEBTRT_0$	上年资产负债率 = 负债总额/总资产	+	−	−
$CASHCD_0$	上年现金流动负债比率 = 经营活动现金流量/流动负债	−	+	+
ROS_0	上年销售利润率 = 营业利润/销售收入	−	+	+
$TURNTA_0$	上年总资产周转率 = 营业收入/平均总资产	−	+	+

续表

变量名称	变量含义	预期符号		
因变量		*INTER*	*IDEBT*	*L*
$GROWAT_0$	上年总资产增长率 = （期末总资产 − 期初总资产）/ 期初总资产	−	+	+
公司治理				
RECUA	大股东占款程度 = 其他应收款/流动资产	+		
STCH	控股股东性质哑变量。如果该上市公司最终控制股东 为国家股或国有股东，则为1，否则为0	−	+	+
MCR	代理成本 = 管理费用/营业收入	+		
TRANS	信息披露质量评价哑变量。"优秀"和"良好"为1， "及格"和"不及格"为0	−	+	+
AUDIT	审计意见类型哑变量。"标准无保留意见"为1，其他 为0	−	+	+
控制变量				
LNTOAT	规模 = ln（年末总资产/10000）	−	+	+
BUR	清算比率 = 固定资产占总资产比重的自然对数	−	+	+
COQU	公司质量 = （第 $t+1$ 年的每股盈余 − 第 t 年的每股盈余）/第 t 年的每股盈余	−	+	+
INVO	收入波动性 = EBIT的变动百分比与这一变动的平均值 之差	+	−	−
IND	行业哑变量。按《上市公司行业分类指引》为基础， 将样本数目较小及贷款特征相似的公司归为一类，最 终得到15个行业类别	?	?	?

　　二是，公司治理状况指标。笔者从控股股东占用上市公司资金、控股股东性质、代理成本、信息透明度四个方面来反映公司治理状况。控股股东占用上市公司资金通常记入"其他应收款"会计科目，因此用"其他应收款/流动资产"来反映控股股东占用上市公司资金的状况。控股股东占用上市公司资金状况越严重，上市公司越容易受到现金流约束，按时还本付息的可能性减小，违约风险增加，因此银行贷款要求的利率升高，或者通过缩短贷款期限或减少贷款规模来避免违约风险。控股股东的性质以是否是国有股或国家股来表示，控股股东指的是实际控制人，按照《企业性质分类标准》，实际控制人属于国有企业和机关事业单位的企业为1，否则为

0。由于我国银行国有控制的历史，使得银行总是偏爱国有控股或国家控股的上市公司，向其提供优惠的利率、提供长期贷款或者增加贷款提供量。因此，控股股东是国有企业或国家控股的上市公司的贷款利率低，期限长，贷款增量大。银行作为外部投资者与借款公司经营者形成了委托代理关系，由于信息不对称，基于自身收益最大化的目标，经营者的收益函数可能与股东和债权人都发生偏离，因此银行放贷的风险比较大，所以银行会通过严格的信贷契约来控制经营者的代理问题。因此，代理成本越高，银行要求的贷款利率越高，贷款期限越短，贷款增量越小。信息透明度用信息披露质量和审计意见分别反映，信息披露质量来自于深圳证券交易所公布的上市公司信息披露质量的评价，一共分为四个等级："优秀"、"良好"、"合格"、"不合格"，将信息披露质量为"优秀"和"良好"设为1，"合格"和"不合格"设为0。信息披露质量越高，能够缓解银企间的信息不对称，银行贷款决策的信息风险越小，银行要求的利率越低，贷款期限越长，贷款增量越大。审计意见能够合理保证财务报告的真实性和可靠性，因此本书还以审计意见类型作为信息透明度的代理变量，将出具"标准无保留意见"的审计意见设为1，其他设为0。审计意见为"标准无保留意见"说明了被审计财务报告符合《会计准则》和《企业会计制度》的编制要求，真实可靠地披露了该公司的财务状况，因此审计意见为"标准无保留意见"，说明该公司的财务信息披露的质量高，银行贷款利率低，期限长，贷款增量大。因此，预期大股东占款程度、代理成本与贷款利率正相关，与贷款期限和贷款增量负相关；控股股东性质、信息披露质量、审计意见类型与贷款利率负相关，与贷款期限和贷款增量正相关。

（3）控制变量。为了减轻上市公司自身规模对检验结果的影响，将资产规模作为控制变量，总资产的规模用总资产的自然对数来表示。通常，规模越大，贷款风险越小，银行的贷款利率越低，贷款期限越长，贷款增量越大。本书还控制了清算比率、公司质量和风险因素对检验结果的影响，清算比率越高，银行贷款的物质保障程度越高，贷款的风险越小，银行要求的利率越低，期限越长，贷款增量越大。公司的质量越高，风险越小，银行放贷的风险越小，贷款的利率越低，期限越长，贷款增量越大。除此之外，本书还控制了行业哑变量，参考胡奕明（2005）的做法，以2001年4月中国证监会颁布的《上市公司行业分类指引》为依据，将样本数目较小及贷款特征相似的公司归为一类，最终得到15个行业类别，分别为：IND1 - A 农、林、牧、渔业；IND2 - B 采掘业和 C6 金属、非金属；IND3 - C0 食品、饮料；IND4 - C1 纺织、服装、皮毛；IND5 - C4 石油、化学、塑胶、塑料；IND6 - C5 电子、G 信息技术业和 L 传播与文化产业；IND7 - C7 机械、设备、仪表；IND8 - C8 医药、生物制品；IND9 - D 电力、煤气及水的生产和供应业；IND10 - E 建筑业和 J 房地产业；IND11 - F 交通运输、仓储业；IND12 - H 批发和零售贸易；IND13 - K 社会服务业；IND14 - M 综合类；IND15 - C2 木材、家具，C3 造纸、印刷和 C9 其他制造业。因此预期公司规模、清算比率、公司质量与贷款利率负相关，与贷款期限正相关，与贷款增量正相关，收入波动性与贷款利率正相关，与贷款期限负相关，与贷款增量负相关。行业哑变量与贷款利率、贷款期限和贷款增量的相关性符号不能确定。

二　实证检验结果及分析

（一）描述性统计和相关系数分析

1. 描述性统计分析

表 5—2 和表 5—3 分别提供了利率模型、贷款期限模型和贷款增量模型主要回归变量的描述性统计结果。从利率模型的描述性统计可以看出，我国贷款利率虽然没有完全实现市场化，但是已经有了一定幅度的波动，最大值为 10.214%，最小值为 0.12%，均值为 5.999%，与银行贷款基准利率接近，从标准差来看，各个公司贷款利率的差异不大。除了公司质量（COQU）、收入波动性（INVO）两个指标外，贷款利率模型的自变量与期限模型的自变量的均值和标准差相差不大。资产负债率的均值在 50% 左右，按照西方国家资产负债率的标准经验值，可以说我国上市公司资产负债率比较合理，但各公司差异比较大，最大值为 1.122，最小值为 0.047。从标准差可以看出，经营活动现金流量短期负债率、销售利润率、资产周转率和总资产增长率在不同公司间的差异是比较大的。上市公司占用资金是比较严重的，平均占用上市公司 10% 的资金。我国控股股东性质的均值为 0.688 和 0.742，说明我国一半以上的上市公司的控股股东是国有股或国家股。利率模型和贷款期限模型中的代理成本（MCR）的均值分别达到 0.097 和 0.103，说明我国上市公司经营者的代理问题还是比较严重的，而且各个公司经营者代理问题的差异性较大（标准差为 0.1 和 0.156）。我国上市公司的信息披露质量比较高，均值为 0.647 和 0.678，说明一半以上的上市公

司的信息披露评价都是"优秀"或"良好",审计意见类型的均值是 0.956
和 0.962,说明我国绝大多数上市公司的审计意见类型都为"标准无保留意
见"。我国上市公司规模差距非常大,标准差为 1.025 和 0.974。从标准差
来看,各个公司的清算比率(标准差为 0.893)、收入波动性(标准差为
1.348)和公司质量(标准差为 1.167)的差异性非常大,而且利率模型的
样本公司的差异性要大于期限模型。

表 5—2　　　　　　　　　利率模型的描述性统计结果

	最小值	最大值	均值	标准差	观察值
$INTER$	0.12	10.214	5.999	0.042	660
$DEBTRT_0$	0.047	1.122	0.512	0.173	660
$CASHCD_0$	−1.561	2.515	0.204	0.358	660
ROS_0	−5.626	1.493	0.069	0.304	660
$TURNTA_0$	0.021	5.124	0.625	0.473	660
$GROWAT_0$	−0.404	5.233	0.193	0.439	660
$RECUA$	0.001	1.592	0.104	0.152	660
$STCH$	0	1	0.688	0.464	660
MCR	−0.02	1.08	0.097	0.100	660
$TRANS$	0	1	0.647	0.478	660
$AUDIT$	0	1	0.956	0.205	660
BUR	−7.41	−0.17	−1.451	1.033	660
$COQU$	−130.8	131.57	−0.1512	8.712	660
$INVO$	−41.11	63.79	0.001	3.624	660
$LNTOAT$	9.406	15.581	12.200	1.025	660

表 5—3　　　　　　期限模型和贷款增量模型的描述性统计结果

	最小值	最大值	均值	标准差	观察值
$IDEBT$	0	1	0.323	0.308	1795
L	−1	6.340	0.172	0.715	1795
$DEBTRT_0$	0.051	1.122	0.518	0.167	1795
$CASHCD_0$	−1.561	4.501	0.183	0.329	1795
ROS_0	−6.977	2.365	0.049	0.313	1795

续表

	最小值	最大值	均值	标准差	观察值
$TURNTA_0$	0.0001	5.428	0.667	0.512	1795
$GROWAT_0$	−0.558	5.233	0.136	0.315	1795
$RECUA$	0.0002	0.772	0.089	0.114	1795
$STCH$	0	1	0.742	0.438	1795
MCR	−0.094	4.175	0.103	0.156	1795
$TRANS$	0	1	0.678	0.467	1795
$AUDIT$	0	1	0.962	0.192	1795
BUR	−7.071	−0.124	−1.388	0.893	1795
$COQU$	−13.006	6.536	−0.095	1.167	1795
$INVO$	−14.554	11.363	0.116	1.348	1795
$LNTOAT$	9.440	16.119	12.221	0.974	1795

从贷款期限模型和贷款增量模型的描述性统计可以看出，我国上市公司的贷款期限均值为0.323，说明我国上市公司主要依靠短期借款，长期借款比例比较低，标准差为0.308，说明了不同公司对长期借款的利用程度存在很大差异，有的公司的借款全部是长期借款（最大值为1），有的公司全部都是短期借款（最小值为0）。贷款增量的均值为0.172，说明样本公司贷款规模平均增加17.2%，由此可见，我国上市公司对贷款的依赖程度越来越高，标准差为0.715，说明不同公司的贷款增量幅度存在很大差异，最大的公司贷款增量达到了6倍多（最大值为6.34），最小的公司贷款全部偿还后不再贷款（最小值为−1）。

2. 相关系数分析

表5—4和表5—5分别为利率模型与贷款期限和贷款增量模型各变量相关性分析结果。从利率模型各变量的相关性分析可以看出，与贷款利率相关的变量有：$DEBTRT_0$（正相关）、$CASHCD_0$（负相关）、ROS_0（负相关）、$TURNTA_0$（负相关）、$STCH$（负相关）、$TRANS$（负相关）、$LNTOAT$（负相关），贷款利率与各变量相关性符号完全符合理论预期。从各自变量的相关性来看，$DEBTRT_0$和$CASHCD_0$的相关系数为−0.425，存在较强的相关性，除此之外，各自变量的相关系数均没有超过0.3，说明各变量的相关性较弱。

表5—4　　利率模型变量相关系数表

	INTER	DEBTRT₀	CASHCD₀	ROS₀	TURNTA₀	GROWAT₀	RECUA	STCH	TRANS	AUDIT	LNTOAT	MCR	BUR	COQU	INVO
$INTER$	1														
$DEBTRT_0$	0.192*	1													
$CASHCD_0$	-0.164*	-0.425*	1												
ROS_0	-0.067**	-0.281*	0.227*	1											
$TURNTA_0$	-0.094*	0.018	0.046	-0.018	1										
$GROWAT_0$	-0.003	0.005*	-0.053***	0.148*	0.025	1									
$RECUA$	0.042	0.164*	-0.109*	-0.159*	-0.191*	-0.178*	1								
$STCH$	-0.233*	-0.062***	0.154*	-0.054*	0.064**	-0.115*	-0.024	1							
$TRANS$	-0.125*	-0.108*	0.045	0.028	0.112*	0.081**	-0.219*	0.002	1						
$AUDIT$	0.010	-0.111*	0.112*	0.141*	0.059***	0.072**	-0.210*	-0.065**	0.074**	1					
$LNTOAT$	-0.129*	0.174*	0.105*	0.097*	0.172*	0.122*	-0.199*	0.239*	0.057***	-0.041	1				
MCR	0.042	0.044	-0.097*	-0.471**	-0.341**	-0.152*	0.35**	0.006	-0.066	-0.223**	-0.255**	1			
BUR	-0.066	-0.136**	0.287**	-0.017	0.037	-0.142**	0.027	0.23**	-0.031	-0.016	0.059	0.028	1		
$COQU$	0.002	-0.029	0.059	0.139**	0.071	0.08*	-0.112**	0.05	0.017	-0.068	-0.063	-0.011	0.055	1	
$INVO$	-0.019	-0.029	0.081*	0.014	0.055	0.019	-0.051	0.014	0.059	0.007	-0.035	0.007	0.016	-0.022	1

注：*、**、***分别表示在10%、5%、1%水平显著。

表 5—5　期限模型和贷款增量模型变量相关系数表

panelB：期限模型和贷款增量模型变量

	L	IDEBT	$DEBTRT_0$	$CASHCD_0$	ROS_0	$TURNTA_0$	$GROWAT_0$	RECUA	STCH	TRANS	AUDIT	LNTOAT	MCR	BUR	COQU	INVO
L	1															
IDEBT	0.065**	1														
$DEBTRT_0$	-0.090**	0.054*	1													
$CASHCD_0$	0.058*	0.178**	-0.362**	1												
ROS_0	0.066**	0.103**	-0.226**	0.238**	1											
$TURNTA_0$	0.046	-0.118**	0.031	0.047*	0.002	1										
$GROWAT_0$	0.096**	0.157**	0.125**	-0.062**	0.141**	0.006	1									
RECUA	-0.128**	-0.115**	0.092**	-0.100**	-0.183**	-0.245**	-0.182**	1								
STCH	0.024	-0.004	-0.056*	0.087*	-0.051*	0.059*	-0.011	-0.057*	1							
TRANS	0.101**	0.091**	-0.092**	0.054*	0.104**	0.104**	0.124**	-0.242**	0.075**	1						
AUDIT	0.044	0.012	-0.066**	0.034	0.202**	0.075**	0.101**	-0.187**	0.004	0.121**	1					
LNTOAT	0.068**	0.244**	0.196**	0.032	0.100**	0.135**	0.280**	-0.251**	0.196**	0.184**	0.038	1				
MCR	-0.095**	-0.029	0.033	-0.147**	-0.757**	-0.153**	-0.072**	0.166**	0.042	-0.064**	-0.174**	-0.092**	1			
BUR	-0.063**	-0.011	-0.104**	0.178**	-0.051*	0.008	-0.135**	0.015	0.152**	0.026	-0.025	0.027	0.045	1		
COQU	0.028	0.026	-0.039	0.013	0.066**	0.081**	0.034	-0.141**	-0.001	0.096**	0.056*	0.003	-0.036	-0.026	1	
INVO	0.052*	0.064**	-0.068**	0.060*	0.144**	0.083**	0.145**	-0.152**	0.026	0.189**	0.019	0.116**	-0.067**	-0.037	0.136**	1

注：*、**、***分别表示在 10%、5%、1% 水平显著。

从期限结构和贷款增量模型各变量的相关性分析可以看出，与贷款期限相关的变量有：$DEBTRT_0$（正相关）、$CASHCD_0$（正相关）、ROS_0（正相关）、$TURNTA_0$（负相关）、$GROWAT_0$（正相关）、$RECUA$（负相关）、$TRANS$（正相关）、$LNTOAT$（正相关）、$INVO$（正相关），其中 $DEBT$-RT_0、$TURNTA_0$、$INVO$ 与理论预期相反，其余变量和贷款期限的相关性符号与预期一致。与贷款增量相关的变量有：$DEBTRT_0$（负相关）、$CASHCD_0$（正相关）、ROS_0（正相关）、$GROWAT_0$（正相关）、$RECUA$（负相关）、$TRANS$（正相关）、$LNTOAT$（正相关）、MCR（负相关）、BUR（负相关）、$INVO$（正相关），其中 BUR、$INVO$ 和贷款增量的相关性符号与理论预期相反，其余变量的相关性符号与预期一致。从各自变量的相关性来看，$DEBTRT_0$ 和 $CASHCD_0$ 的相关系数为 -0.362，存在较强的相关性，除此之外，各自变量的相关系数均没有超过 0.3，说明各变量的相关性较弱。

（二）回归结果及分析

1. 利率模型

利率模型的样本是截面数据，采用简单的 OLS 回归方法对利率模型进行多元线性回归参数估计，D－W 值为 1.661，表明与残差无关，F 值为 4.617（1%水平显著），说明具有显著统计意义，总的来说利率模型的解释力还是比较强的。

从回归结果表5—6可以看出，贷款利率与资产负债率（$DEBTRT_0$）在 1%水平上显著正相关，与经营活动现金流量指标（$CASHCD_0$）、销售利润率（ROS_0）、总资产周转率（$TURNTA_0$）、总资产增长率（GRO-WAT_0）呈负相关，但不显著，这说明贷款利率与公司的财务状况有一定的敏感性，并且符合理论预期。可是从显著性角度看，说明银行进行贷款定价时仅对借款企业贷款前既存的负债显著敏感，对其他的财务状况变量指标并没有表现出显著敏感性，这与胡奕明等（2008）的部分研究结论一致。胡奕明等（2008）以前一年的财务状况指标为自变量分别检验 2000—2003 年和 2004—2005 年两组样本，研究发现，对于 2000—2003 年样本，当年的贷款利率与前一年的资产负债率在 10%水平上显著正相关，与总资产周转率在 1%水平上显著负相关，但对于 2004—2005 年样本，上述显著性完全消失。笔者分析银行放贷时利率决策对资产负债率表现出显著敏感是因为在没有签订优先条款的情况下，既存负债规模越大，新贷款的保障程度就越低，银行要求的风险溢价越高，贷款利率越低。而对其他的财务状况指标都是以账面价值为基础计算的，盈余管理能够降低会计信息的质量，并且银行不能够识别盈余管理行为，因此降低了会计信息的债务契约有用性（陆正飞等，2008）。再加上我国利率并没有完全市场化，因此很难通过调整利率来满足风险收益均衡原理，所以银行放贷时没能对企业以前的赢利能力、营运能力、增长能力和经营现金流状况表现出显著敏感性。贷款利率与公司治理变量也存在一定的敏感性。贷款利率与控股股东性质在1%水平上显著负相关，说明控股股东是国有股或国家股的上市公司获得的贷款利率比较低。这与萨皮恩扎（2002）的研究结论相似，萨皮恩扎（2002）对意大利银行贷款研究发现，国有银行向性质相似的企业提供贷款所要求的利率要比私有银行低，国有银行的贷款行为受到与银行有密切关系的政党的影响，因此企业所在地区的政党越强大，企业获取贷款的利率越低。由于我国银行长期以来的国有产权性质，使得即使在银行股份制改革后，仍然对国有性质的企业有"亲属"感，为其提供优惠的贷款。贷款利率与信息披露质量在1%水平上显著负相关，说明信息披露质量越好，信息不对称程度越低，银行放贷所承担的信息风险越小，则要求的贷款利率就越低。这与胡奕明、唐松莲（2007）的研究结论类似，他们以2002—2005年为样本，研究发现信息披露质量与长期贷款利率在5%水平上显著负相关，但与短期贷款利率却没发现有显著相关性。该研究与胡奕明、唐松莲（2007）不同之处在于并没有发现审计意见类型对贷款利率有显著影响。

表5—6　　　　　　　　　　　回归分析结果表

自变量	贷款利率模型	贷款期限模型	贷款增量模型
常数项	6. 399 *** (10. 067)	− 0. 569103 *** (− 23. 60121)	− 0. 075075 (− 0. 959622)
$DEBTRT_0$	0. 944 *** (3. 272)	0. 213116 *** (12. 74678)	− 0. 398249 *** (− 3. 635759)
$CASHCD_0$	− 0. 158 (− 1. 157)	0. 163198 *** (23. 53757)	0. 049306 ** (2. 03262)
ROS_0	− 0. 154 (− 0. 908)	0. 069335 *** (3. 174338)	− 0. 063717 ** (− 2. 555551)

续表

自变量	贷款利率模型	贷款期限模型	贷款增量模型
$TURNTA_0$	-0.097 (-0.940)	-0.063569 *** (-19.57144)	0.044898 *** (2.845354)
$GROWAT_0$	-0.010 (-0.100)	0.054788 *** (4.041623)	0.159414 *** (6.99794)
$RECUA$	-0.373 (-1.208)	-0.215807 *** (-9.364001)	-0.10191 ** (-2.201401)
$STCH$	-0.441 *** (-4.664)	-0.036535 *** (-5.906169)	0.037519 * (1.786332)
$TRANS$	-0.240 *** (-2.763)	0.015172 *** (3.393963)	0.062369 *** (6.359958)
$AUDIT$	0.052 (0.254)	-0.026862 *** (-1.124437)	0.011619 (0.98999)
MCR	-0.100 (-0.182)	0.133762 *** (3.033549)	-0.378539 *** (-7.276663)
$LNTOAT$	-0.099 ** (-2.145)	0.056961 *** (93.04533)	0.019246 *** (3.434372)
BUR	0.004 (0.074)	0.007199 (1.350264)	-0.02333 (-1.518262)
$COQU$	-0.001 (-0.256)	0.002552 (0.895821)	0.00296 (0.861107)
$INVO$	0.013 (1.184)	-0.001667 (-1.515681)	0.011444 *** (3.028458)
IND	YES	YES	YES
Adj - R^2	0.137	0.59091	0.164038
F - Value	4.617 ***	21.36221 ***	14.32259 ***
Hausman test		13.36542 **	18.36321 **
N	660	1795	1795

注：*、**、*** 分别表示在10%、5%、1%水平显著。

　　另外，回归结果还显示，贷款利率与公司规模在5%水平上显著负相关，说明公司规模越大，对银行贷款的物质保障程度越高，银行放贷的风险越低，要求的贷款利率越低。对行业哑变量的回归结果发现，除了综合类（IND_{14}）行业没有通过检验外，其他的行业哑变量都在1%或5%水平上显著正相关。

　　利率模型回归结果说明了银行贷款利率决策对借款公司的财务状况和公司治理状况有一定的显著敏感性，但显著相关的指标较少，仅体现在既存债务规模、控股股东性质、信息披露质量三方面，这与预期相差很大。笔者认为主要是因为我国政府对利率的管制，使得金融机构在进行贷款决策时受到基准利率的约束。从利率市场化改革过程来看，虽然政府逐渐放松了对利率的管制，但是金融机构并没有完全实现自主定价功能。

　　自1996年我国利率市场化进程正式启动以来，经过13年的发展，利率市场化改革稳步推进，并取得了阶段性进展。我国利率市场化改革的总体思路是：先放开货币市场利率和债券市场利率，再逐步推进存、贷款利率的市场化。1996年6月1日中国人民银行放开了银行间同业拆借利率，1997年6月放开银行间债券回购利率。1998年8月，国家开发银行在银行间债券市场首次进行了市场化发债，1999年10月，国债发行也开始采用市场招标形式，从而实现了银行间市场利率、国债和政策性金融债发行利率的市场化。1998、1999年中国人民银行连续三次扩大金融机构贷款利率浮动幅度。2004年1月1日，中国人民银行再次扩大金融机构贷款利率浮动区间。商业银行、城市信用社贷款利率浮动区间扩大到［0.9，1.7］，农村信用社贷款利率浮动区间扩大到［0.9，2］，贷款利率浮动区间不再根据企业所有制性质、规模大小分别制定。2004年10月29日，中国人民银行决定不再设定金融机构（不含城乡信用社）人民币贷款利率上限。扩大商业银行自主定价权，提高贷款利率市场化程度，企业贷款利率最高上浮幅度扩大到70%，下浮幅度保持10%不变。即便如此，金融机构在进行贷款时并不完全遵循风险与收益对称原则来进行定价决策。

　　为了验证我国银行在向上市公司提供贷款时是否根据贷款风险来调整利率，将上市公司的实际贷款利率与根据上市公司银行贷款按照贷款基准利率计算的结果进行比较，如果两者相关性很强，这说明银行没能通过调整利率来进行贷款决策，否则，反之。基准贷款利率是短期基准贷款利率和长期贷款基准利率的加权平均，根据我国银行贷款期限特征，以六个月至一年的基准利率为短期基准贷款利率，以一年至三年的贷款基准利率为长期基准贷款利率。中国人民银行是年度内对贷款基准利率进行调整的，以时间为权重进行加权平均。2004—2008年的短期贷款基准利率和长期贷款基准利率如表5—7所示。

表5—7　　　　　　　　　长期贷款和短期贷款基准利率加权平均值　　　　　　　　　（单位：%）

年份	2004		2005		2006			2007				2008			
利率调整时间	1.1	10.29	12.31		4.28	8.19	3.18	5.19	7.21	8.22	9.15	12.21	9.16	10.1	10.3	11.3	12.2
六个月至一年贷款利率	5.31	5.58			5.85	6.12	6.39	6.57	6.84	7.02	7.29	7.47	7.2	6.93	6.66	5.58	5.31
短期贷款基准利率（加权平均）	5.3		5.58		5.86				6.66						7.16		
一年以上至三年贷款利率	5.49	5.76			6.03	6.3	6.57	6.75	7.02	7.2	7.47	7.56	7.29	7.02	6.75	5.67	5.4
长期贷款基准利率（加权平均）	5.54		5.76		6.04				6.90						7.25		

注：根据中国人民银行披露的贷款基准利率计算得出。

利用 SPSS13.0 软件，以利率模型的样本实际贷款利率数据与计算出来的贷款基准利率结果为样本，进行配对样本 t 检验，结果见表 5—8，2004 年和 2006 年实际贷款利率和基准利率在 1% 水平上显著相关，这是因为 2004 年 10 月中国人民银行撤销了对金融机构贷款利率上限的管制，并且加大了浮动区间，很大程度上提高了利率市场化，但是由于改革接近于 2004 年末，因此对于整个 2004 年来说，绝大部分贷款利率还是在基准利率很小的浮动范围内变动，因此 2004 年上市公司贷款利率与基准利率有很显著的相关性。而 2005、2007、2008 年不存在显著相关性，说明了我国商业银行有一定的贷款定价决策权。但从 5 年来的综合样本的检验结果来看，两者在 1% 水平上显著相关，说明了我国商业银行贷款利率仍然受基准利率限制，因此银行还不能够完全按照风险收益对等原则根据借款企业的财务状况自主进行贷款定价。

表 5—8　　　　　　　　　　　配对样本 t 检验结果

	2004	2005	2006	2007	2008	综合结果
相关系数	0.970**	−0.0813	−0.230**	−0.0036	−0.0582	0.3537**
概率（P）	1.34E−85	0.3942	0.00654	0.9663	0.5038	6.90E−21
样本数	139	112	138	137	134	660

注：** 表示相关性检验在 1% 水平上显著。

2. 贷款期限模型

贷款期限模型选取的样本是时序与截面混合数据，属于平行面板样本，故采用面板数据模型，可以综合利用样本信息，并减少多重共线性带来的影响。根据豪斯曼测试结果，该模型的总样本支持使用固定效应模型。

在模型回归中，使用 GLS 来估计截面残差的方差，对于系数协方差形式则选用了怀特（White）截面，这样对于任意的序列相关和误差项时期异方差来说，都能保证稳健性。

贷款期限模型的 D−W 值为 0.779506，表明残差无关，F 值为 21.36221（1% 水平显著），说明具有显著统计意义，调整后的 R^2 为 0.59091，拟合度较好。总的来说，期限模型的解释力还是比较强的。

由回归结果表 5—6 可见，贷款期限分别与资产负债率（$DEBTRT_0$）、经营现金负债比率（$CASHCD_0$）、销售利润率（ROS_0）、总资产增长率（$GROWAT_0$）在 1% 显著水平正相关，说明资产负债率越高，经营活动产生的现金偿债能力越强、赢利能力越强，而且增长能力越强，越能够获得长期贷款。从银行的角度来说，发放长期贷款决策取决于借款公司的长期偿债能力，资产负债率体现了长期借款的物质保障能力，赢利能力是偿还长期债务的积累，增长能力体现了银企长期合作的基础，唯有经营活动现金负债比率体现的是短期偿债能力，但银行发放长期贷款时也对该指标表现出了显著敏感性，笔者认为，银行长期贷款需要在到期日前定期付息，因此会计年度内现金流充足能够保证按时付息。贷款期限与总资产周转率（$TURNTA_0$）在 1% 显著水平负相关，这与理论预期不相符。笔者认为，总资产周转率体现的是一个会计年度内资产的周转速度，它是短期偿债能力分析的辅助指标，对于银行来说，发放短期借款时更关注总资产周转率，而长期贷款决策，对总资产的变现能力关注就相对小一些。这个结论与胡奕明、周伟（2006）的研究结论部分一致。他们对 1999—2002 年的上市公司贷款期限结构进行检验，发现总资产周转率对短期贷款余额显著正相关，而与长期贷款余额显著负相关。这说明了总资产周转率越高，长期贷款比重越低。但是该研究与胡奕明、周伟（2006）结论不一致的是，他们并没有直接发现经营活动现金偿债指标、销售利润率、总资产周转率与长期贷款余额有显著性关系，但是经营活动现金偿债指标和销售利润率与短期贷款余额呈显著负相关，在贷款总额一定的情况下，短期贷款余额降低了，长期贷款比重提高了，因此，说明了在借款公司贷款总额一定的特殊情况下，经营活动现金偿债指标和销售利润率的研究结论与胡奕明、周伟（2006）是一致的。总之，银行贷款期限与借款公司的财务状况有很显著的敏感性。

　　贷款期限与公司治理变量也存在着很强的敏感性，由回归结果可见，贷款期限与控股股东占用上市公司资金情况（RECUA）在 1% 水平上显著负相关，说明控股股东占用上市公司资金情况越严重，贷款现金流约束的风险越大，因此银行会缩短贷款期限。这与毛淑珍等（2009）的研究结论一致，他们研究发现，控股股东资金占用率与债务期限结构显著负相关，但是如果控股股东是国有控股股东，由于存在"政治关系"，国家会干预银行贷款行为，使其为国有企业提供更多的长期贷款。但本书的研究结论却发现，控股股东性质（STCH）与贷款期限在 1% 水平上显著负相

关，即国有控股股东会获得更多的短期借款。贷款期限与信息披露质量
（TRANS）在1%水平显著正相关，这说明银行贷款期限决策非常重视信
息风险，信息披露质量越高，信息风险越小，贷款期限越长。贷款期限与
审计意见类型（AUDIT）在1%水平显著负相关，说明审计意见类型越
好，贷款期限越短。审计意见能够合理保证会计信息的可靠性和真实性，
因此，审计意见类型越好，说明了会计信息质量越高，银行放贷期限应该
越长，但是本书的结论却不合常理，陆正飞等（2008）对这个问题作了
解释，他们研究发现我国银行并不能识别盈余管理行为，审计意见类型也
不能保证会计信息的真实性和可靠性，因此他们在研究盈余管理对银行长
期贷款的影响时，并没有发现审计意见类型与长期银行贷款的相关性。基
于陆正飞的研究结论，笔者对贷款期限与审计意见显著负相关的解释是，
审计意见只能合理保证一个会计年度内的会计信息的质量，银行能够意识
到审计意见类型并不能减少发放长期贷款的信息风险，但是发放短期贷款
时可以利用审计意见类型来判断一年内的会计信息质量，审计意见越好，
越容易发放短期贷款，因此，审计意见类型与长期贷款比例呈负相关。回
归结果还显示，代理成本（MCR）与贷款期限1%水平上显著正相关，说
明经营者的私人收益越大，长期贷款比例越高。这是不合理的，笔者为了
验证这种正相关的稳健性，将不显著变量（COQU、INVO）去掉重新回
归，也得出了正相关结论。詹森和麦克林（1976）认为经营者的本质倾
向是按照其自身利益分配公司资源，这将与外部股东利益相冲突。与短期
借款相比，长期借款不能够限制经营者对现金流的支配，容易产生在职消
费，激励经营者建立自己的事业王国。由此可见，经营者为了满足自身利
益最大化，有举借长期借款的激励。由于我国银行不能持有借款公司的股
份，无法以参与公司经营的形式监督经营者行为，因此经营者可以通过盈
余管理等手段"粉饰"报表信息，向银行传递质量信号，而银行无法识
别盈余管理行为（陆正飞等，2008），不能够敏感地识别经营者的牟取私
利行为。因此，银行发放长期贷款不能够对管理成本产生敏感性，但是如
果银行发放短期贷款，由于续借重新审核及借款期间的往来关系，很容易
让银行了解借款公司内的代理问题。因此银行会向代理问题严重的公司减
少短期贷款，从而提高了长期贷款比例，所以，长期贷款比例与代理成本
间呈现正相关也不是不可理解的。这说明了我国银行并没有很好地发挥治
理作用（邓莉等，2007）。

另外，回归结果还显示，贷款期限与公司规模（LNTOAT）在 1％ 水平上显著正相关，这说明了公司规模越大，贷款期限越长。公司规模反映了借款公司对债务的物质保障程度，保障程度越高，放贷风险越小，银行贷款的期限越长。除了电力、煤气及水的生产和供应业（IND_9）和建筑业和房地产业行业（IND_{10}）与贷款期限无显著因果关系外，其他的行业哑变量都与贷款期限在 1％ 水平上显著负相关。

从贷款期限模型的回归结果可以看出，银行贷款期限决策与借款公司的财务状况和公司治理状况有显著敏感性，因此笔者认为我国银行能够通过设计信贷契约的期限来发挥治理作用，但由于贷款期限与公司治理中的部分指标（AUDIT、MCR）的因果关系不合常理，因此，信贷契约期限只能在一定程度上发挥治理作用。

3. 贷款增量模型

贷款增量模型与贷款期限模型选用的样本和参数估计方法是一样的，D－W 值为 1.78383，说明残差不相关，F 值为 14.32259，在 1％ 水平上显著，虽然贷款增量模型没有贷款期限模型的效果好，但是通过 F 检验，说明该模型的解释力还是比较强的，而且 Hausman test 值为 18.36321，在 1％ 水平上显著，因此该模型的总样本也支持使用固定效应模型。

从回归结果表 5—6 可以看出，贷款增量与资产负债率（$DEBTRT_0$）在 1％ 水平上显著负相关，与经营活动现金流量偿债指标（$CASHCD_0$）在 5％ 水平显著正相关，分别与总资产周转率（$TURNTA_0$）和总资产增长率（$GROWAT_0$）在 1％ 水平上显著正相关，与销售利润率（ROS_0）在 5％ 水平上显著负相关，说明资产负债率越高，贷款增量越小，经营活动现金流量偿债能力越高、总资产周转率越高、总资产增长率越高，贷款增量越大，销售利润率越高，贷款增量越小。除了销售利润率，其他财务状况指标和贷款增量的相关性符号与预期一致。盈利能力与贷款增量负相关，是很难解释的，盈利是企业偿还债务的积累，因此银行的放贷规模决策应该与盈利能力呈正相关。但是并不是只有该研究得出这种不合常理的结论，胡奕明、周伟（2006）以净资产收益率和销售净利率来衡量盈利能力，同样得出了负相关的结论，研究发现净资产收益率与短期贷款增量显著负相关，销售净利率与长期贷款增量显著负相关。胡奕明等（2008）对 2004—2005 年的样本研究也发现，贷款续新与上一年的销售利润率显著负相关。他们把这种现象称为银行的融资作用，他们认为银行不仅仅体现了监督作用，当借款企业赢利能力下降需要资金改善经营状况的时候，银行是很愿意帮助借款公司渡过难关的，因此体现出贷款增量与赢利能力负相关。由此可见，银行放贷规模决策与借款公司的财务状况有很显著的敏感性。

从公司治理变量对贷款增量的影响结果看，贷款增量与控股股东占用资金状况（RECUA）在5%水平上显著负相关，说明了控股股东占用资金状况越严重，借款公司越容易受到现金流约束，银行放贷的风险增大，因此会减少控股股东占用资金状况严重的公司的贷款规模。贷款增量与控股股东的性质（STCH）在10%水平上显著正相关，说明了国有控股的上市公司更容易获得银行贷款的支持（卡尔和许，2005）。贷款增量与信息披露质量（TRANS）在1%水平上显著正相关，这说明信息披露质量越高，银行贷款的信息风险越小，银行愿意提供新的贷款。贷款增量与代理成本（MCR）在1%水平上显著负相关，说明借款公司经营者的代理问题越严重，银行可能缩减贷款规模。这四个公司治理变量和贷款增量相关性符号与预期一致。

回归结果还表明，贷款增量分别与公司规模（LNTOAT）和收入波动率（INVO）在1%水平上显著正相关，说明公司规模越大，风险越大，银行会不断地向该公司提供贷款。贷款增量与公司规模的关系是可以理解的，但是收入波动率与贷款增量的关系难以解释，本书为了检验收入波动率与贷款增量的正相关的稳健性，剔除了没有通过检验的变量重新回归，结果仍然是正相关，本书姑且也把这种现象理解成银行的融资作用。

第三节　本章小结

本书研究了银行关于贷款利率、贷款期限和贷款规模进行信贷决策时的影响因素。财务状况越好，公司治理状况越好，银行越愿意为这样的高质量企业提供贷款，银行的贷款风险小，则要求的风险报酬就小，因此贷款利率低；而且为了避免再投资风险愿意提供长期借款，同时会减少设计限制性条款。因此本书认为，如果银行的信贷决策与公司的财务状况和公司治理状况存在如上合理的因果关系，那么信贷契约才可能激励经营者为了获得贷款或获得优惠的贷款而努力工作，改善经营状况，从而使信贷契约产生治理效应。但是由于我国的特殊制度背景，影响了信贷决策与影响因素的合理因果关系。本章利用我国非金融类上市公司 2004—2008 年的数据为样本检验了信贷决策的影响因素，分别建立三个模型来检验贷款利率、贷款期限、贷款规模与公司财务状况和公司治理状况的因果关系，从三个模型的回归结果可以看出，贷款利率、贷款期限和贷款规模与借款公司的财务状况和公司治理状况存在一定的合理的因果关系，说明我国银行信贷契约具有一定的治理作用，而且目前我国银行的信贷契约主要是通过贷款期限和贷款规模发挥治理作用的。从利率模型可以得出结论，贷款利率几乎没有与公司的财务状况和治理状况存在合理的因果关系，说明了贷款利率治理作用很有限，主要是因为我国贷款利率仍然受政府管制，为了验证这个结论的正确性，本书还对上市公司实际贷款利率与基准贷款利率进行了配对样本 t 检验，2004—2008 年综合检验结果显示，实际贷款利率与基准利率存在显著相关性，说明我国银行在向上市公司提供贷款时，受基准贷款利率制约，还不能够完全根据风险收益均衡原则进行自主定价。贷款期限和贷款规模与大部分解释变量存在合理因果关系，而且与贷款规模存在合理因果关系的解释变量个数大于贷款期限，因此，说明我国信贷契约主要是通过贷款期限和贷款规模起到治理作用的，而且贷款规模的治理作用大于贷款期限。从实证结论中可以看出，我国信贷契约要素的治理作用由高到低排列为：贷款规模 > 贷款期限 > 贷款利率。

第六章

信息透明度与信贷契约治理
效应的实证检验

    第五章的实证结果说明信贷契约签订前银行是依据公司的财务状况和公司治理状况进行信贷决策，可能会激励经营者为了获得贷款或获得优惠利率的贷款而努力工作。但是信贷契约签订后，信贷契约对经营者的激励和约束效果反映了信贷契约的治理效应。信贷契约的治理效应不仅取决于信贷决策状况，由第三章分析可知，信贷契约治理效应还取决于充分的信息基础和良好的实现条件，而且第四章的环境分析得出，我国没有为信贷契约治理提供充分的信息基础和良好的实现条件，因此，有必要检验信贷契约治理效应。本章的实证是基于第五章实证结果所做的进一步检验，由于第五章检验发现贷款利率与公司的财务状况和公司治理状况几乎不存在合理的因果关系，则说明贷款利率的治理作用非常小，因此，本章没有检验贷款利率的治理效应，只检验了贷款期限和贷款规模的治理效应。

第一节　理论分析与研究假设

一　信贷契约的治理效应

    信贷契约作为一种固定支付的契约，可以通过降低企业的自由现金流，或者利用破产机制来限制经营者进行在职消费和过度投资等产生的代理成本（詹森和麦克林，1986；格鲁斯曼和哈特，1982 等），从而提高公司绩效。因此，债务治理效应主要体现在两方面：一是降低代理成本，包括约束经营者在职消费、过度投资、资产替代；二是提高公司绩效。考夫

兰和施密特（1986）、魏斯巴赫（1988）、吉尔森（1989）都对债务治理
效应进行了实证检验，发现债务能够很好地抑制代理成本，提高企业价
值。银行贷款作为债务的主要融资方式之一，理论上应该存在治理效应。
而且第三章的理论分析也发现，贷款规模能够激励经营者努力工作，短期
信贷契约和长期信贷契约都能够激励经营者努力工作，因此提出下列
假设：

　　假设1：银行信贷契约存在治理效应，贷款规模越大，越能够激励经
营者努力工作，降低代理成本，提高公司绩效。长期信贷契约和短期信贷
契约都存在治理效应，都能够激励经营者努力工作，降低代理成本，提高
公司绩效。

二　信息透明度与信贷契约的治理效应

　　由于信息不对称和人的有限理性，信贷契约是不完备契约，因此银
行为了设计最优的存在激励机制的信贷契约，必须搜集大量的相关信
息。根据信息风险理论，信息不对称带来的信息风险是不可分散的（奥
哈拉、伊斯利，2004），这会产生逆向选择行为，即在信息不透明时，
投资者会通过提高资金价格来进行自我保护。博托尚（1997，2002）
最早提供了公司透明度与资本成本之间存在负相关关系的直接证据。但
不同的投资者获取信息和防范信息风险的能力存在差异。与投资者相
比，债权人处于信息劣势。但银行作为金融中介机构，与其他分散的投
资者相比，具有信息优势。即便如此，银行在设计信贷契约时不可能获
得企业未来项目收益和风险的完全信息，所以，信息不对称总是不可避
免的。因此，在签订信贷契约前，银行掌握的信息越多，越能够通过设
计信贷契约合理约束经营者的机会主义行为。由此可见，信息透明度影
响信贷契约的治理效应。

　　银行的信息来源渠道，主要是企业提供的信息。这部分信息的质量
取决于企业提供信息的意愿，通常高质量企业为了能够获得优惠的利率
和持续的债务资本，很愿意向银行传递自己质量的信号，因此愿意向银
行多提供信息；而低质量企业为了避免银行发现自己的质量通常会选择
尽量少提供信息。但毫无疑问，信息供给是需要成本的，如果不对信息
供给者给予补偿或加以管制，生产和披露信息的动力就会大大降低。给
予信息供给者的补偿通常体现在优惠的贷款政策，因此，由于信息生产

成本和披露者出于利己主义的目的，更倾向于披露对其有利的信息，甚至可能隐瞒或歪曲不利于企业的信息，这就需要非市场因素的调节。政府对信息供给的管制向信息提供者提出了信息披露的强制性要求，我国《证券法》对公司上市期间的持续信息公开做了强制性要求，要求公司定期披露财务报告和其他重要事项。并对信息披露质量进行监管和评价，因此，信息披露评价成为了一种"温和"的外部治理机制（唐跃军和程新生，2005）。信息披露质量能够反映公司的信息透明度，直接影响信息使用者的利益，因此必须存在一个完善的信息披露评价机制。笔者认为信息披露质量应该从信息的可靠性、相关性、及时性三方面来考察，唐跃军等（2008）对信息的这三方面特性进行了诠释并赋予了衡量指标。可靠性是指一项计量或叙述与其所要表达的现象或状况的一致性；信息披露相关性则要求上市公司必须提供公司完整且相关的信息，不得忽略、隐瞒重要信息，使信息使用者了解公司治理结构、财务状况、经营成果、现金流量、经营风险及风险程度等，公开所有法定项目的信息，使投资者足以了解公司全貌、事项的实质和结果，披露的相关性包括形式上的相关和内容上的相关；信息的及时性是指信息失去影响决策的功能之前提供给决策者。即使强制信息披露评价机制是有效的，由于信息披露成本、泄露"商业机密"等原因，信息披露者并不会对所有信息予以披露，因此强制性信息披露并不能完全解决信息不对称问题。但是根据信号传递理论，为了向银行表明自己的类型，一部分企业会自愿进行信息披露。尽管自愿性披露可能是由强制性披露诱致或者是强制性披露的必要补充，但是自愿信息披露具有相对的独立性，且更能反映公司的透明度程度。希利（1999）选取97家上市公司，研究自愿性信息披露的增加是否与公司股价和流动性相关，结果发现，在披露改善的当年，平均样本公司的股价有7%的提高；披露改善的次年，股价有8%的改善；在披露增加的当年及随后3年，平均样本公司机构持股数增加了12%—24%，并受到更多财务分析师的追捧，表明股票流动性增强，投资者的不确定性降低。由此可见，强制性信息披露和自愿性信息披露共同决定了信息透明度，信息披露对资本市场而言扮演着十分关键的角色（希利，2001），它不仅为证券投资者提供了投资依据，而且对于银行的信贷决策也有很大作用，因为上市公司的信息披露是公开信息，信息获取成本很低，如果信息披露机制是有效的，银行会

"搭便车"。因为信息披露质量越高，上市公司的赢利能力、资本扩张能力越强，财务弹性和财务安全性越高（李维安和唐跃军，2006），因此银行向这样的上市公司提供贷款的安全性越高，越愿意与这样的上市公司签订信贷契约，并利用披露的信息设计信贷契约，从而实现治理效应。

由上面的分析可以得出，提高信息透明度，能够使银行合理设计信贷契约约束经营者未来的机会主义行为，从而提高信贷契约的治理效应。因此提出以下假设：

假设 2：提高信息透明度能够促进信贷契约的治理效应，即信息透明度越高，信贷契约越能够激励经营者努力工作，降低代理成本，提高公司绩效。

第二节　研究设计

一　研究设计

（一）样本选取

本书选择在深圳证券交易所上市的 A 股上市公司 2005—2009 年的数据为样本，数据主要来源于 RESSET（锐思）金融研究数据库、CS-MAR（国泰安）金融数据库、深圳证券交易所网、巨潮资讯网等相关网站。在样本选取过程中遵循以下原则：（1）剔除金融类上市公司，这是因为金融公司的资本结构受到诸如储蓄保险等显性（或隐性）投资者保险计划的强烈影响，使得金融公司的资产和债务有其自身的特性，与非金融公司的债务不具有可比性，而且法规对金融公司的最少资本金要求管制更为严格，这也许会直接地影响到它们的债务利率和期限选择；（2）剔除拥有 B 股或 H 股公司，因为外资股的股价与公众 A 股的股价不同，而且证券交易机构的监管标准不同；（3）剔除债务融资比例或债务期限结构小于 0 与大于 100% 的异常值的公司；（4）剔除在这 4 年中 ST 类的上市公司，因为这些公司的财务状况异常，或已连续亏损两年以上，若把这些公司纳入研究样本中将影响研究结论；（5）剔除数据缺失的上市公司。根据上述筛选原则，共得到 359 家上市公司，1795 个观测值。

（二）模型和变量

1. 模型设计

本章主要考察信贷契约要素的治理效应及信息透明度对信贷契约治理效应的影响，一方面，根据第三章的理论分析和第五章实证结论，贷款增量和贷款期限能够激励经营者努力工作，产生治理效应，则贷款增量和贷款期限能够降低代理成本，提高公司绩效；另一方面，信息作为信贷契约签订的基础，能够提高契约要素的治理效应。笔者首先分别考察信贷额度、长期信贷契约、短期信贷契约的治理效应，建立下列三个模型：

$$Y = \beta_0 + \beta_1 \times L + \beta_2 \times LNTOAT + \beta_3 \times GROWAT + \beta_4 \times \sum_{i=1}^{15} IND_i + \mu$$

$$(6.1)$$

$$Y = \beta_0 + \beta_1 \times IDEBT_1 + \beta_2 \times LNTOAT + \beta_3 \times GROWAT + \beta_4 \times \sum_{i=1}^{15} IND_i + \mu$$

$$(6.2)$$

$$Y = \beta_0 + \beta_1 \times IDEBT_2 + \beta_2 \times LNTOAT + \beta_3 \times GROWAT + \beta_4 \times \sum_{i=1}^{15} IND_i + \mu$$

$$(6.3)$$

然后又分别考察信息透明度对贷款规模、长期贷款契约、短期贷款契约治理效应的影响，建立以下三个模型：

$$Y = \beta_0 + \beta_1 \times L + \beta_2 \times TRANS + \beta_3 TRANS \times L + \beta_4 \times LNTOAT + \beta_5 \times GRO\text{-}$$
$$WAT + \beta_6 \times \sum_{i=1}^{15} IND_i + \mu \qquad (6.4)$$

$$Y = \beta_0 + \beta_1 \times IDEBT_1 + \beta_2 \times TRANS + \beta_3 TRANS \times IDEBT_1 + \beta_4 \times$$
$$LNTOAT + \beta_5 \times GROWAT + \beta_6 \times \sum_{i=1}^{15} IND_i + \mu \qquad (6.5)$$

$$Y = \beta_0 + \beta_1 \times IDEBT_2 + \beta_2 \times TRANS + \beta_3 TRANS \times IDEBT_2 + \beta_4 \times$$
$$LNTOAT + \beta_5 \times GROWAT + \beta_6 \times \sum_{i=1}^{15} IND_i + \mu \qquad (6.6)$$

2. 变量设计

关于模型变量选取及预期符号见表6—1。

表 6—1   变量定义及预期符号

变量含义			预期符号	
			代理成本	公司绩效
被解释变量（Y）	代理成本	管理费用比率（Y_1）=管理费用/营业收入		
	公司绩效	ROA =（利润总额 + 财务费用）/平均总资产		
		ROE = 净利润/平均净资产		
解释变量	银行贷款规模	贷款增量（L）=银行贷款差额/期初银行贷款合计	−	+
	银行贷款期限	长期借款比例（$IDEBT_1$）=（长期借款 + 一年内到期的长期负债）/银行借款总额	−	+
		短期借款比例（$IDEBT_2$）= 短期借款/银行借款总额	−	+
	信息透明度（TRANS）	信息披露质量评价哑变量。"优秀"和"良好"为1，"及格"和"不及格"为0		+
控制变量	公司规模（LNTOAT）	总资产的自然对数（LNTOAT）= ln（年末总资产/10000）	−	+
	公司成长性（GRO-WAT）	总资产增长率（GROWAT）=（期末总资产 − 期初总资产）/期初总资产	−	+
	行业哑变量（IND）	行业哑变量。按《上市公司行业分类指引》为基础，将样本数目较小及贷款特征相似的公司归为一类，最终得到15个行业类别		

（1）被解释变量

本书以信贷契约治理效应为被解释变量，但迄今为止，学术界关于债务治理效应的代理变量的选择是不统一的。田利辉（2004）在研究杠杆治理效应时，以经理代理成本作为治理效应的代理变量，分别采用管理费用指标、过度投资指标、管理层替换比率、Ang's 营业费用比率和简化的托宾 Q 作为治理效应的映射变量。他用管理费用涵盖了经理职位消费的报销范围，用现金留存比率作为过度投资替代变量，他认为在其他条件相同的情况下，现金留存比率越高，自由现金流量就越大，过度投资的可能性就越大，用管理层替换频率来描述经理人职位终身化问题，用营业费用比率作为代理成本规模，用托宾 Q 反映公司的市场价值。研究发现，管理费用随着贷款比率的提高而上升，自由现金流随着贷款比率的增加而上升，管理层成员更换频率与贷款比率没有显著相关性，营业费用支出比率随着贷款比率的增加而上升，托宾 Q 随着贷款比率的增加而下降。因此说明我国上市公司银行贷款不存在治理效应。胡援成、田满文（2008）在检验债务的治理效应时，以代理成本作为治理效应的代理变量，分别用管理费用率的对数反映综合代理成本，用管理费用率的变化率来测定债务融资代理成本的变化，通过研究，也没有发现债务的治理效应。丁庭选（2008）在他的博士论文中研究银行债务契约的治理效应时选用了 PER 表示企业债务治理后的业绩变量，属于一个综合业绩变量，包括两大因素：财务绩效和市场评价。财务绩效指标包括总资产收益率（ROA）、净资产收益率（ROE），市场评价指标包括托宾 Q 和 MBR（市净率）。他考虑到这四个指标计算原理本身存在的差异，在计算 PER 指标时，先将四个指标标准化，然后再相加，即 PER =（ROA - 平均值）÷ 标准差 +（ROE - 平均值）÷ 标准差 +（托宾 Q - 平均值）÷ 标准差 +（MBR - 平均值）÷ 标准差。研究发现，年度银行贷款规模越大，长期贷款比重越高，银行贷款总规模的增长幅度越大，短期借款或者长期借款的增长幅度越大，企业综合绩效越好，说明债务存在治理效应。由此可见，债务治理效应代理变量的选择将直接影响实证的结论，因此，笔者认为代理变量的选择应与研究的内容紧密挂钩，才能保证实证结果的说服力。

笔者针对第三章的理论分析和第五章的实证分析，决定选择代理成本和公司绩效来衡量信贷契约治理效应。

第一，代理成本。目前度量代理成本的方法比较有代表性的主要有以下两种方法：一是采用权益市账比来度量代理成本（拉詹和津加莱斯，1995）；二是采用管理费用率与总资产周转率来衡量经理层的在职消费和非效率投资产生的代理成本（詹姆斯等，2000）。本书采用詹姆斯等（2000）的做法，以管理费用率（Y_1）来作为代理成本的替代变量，即管理费用率等于当年管理费用与营业收入之比。因为笔者认为，根据我国的国情，经营者的代理成本与管理费用的记录内容是比较吻合的。

根据我国企业会计准则的规定，所谓管理费用，是指企业行政管理部门为组织和管理生产经营活动而发生的各种费用，包括董事会费、公司经费、业务招待费、聘请中介机构费、职工教育经费（按企业工资总额的

2%计提)、工会经费(按企业工资总额的2%计提)、无形资产摊销、提取的坏账准备和存货跌价准备等,其中的公司经费包括总部人员的工资及福利费(福利费按工资的14%计提)、办公费、差旅费、折旧费等。

在管理费用中,所占比例较大的费用主要是差旅费、办公费、业务招待费等费用,其次是提取的坏账及存货跌价损失等,这些费用都与管理层的代理行为有密切关系。差旅费、业务招待费、办公费等反映经营者的在职消费,提取的存货跌价准备和坏账准备反映了企业的剩余损失。管理费用中的折旧主要是行政管理部门办公设备、车辆和房屋的原始价值扣除预计净残值后的金额在其寿命周期内的分摊,其原始价值是指取得这些固定资产所发生的实际成本,如购买价款、运杂费、增值税、安装费等。如果企业存在监督机制不灵、激励机制不足的缺陷,那么企业会在固定资产采购与建设过程中存在大量的在职消费和懈怠,如出国考察,工程建设周期长等,这导致固定资产原始价值上升,在固定资产寿命期内各年摊销的折旧价值也必然提高,因此,折旧费用的高低在一定程度上也可以反映代理成本的水平。无形资产摊销额性质类似。

第二,公司绩效。目前学术界对公司绩效的衡量问题未能达成共识,有代表性的指标主要有三种,一是利用财务指标,如净资产收益率、每股收益、总资产利润率等。财务指标是以公允价值计价原则为基础计算出来的,反映了公司过去和现在的财务状况,并不能反映公司未来的发展状况和风险。但由于财务指标计算简单,能够避免因计算误差而导致检验结果出现偏差。二是托宾Q值(詹姆斯托宾,1969)。托宾Q值等于公司的市场价值与公司重置价值的比率,根据托宾Q理论,当托宾Q值大于1,投资所形成的资本价值会超过投资成本,企业有激励进行投资,Q值越高市场对公司的评价越高。因此,很多学者都支持以托宾Q来衡量公司绩效(或企业价值),如沃纳菲尔德和蒙哥马利(1988)认为,由于引入了公司的市场价值,托宾Q值隐含考虑了基于均衡收益的合理风险贴现率,能够最大程度地削弱由税法和会计计量所导致的估值扭曲问题,因此用它度量企业价值比会计收益率更加合理。安妮特·B. 波尔森等(1994)也认为,托宾Q值对投资与股票价格之间的内在关系提供了最佳描述,是一个重要的企业价值和公司业绩的代理变量。但从托宾Q的定义可以看出,托宾Q值的计算是很复杂的,而且为了获得公司的市场价值和重置价值,对资本市场的有效性和价值发现功能提出了一定的要求。这与我国的资本市场发展状况不符，我国资本市场基本处于无效状态，而且市场对信息传递和价格反应也是有限的（高鸿桢、林嘉永，2005），因此托宾 Q 在我国的适用性产生了障碍。为了简化计算，很多学者直接用公司的市场价值与公司的账面价值的比率来计算托宾 Q（如尼科斯，1999 等），这就使托宾 Q 值的准确性大大降低了。而且在我国使用托宾 Q 面临的另外一个重要的障碍就是公司市场价值的可信性问题，由于我国特殊的制度背景和资本市场的发展程度，使得股票不能够完全流通，因此不能完全用股价来衡量公司市场价值，虽然 2005 年陆续进行股权分置改革，但并没有实现股权全流通，因此托宾 Q 计算的准确性仍然受到质疑。黄磊、王化成等（2009）对我国上市公司研究发现，托宾 Q 未能对全体上市公司的市场价值提供可靠度量，主要是受市场投机性的影响。三是经济附加值（EVA）。它是公司税后经营利润扣除资本成本后的余额。奥伯恩（1996）发现，EVA 对公司市场价值的解释力（$R^2 = 0.56$）远远大于净利润对公司市场价值的解释力（$R^2 = 0.17$），拉詹（1999）对美国 1998 年的电力行业上市公司进行考察，发现与标准净收益、净资产利润率、总资产收益率、每股收益、标准自由现金流量、标准 MVA（Market VlueAdded）相比，标准 EVA 的价值解释力最强。但比德尔等（1997）对 1000 家美国上市公司在 1983—1994 年的数据进行分析，得到了 EVA 并没有显示出比剩余收入（ResdualIncome）、盈余（Earnings）、经营现金流量（Operating Cash Flow）更有价值相关性。EVA 是否适合我国上市公司衡量公司绩效，主要取决于我国的经济环境，王喜刚等（2003）利用思腾思特中国分公司提供的 EVA、MVA 数据，考察了 1999—2001 年上海证券交易所上市的 402 家公司，发现 EVA 测度体系比传统会计利润测度体系更具有价值解释力。瞿绍发、王建伟（2003）考察了 1998—2000 年沪深两市的 624 家上市公司，自行计算出 EVA 及其相关指标，也发现 EVA 指标具有更好的公司业绩衡量功能和更高的信息含量。但以 EVA 来衡量公司绩效，更适合于体现股东剩余财富最大化的财务管理目标，因为 EVA 是会计利润的计算基础上扣除了股权资本成本。

　　基于上述公司绩效指标的评价，并结合本书的研究内容，以总资产报酬率（ROA）和净资产收益率（ROE）来作为信贷契约治理效应的代理变量。因为第三章理论分析的结论是通过信贷契约的设计（贷款规模、贷款契约期限）能够满足经营者的激励相容条件，激励经营者努力工作，经营者选择努力工作就会减少在职消费，同时银行在设计信贷契约时，也能通过条款设计限制经营者侵占债权人的利益，因此，信贷契约治理效应的一个体现就是降低了代理成本，这里的代理成本是综合的代理成本，既能够使经营者努力工作，减少在职消费，缓解股东和经营者的利益冲突，也能够通过条款设计限制债务代理成本的发生，因此，信贷契约的治理效应降低了综合代理成本。信贷契约激励经营者努力工作，显然能够提高公司绩效，这里的公司绩效用总资产报酬率（ROA）和净资产收益率（ROE）来衡量，出于以下两方面考虑：一方面用总资产收益率（ROA）表示信贷契约治理的可观测绩效。银行信贷主要用于满足营运资金短缺或者是为满足项目投资需求，营运资金主要体现了资产负债表的流动资产，项目投资主要体现了资产负债表的固定资产，因此用总资产报酬率能够体现一个单位资产的收益状况，即用总资产报酬率能够体现经营者努力工作，提高贷款利用效率。另一方面，用净资产收益率（ROE）表示信贷契约治理的综合绩效。综合绩效不仅应该体现信贷契约的治理效应，还应该体现银行贷款作为债务的杠杆效应，根据财务理论，杠杆正效应的前提是企业经营的息税前利润大于利息，这也激励了经营者努力工作，所以虽然净资产收益率（ROE）表面上体现的是股权资本的收益状况，但也能体现债务的综合治理效应。

（2）解释变量

第一，银行贷款规模（L）。仍然用第五章的变量，为了凸显信贷契约的贷款规模，用贷款增量来表示贷款规模。贷款增量等于贷款变化额与期初贷款余额的比值。贷款规模越大，支付的利息越多，现金流约束力越大，能够约束经营者在职消费，减少代理成本；而且贷款规模越大，破产的可能性越大，破产机制的威胁越大，能够激励经营者努力工作，提高公司绩效。

第二，贷款期限结构，包括长期贷款比例（$IDEBT_1$）、短期贷款比例（$IDEBT_2$）。第五章仅用长期贷款/银行贷款总额来表示贷款期限，但为了能够更加详细说明长期贷款和短期贷款的治理效应，本章分别检验长期贷款和短期贷款契约的治理效应。长期贷款越多，银行会对企业进行长期跟踪，加大对企业的监督力度，从而约束经营者的机会主义行为，降低代理成本，提高公司绩效。短期贷款越多，经常性地现金流约束能够限制经营者的机会主义行为，降低代理成本，而且短期借款比例越高，再融资需求越大，为了向银行传递高质量的信号，经营者会努力工作，提高公司绩效。

第三，信息透明度（TRANS）。目前为止学术界尚未对信息透明度评价指标体系形成一致的标准。标准普尔公司（Standards and Poor's Company）（2002）从三个层面用 98 项指标评价公司信息透明度：一是所有权透明度与投资者关系透明度（28 项指标）；二是财务透明度、信息披露程度（35 项指标）；三是董事会、管理层结构及程序的披露程度（35 项指标）。普华永道国际会计师事务（2001）发布的《不透明指数》（The Opacity Index）调查报告，以 35 个国家或地区为调查对象，从腐败、法律、财经政策、会计准则与实务（含公司治理与信息披露）、政府监管五个方面对不透明指数进行评分和排序。里昂证券公司（Lyonnais Securities）公司治理评价原则中对信息透明度的评价包括及时发布年报、迅速披露经营成果、信息明确且有内涵等。笔者认为，由于国外对信息透明度评价的复杂性和评价机构的成熟发展，使得国外的评价方法在我国会"水土不服"，根据我国的国情和资本市场的发展程度，对信息透明度评价的合理做法应该是由独立的、具有一定权威性的评级机构或相关组织对我国上市公司的信息披露展开"质"和"量"结合的全面考察，综合得出的评价结果（胡奕明、唐松莲，2007），因此，信息披露能够反映信息透明度。

关于信息披露质量的测度，目前也没有统一的标准，王斌、梁欣欣（2008）关于信息披露质量的评价方法归纳为以下三种：一是评分法，如财务分析研究中心（CIFAR）、标准普尔（S&P）的"信息披露质量披露排名"、普华永道的"不透明指数"等，所有这些机构都是从不同的角度对其关注的方面用指标衡量，按一定的权重对衡量值打分，然后根据打分对信息披露质量进行排序。这种方法考虑的因素太多，容易受主观因素的影响。二是事件法，即以被证券监管机构因违规而处罚事件的个数，来直接判断上市公司整体信息披露质量的高低。这一方法以是否存在违规事实作为判断依据，具有客观性，但是违规事实被发现是有概率的，信息披露存在错报、漏报或虚假陈述，但是没有被监管部门发现，就没有违规事件，但其信息披露的质量却不高。而且，监管部门惩罚的是触犯规则底线的，而不是质量好与坏之分。三是理论模型法，一些学者从收益激进度（EA）、收益平滑度（ES）、总收益不透明度（OEO）等联合指标构建来替代信息披露程度，从而判定公司的信息披露质量高低（如巴特查亚等，

2003）。这种方法具有一定的科学性，但所选指标不同，会产生不同的研究结果。

本书采用深圳证券交易所上市公司的"诚信档案"中"信息披露考评"的结果作为信息披露质量高低的替代变量，该考评结果是根据《深圳证券交易所上市公司信息披露工作考核办法》（2001年颁布）打分确定的。之所以选择这一考评结果作为信息披露水平的衡量标准有以下两个方面的原因：首先，该考评机制的考评对象为深交所所有上市公司，保证了该机制的完整性；其次，该机制同时考察了上市公司的自愿性信息披露和强制性信息披露两个方面，保证了考评结果的全面性；另外，由交易所对上市公司的信息披露状况进行评级也体现了结果的公正性和客观性。自2001年以来，深交所在每年年初对挂牌公司的信息披露质量状况进行考评，分"优秀"、"良好"、"及格"与"不及格"四个等级进行鉴定并对外披露，本书将其评价结果分成两部分，考评结果为"优秀"和"良好"的上市公司认为其信息披露质量较高，而考评结果为"及格"和"不及格"的上市公司的信息披露质量较低。信息披露质量越高，信息透明度越高，银行越能够通过设计信贷契约来激励经营者努力工作，从而提高信贷契约的治理效应。

（3）控制变量

为了控制公司规模和公司成长性对代理成本的影响，以公司规模、公司成长性和行业性质为控制变量。公司规模越大，公司经营管理越规范，经营者会努力工作，精心建造自己的"事业帝国"，因此代理成本越小，公司绩效越高。公司的成长性越大，经营者越有努力工作的激励，因此代理成本越小，公司绩效越高。

二 实证检验结果及分析

（一）描述性统计和相关系数分析

1. 描述性统计分析

表6—2和表6—3分别给出了分变量和分年度描述性统计结果。从表6—2的均值来看，样本上市公司的可观测绩效ROA平均水平不高（5%左右），而且各公司相差不大（标准差约为0.07），综合绩效ROE平均水平也不高（7%左右），但各公司相差较大（标准差约为0.27），代理成本比较大（9%），而且各个公司的差异非常大（标准差约为0.24），最大

表6—2　　　　　　　　　　　　　　　　分变量描述性统计

变量	均值	中位数	最大值	最小值	标准差	观察值
ROA	0.057091	0.050797	0.463621	− 0.39086	0.074124	1795
ROE	0.070225	0.067807	1.965159	− 6.4102	0.273266	1795
管理费用比率（Y_1）	0.093175	0.067966	1.092117	0.002861	0.240221	1795
信息披露质量	0.694708	1	1	0	0.46066	1795
总资产增长率	0.119298	0.069402	3.088873	− 0.55809	0.288097	1795
总资产自然对数	12.29829	12.26305	16.29404	9.405652	1.025352	1795

表6—3　　　　　　　　　　　　　　　　分年度描述性统计

变量	2004 年	2005 年	2006 年	2007 年	2008 年
ROA 均值	0.0469090	0.0392638	0.0593387	0.0845349	0.0554062
方差	0.0723774	0.0783008	0.0646824	0.0684932	0.0781292
ROE 均值	0.0298935	0.0307985	0.0862800	0.1392658	0.0648726
方差	0.4408940	0.2574798	0.2078813	0.1829407	0.1686854
管理费用比率均值	0.1061735	0.1105443	0.094945	0.0760353	0.0834158
方差	0.1218658	0.1341619	0.0949073	0.0675609	0.07581
信息披露质量均值	0.7381616	0.7437326	0.6629526	0.6155989	0.7150838
方差	0.4402487	0.4371805	0.4733609	0.4871323	0.4520063
总资产增长率均值	0.1305034	0.071623	0.1200007	0.1842832	0.0899971
方差	0.259026	0.2091094	0.3522817	0.2917526	0.2973231
总资产规模对数均值	12.117673	12.171668	12.251248	12.430902	12.520553
方差	0.9228623	0.9428431	1.0283117	1.0613701	1.1074146

值达到了约 109%。从我国上市公司的信息披露质量的均值看来，大约 70% 的样本上市公司的信息披露评价都为"优秀"或"良好"，说明我国上市公司总体的信息披露质量比较高，但是各公司信息披露质量差异较大（标准差约为 0.46）。图 6—1 更好地描述了样本上市公司信息披露质量的状况，由图 6—1 可以看出，我国大部分上市公司的信息披露质量为"良好"、"优秀"和"不及格"的公司数量很少。而且，"优秀"的上市公司比例在逐年增加，但增加幅度较小，从整体看，各信息质量等级公司比例变化不大，比较平稳。为了能够更好地描述各个变量的变化规律，用折

线图来描述各被解释变量的分年度的均值描述性统计，见图6—2。从折线图可以看出，*ROA* 和 *ROE* 的变动趋势总体相似，变化折点几乎相同，但是 *ROE* 的变动幅度要大于 *ROA*；*ROA* 和 *ROE* 与代理成本几乎呈现反方向变化，代理成本越小，公司的治理效率越高，公司绩效越高，这符合理论预期。

公司数量

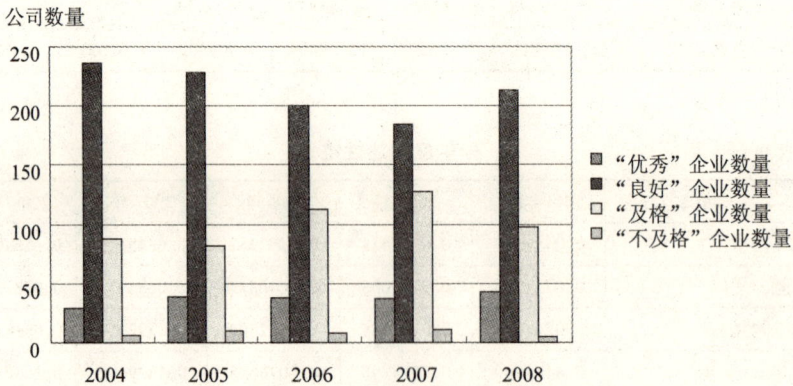

图6—1　样本上市公司信息披露质量统计

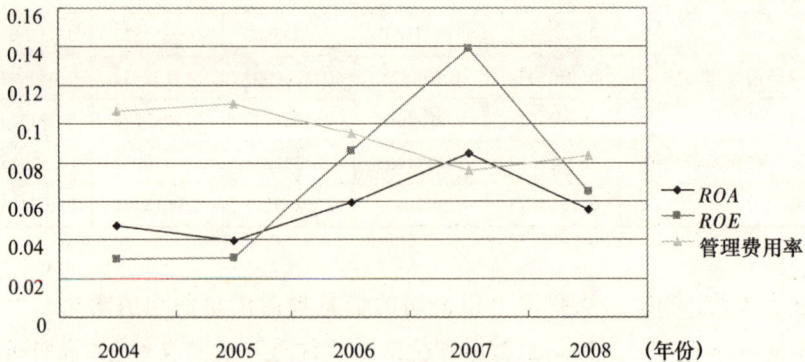

图6—2　ROA、ROE、管理费用比率年度变化折点

2. 相关系数分析

表6—4是各变量的相关性检验结果，从表6—4可以看出，*ROA* 与 *ROE*（0.675）、长期贷款比例（0.116）、信息披露质量（0.155）、公司规模（0.218）、总资产增长率（0.296）显著正相关，说明 *ROE* 越大，长

表 6—4　　　　　　　　　　　　相关性检验结果

	ROA	ROE	管理费用比率	银行贷款规模	长期贷款比例	短期贷款比例	信息披露质量	总资产自然对数	总资产增长率
ROA	1								
ROE	0.675**	1							
管理费用比率	-0.419**	-0.425**	1						
银行贷款规模	-0.005	0.001	-0.009	1					
长期贷款比例	0.116**	0.084**	-0.046	-0.017	1				
短期贷款比例	-0.198**	-0.105**	0.048*	0.036	-0.734**	1			
信息披露质量	0.155**	0.102**	-0.172**	0.014	0.056*	-0.061**	1		
总资产自然对数	0.218**	0.152**	-0.272**	0.000	0.282**	-0.180**	0.183**	1	
总资产增长率	0.296**	0.245**	-0.182**	0.065**	0.151**	-0.101**	0.131**	0.303**	1

注: *、**分别表示在5%、1%水平显著。

期贷款比例越大，信息披露质量越高，公司规模越大，公司成长性越大，则 ROA 越大；ROA 与管理费用比率（－0.419）、短期贷款比例（－0.198）显著负相关，说明代理成本越小，短期贷款比例越大，则 ROA 越大。ROA 与贷款规模负相关，但不显著。这其中短期贷款比例与 ROA 的相关性符号与理论预期不符，但相关性检验只能说明变量间的相关程度，并不能说明变量间的因果关系，因此需进一步检验短期贷款比例对 ROA 的影响。ROE 与长期贷款比例（0.084）、信息披露质量（0.102）、公司规模（0.152）、总资产增长率（0.245）显著正相关，说明长期贷款比例越大，信息披露质量越高，公司规模越大，公司成长性越大，则 ROE 越大；ROE 与管理费用比率（－0.425）、短期贷款比例（－0.105）显著负相关，说明代理成本越小，短期贷款比例越大，则 ROE 越大。ROE 与贷款增量正相关，但不显著。代理成本与信息披露质量（－0.172）、公司规模（－0.272）、总资产增长率（－0.182）显著负相关，说明信息披露质量越高，公司规模越大，公司增长性越强，代理成本越小；代理成本与短期贷款比例（0.048）显著正相关，说明短期借款比例越大，代理成本越大。银行贷款规模、长期贷款比例与管理费用负相关，但不显著。从各解释变量的相关性来看，除了公司规模和公司成长性之间的相关系数为 0.303 外，其他各自变量的相关系数均不超过 0.3，说明各解释变量之间的相关性较弱。

（二）回归结果及分析

选取的总样本是时序与截面混合数据，为平行面板样本，故采用面板数据模型可以综合利用样本信息，并减少多重共线性带来的影响。根据豪斯曼测试结果，本研究总样本无法拒绝使用随机效应模型，随机效应模型的好处是节省自由度。由于样本从时间和截面两方面看都存在较大变化的数据，随机效应模型能明确地描述出误差来源的特征。一般经验做法是，如果研究样本是从总体中随机抽样得到的，并且，预期利用模型解释或推断总体的统计性质，则将模型设定为随机效应模型比较合理（伍尔德里奇，2002）。因此，在做面板数据的计量分析时，选择了随机效应模型。

1. 信贷契约治理效应回归分析

从表6—5可以看出，3个模型中各方程的 D－W 值均在 1—2 之间，表明残差无关，调整后的 R^2 比较小，虽然拟合度不是很好，但 F 值均在 1% 水平显著，说明具有显著统计意义，从 F 值大小来看，以 ROA 为被解

表6—5 假设1回归分析结果

	模型1			模型2			模型3		
	ROA	ROE	代理成本	ROA	ROE	代理成本	ROA	ROE	代理成本
常数项	-0.0352 (-0.6825)	-0.2072 (-1.2854)	0.1806** (2.2838)	-0.0322 (-0.6227)	-0.1894 (0.2415)	0.1910** (2.4152)	0.0018 (0.0353)	-0.1231 (-0.7534)	0.1785** (2.2410)
贷款规模 (L)	-0.0002 (-1.4393)	-0.0005 (-0.6714)	1.22E-05 (0.0556)						
长期贷款 ($IDEB_1$)				0.0061 (0.9205)	0.0292 (1.2037)	0.0143* (1.7306)			
短期贷款 ($IDEBT_2$)							-0.0311*** (-5.6312)	-0.0633*** (-3.0436)	0.0018 (0.2335)
公司规模	0.0051** (2.1242)	0.0176** (2.3004)	-0.0141*** (-3.9478)	0.0048** (1.9841)	0.0160** (2.0587)	-0.0151*** (-4.1668)	0.0045* (1.9128)	0.0157** (2.0412)	-0.0141*** (-3.9369)
公司成长性	0.0523*** (9.6048)	0.1803*** (7.9627)	-0.0259*** (-3.4664)	0.0515*** (9.4535)	0.1776*** (7.8516)	-0.0265*** (-3.5618)	0.0505*** (9.3304)	0.1757*** (7.7891)	-0.0257*** (-3.4553)
行业哑变量	yes	yes	yes	yes	yes	yes	yes	yes	yes
D-W值	1.567734	1.5583	1.7019	1.5663	1.5588	1.7036	1.5798	1.5565	1.7014
调整后 R^2	0.1305	0.0720	0.0664	0.1301	0.0726	0.0679	0.1453	0.0764	0.0665
F值	13.240***	7.3175***	6.8036***	13.1919***	7.3864***	6.8114***	14.8674***	7.7450***	6.8114***

注：*、**、***分别表示在10%、5%、1%水平显著。

释变量的模型的解释力最好，ROE 模型次之，代理成本模型最小。

模型 1 的回归结果显示，贷款规模与 ROA、ROE 负相关，贷款规模与代理成本正相关，与理论预期相反，但均不显著，说明信贷契约的贷款规模既不能够提高显性公司绩效，也不能提高综合公司绩效，而且还不能减少经营者在职消费，总之，贷款规模不具有治理效应。与第三章的理论分析不符，因为让·梯诺尔的理论模型论证贷款规模能够提高经营者努力程度，是假设信贷契约具有激励作用，但第四章的环境分析，能够清楚说明我国目前的特殊制度背景弱化了信贷契约的激励作用。而且在第五章的实证研究中也能够部分地说明这个结果，因为第五章的实证结果说明银行在设计信贷契约时贷款增量与赢利能力指标体现了显著的负相关关系，因此信贷契约不能够激励经营者努力提高公司绩效，从而没能体现出治理效应。胡奕明等（2008）对贷款"续新"的治理效应研究得出了同样的结论。我国学者研究贷款增量治理效应没有得出与国外学者（詹姆斯，1987；卢玛和麦康奈尔，1989）一致的结论，主要有两方面原因，一是国外学者研究的续新治理作用是指来自同一家银行的贷款，而该研究仅代表当年贷款的增量，不能区分是否是来自同一家银行；二是国外银行运作相对规范，风险管理能力强，加上信贷契约中还可以使用许多限制性条款来监督和影响企业的经营活动（科特，1998；马瑟和 Peirson，2006），而国内银行这方面比较落后，目前还不太善于运用这种谈判空间（胡奕明、唐松莲，2007），因此国外银行在提供贷款增量政策上可以体现出治理效应，而国内银行则没有体现出来（胡奕明等，2008）。

模型 2 的回归结果显示，长期贷款与 ROA、ROE 正相关，与预期符号相符，但均不显著，说明长期贷款不具有显著提高公司显性绩效和综合绩效的治理效应。长期贷款与代理成本在 10% 水平上显著正相关，相关系数为 0.0143（t 值为 1.7306），说明长期贷款的增加能够提高代理成本，这与预期符号相反。第三章的理论研究发现，长期贷款契约能够激励经营者努力工作，从而减少代理成本，提高公司绩效。但该结论是以长期信贷契约参与者是风险中性为严格的假设条件。但实证结果显示，长期贷款不但不能产生治理效应，反而能够提高代理成本。邓莉（2007）在他的博士论文中检验长期贷款对代理成本的影响，也得到了同样的结论。笔者认为，这与我国特殊的制度环境分不开，根据第四章的环境分析可知，我国法律制度还不健全，法治水平相对较低，政府干预国有商业银行的信贷行为，而且政府有保护上市公司的动机。因此，这样的环境既能够影响银行的贷款期限决策，又能够激励经营者偏好违约风险，从而影响我国信贷契约的治理效应，使实证结果与理论不符。余明桂和潘红波（2008）研究发现，法治水平、政府干预程度与国有企业银行贷款期限显著负相关。这也说明了在我国现有的法治水平和政府干预程度情况下，银行倾向于向国有企业发放长期贷款，而且放松了监管。因此，银行在长期贷款发放过程中，因为法治和政府干预弱化了长期信贷契约的治理效应。

模型 3 的回归结果显示，短期贷款与 ROA（相关系数为 -0.0311）、ROE（-0.0633）显著负相关，说明短期贷款不但没有起到正的治理效应，而且短期贷款比例的增加能够显著降低显性公司绩效和综合公司绩效，即短期贷款契约不能激励经营者努力工作，反而降低了公司绩效。从回归系数看，短期贷款对综合绩效 ROE 的抑制作用约为 ROA 的两倍。这与理论研究结论不符，因为让·梯诺尔的理论模型分析短期信贷契约的治理效应时，以股东存在增进净资产激励为前提，但由于我国银行的差别贷款，银行放贷时很少关注借款企业的自有资本，因此，增进净资产的激励的假设条件在我国不一定存在，即我国不一定存在影子价值。短期贷款与代理成本正相关，但不显著。模型 3 的回归结果说明了，短期结果不仅不能通过频繁的现金流约束来减少经营者的代理成本，而且能够显著降低经营者的努力工作激励，从而使得显性公司绩效和综合公司绩效显著降低。这与邓莉（2007）、董黎明（2008）的研究结论基本一致，邓莉（2007）以 ROA 为被解释变量，得到了与短期贷款显著负相关的结论，董黎明（2008）以 ROE 为被解释变量，得到了与短期贷款显著负相关的结论。

从模型 1、模型 2、模型 3 中都可以看出，控制变量中公司规模与 ROA、ROE 显著正相关，说明公司规模越大，公司绩效越高；与代理成本显著负相关，说明公司规模越大，公司管理越规范，经营者在职消费等的代理成本越小。公司成长性与 ROA、ROE 显著正相关，说明公司的成长性越大，公司绩效越高；与代理成本显著负相关，说明公司成长性越大，能够激励经营者努力工作，建立自己的事业帝国，经营者在职消费等的代理成本越小。

通过 3 个模型的检验，我们发现贷款增量和贷款期限无论是在降低代理成本还是在提高公司绩效上，都没有体现出治理效应，假设 1 没有得到验证。本章的研究结论与邓莉（2007）的研究结论大体一致，他分别检验了银行贷款规模、贷款期限对公司绩效和代理成本的影响，研究发现，银行贷款规模与 ROA 显著负相关，与代理成本显著正相关，短期贷款与 ROA 显著负相关，与代理成本显著正相关，长期贷款与 ROA 和代理成本没有显著相关性。田利辉（2004）也发现银行贷款不但没有治理效应，反而能够增加代理成本。由此可见，本章的研究结论并不是偶然的。笔者认为这与我国的制度背景是分不开的。中国的金融体系是以政府控制的四大国有商业银行①为主导，上市公司的债务融资主要来自于全国 40000 多家银行的贷款，另外还有一些是公司之间的延期支付或贸易信用等短期融资。其中，国有商业银行提供了所有公司贷款 80% 以上（田利辉，2007）。因此，我国的制度背景使得国有商业银行为国有性质的上市公司提供更多的贷款或更多的长期贷款。一般地，相对于短期贷款而言，银行发放长期贷款应该需要更多的监督，从而降低代理成本。但由于政府对上市公司的保护，政府成了上市公司的担保者，而且根据第五章关于控股股东性质的描述性统计，我国大部分上市公司（70%）的控股股东是国有股或国家股，因此信贷契约的约束条款已失去了实质性约束能力（李涛，2005），他们会预期到即使违反信贷契约条款也不会带来刚性的惩罚性经济后果，更不会遭到清算重组甚至破产的命运（田利辉，2004，2005）。尽管 1995 年颁布了《商业银行法》，要求银行按照商业实体自负盈亏，赚取经营利润，但它们的经营决策并没有从根本上摆脱政府的干预，经营决策不得不与政府的政策目标保持一致。鉴于社会就业压力等，政府不希望对经营状况恶化的企业进行清算，相反，政府有时还要求国有银行付出成本为亏损企业提供再融资帮助。另外，对银行经营者来说，为了个人前途也不得不听从政府的安排。在政府控制的银行中，利润目标和政府干预交融在一起，二者的冲突必然伴随着大量银行不良资产的产生以及高昂的资本重整成本（施华强，2004）。所以，即使国有控股公司违约拖欠贷款造成巨额银行坏账，仍然很少有企业因此破产，政府也无法对损失责任人进行清算。因此，政府对上市公司和银行的这种双重所有权造成了预算约束软化，增加了经营者的代理成本，从而弱化了信贷契约的治理效应（田利辉，2004，2005）。

　　银行贷款没能提高公司业绩的结论与我国的现实状况相符，2009 年财政部会计司发布《我国上市公司 2008 年执行企业会计准则情况分析报

---

　　① 四大国有商业银行包括中国工商银行、中国农业银行、中国建设银行和中国银行。

告》，报告跟踪分析了 1597 家非金融类上市公司公开披露的 2008 年度财务报告。这些上市公司 2008 年实际从银行取得借款 3.89 万亿元，同比增幅高达 34.82%；截至 2008 年末实际持有的货币资金为 12 518.07 亿元，同比增幅为 6.69%。2008 年度，这些上市公司实现的营业收入同比增长 18.57%。但上市公司整体净利润却同比下降 17.34%。会计司认为，这主要是因为营业成本的增幅超出营业收入增幅，尤其是营业成本、期间费用和资产减值损失大幅度高于 2007 年。通常情况下，银行贷款是为了满足流动资金或实体项目投资需求，但财政司根据上市公司的财务报告，得出的结论是在资金比较充裕的情况下，企业为了追求短期利益，其资金很可能流入股市和房地产市场（《证券日报》2009 年 7 月 24 日），从而增加了资产运营的风险，由此可见，银行贷款不但没有提高公司业绩，反而可能增加了企业经营风险。

2. 信息透明度对信贷契约影响的回归结果分析

为了考察信息透明度对信贷契约治理效应的影响，引入了信息披露质量和信贷契约要素的交互项（$TRANS * L$、$TRANS * IDEBT_1$、$TRANS * IDEBT_2$），交互项的系数说明了信息披露对信贷契约要素治理效应的影响。从表 6—6 的回归结果可以看出，3 个模型的各个方程的 D - W 值均在 1 至 2 之间，表明与残差无关，调整后的 R^2 比较小，虽然拟合度不是很好，但 F 值均在 1% 水平显著，说明具有显著统计意义，从 F 值大小来看，以 ROA 为被解释变量的模型的解释力最好，ROE 模型与代理成本模型相差不多。

模型 1 的回归结果显示，贷款规模与 ROA 和 ROE 负相关，交互项 $TRANS * L$ 与 ROA 和 ROE 负相关，但均不显著，说明信息透明度不能够显著减少贷款规模对公司绩效的负效应，即信息透明度并没有改善贷款规模的治理效应。

模型 2 的回归结果显示，长期贷款与 ROA 和 ROE 正相关，交互项 $TRANS * IDEBT_1$ 与 ROA 和 ROE 负相关，但均不显著，长期贷款与代理成本在 10% 水平显著正相关，交互项 $TRANS * IDEBT_1$ 与代理成本正相关，但不显著，说明信息透明度不能显著改善长期贷款的治理负效应。在法律体系不健全和公司治理不完善的情况下，银行较少愿意为企业提供长期债务融资（吉安尼提，2003），因为长期贷款使银行承担着较大的信息风险，因此企业想要获得更多的长期贷款，就必须向银行提供更多信息，银行为此也要进行更多的监督（戴蒙德，1993）。但是由于政府对上市公

表6—6

假设2 回归分析结果

	模型1			模型2			模型3		
	ROA	ROE	代理成本	ROA	ROE	代理成本	ROA	ROE	代理成本
常数项	-0.0207 (-0.4076)	-0.1656 (-1.0291)	0.1604** (2.0628)	-0.0146 (-0.2854)	-0.1359 (-0.8372)	0.1747** (2.2401)	-0.0029 (-0.0589)	-0.1195 (-0.7409)	0.1601** (2.0566)
贷款规模 (L)	-0.0002 (-1.2843)	-0.0004 (-0.5877)	-7.17E-05 (-0.305)						
长期贷款 ($IDEBT_1$)				0.0069 (1.0569)	0.0320 (1.3254)	0.0134* (1.8486)			
短期贷款 ($IDEBT_2$)							-0.0310*** (-5.647)	-0.0644*** (-3.107)	0.0012 (0.151)
信息披露质量 ($TRANS$)	0.0135*** (3.9150)	0.03293** (2.3544)	-0.01983*** (-4.1885)	0.0135*** (3.9198)	0.0322** (2.3082)	-0.0197*** (-4.1513)	0.0133*** (3.8832)	0.0302** (2.1638)	-0.0199*** (-4.1889)
$TRANS*L$	-0.00005 (-0.1079)	-2.47E-04 (-0.135)	5.32E-04 (0.8996)						
$TRANS*IDEBT_1$				-0.0045 (-0.401)	-0.0520 (-1.137)	0.0018 (0.1163)			
$TRANS*IDEBT_2$							0.0039 (0.3916)	0.0775* (1.897)	0.0015 (0.1108)

续表

	模型 1			模型 2			模型 3		
	ROA	ROE	代理成本	ROA	ROE	代理成本	ROA	ROE	代理成本
公司规模	0.0044* (1.8591)	0.0155** (2.0142)	-0.0133*** (-3.7559)	0.0041* (1.7097)	0.0143* (1.8264)	-0.0142*** (-3.9728)	0.0038 (1.6403)	0.0143* (1.865)	-0.0132*** (-3.7424)
公司成长性	0.0514*** (9.4363)	0.1769*** (7.799)	-0.0243*** (-3.2666)	0.0505*** (9.28)	0.1742*** (7.6907)	-0.0251*** (-3.3691)	0.0496*** (9.1673)	0.173*** (7.6687)	-0.0243*** (-3.2651)
行业哑变量	yes	yes	yes	yes	yes	yes	yes	yes	yes
D-W值	1.5842	1.5597	1.7117	1.5850	1.5649	1.7121	1.5967	1.5574	1.7111
调整后 R^2	0.1376	0.0743	0.0762	0.1374	0.0757	0.0773	0.1526	0.0803	0.0760
F 值	12.9278***	7.003**	7.1681***	12.9076***	7.1213***	7.2609***	14.4629***	7.5272***	7.1452***

注: *、**、***分别表示在10%、5%、1%水平显著。

司的保护，弱化了银行对长期贷款的监督，反而增加了经营者进行在职消费的现金流，增加了经营者的代理成本。另外，国有性质的上市公司能够从银行获得更多的长期贷款，而且，银行会放松对国有性质上市公司的监管，这就为经营者在职消费创造了条件，因此，长期贷款能够增加代理成本。李世辉、雷新途（2008）也发现长期负债比率较低的公司中长期负债能够显著增加代理成本，而长期负债比率较高的公司中长期负债能够增加代理成本，但不显著。

模型 3 的回归结果显示，短期贷款与 ROA 在 1% 水平显著负相关，交互项 $TRANS * IDEBT_2$ 与 ROA 正相关但不显著，说明信息透明度不能改善短期贷款使公司显性绩效 ROA 降低的结果；短期贷款与 ROE 在 1% 水平显著负相关，交互项 $TRANS * IDEBT_2$ 与 ROE 在 10% 水平上显著正相关，说明信息透明度能够增加短期贷款使公司综合绩效降低的结果；短期贷款与代理成本正相关，交互项 $TRANS * IDEBT_2$ 与代理成本也正相关，但均不显著。说明信息透明度不能显著改善短期贷款使代理成本增加的结果。从另一个角度看，笔者认为这可能也是银行的无奈之举，因为对于银行来说，在企业经营状况下降的情况下，如果银行不继续向企业提供贷款，那么企业陷入财务困境后，银行之前向企业提供的贷款就成为沉没成本，因此，信息透明度高的情况下，银行会为经营绩效差的企业提供贷款，体现其"融资"功能（胡奕明，2008），没有体现其短期贷款的监督职能，因此经营者失去了努力工作的积极性，反而加重了业绩的下滑。

从模型 1、模型 2、模型 3 中都可以看出，信息披露质量与 ROA、ROE 显著正相关，与代理成本显著负相关，这与理论预期是一致的。信息披露作为公司治理机制之一，能够激励经营者努力工作，提高公司绩效。这与林有志、张雅芬（2007）的研究结论基本一致，并且进一步验证了他们的研究思路，他们认为企业信息透明度高低，透过对公司治理及市场机制的影响，对企业经营绩效产生影响。并分别检验了信息透明度与会计绩效和市场绩效的关系，研究发现，信息透明度与会计绩效和市场绩效都显著正相关。控制变量的公司规模与 ROA、ROE 显著正相关，说明公司规模越大，公司绩效越高，与代理成本显著负相关，说明公司规模越大，公司管理越规范，经营者在职消费等的代理成本越小。公司成长性与 ROA、ROE 显著正相关，说明公司的成长性越大，公司绩效越高，与代理成本显著负相关，说明公司成长性越大，能够激励经营者努力工作，建立自己的事业帝国，经营者在职消费等的代理成本越小。

从信息透明度对信贷契约的治理效应影响的回归结果可以看出，信息透明度并没有提高信贷契约的治理效应，反而信息透明度能够增加短期贷款使公司综合绩效降低的结果。这与预期相反，假设 2 没能得到验证。笔者认为这主要是因为银行并不信赖上市公司公开披露的信息。莱夫特威克（1983）认为，在信贷市场，需要强化会计规则和信息的自愿披露，而且会计准则服务的对象需要多元化，不仅仅是为股东服务。这说明，信息透明度改善信贷契约治理效应，取决于信息披露的质量。目前，无论我国的会计规则还是政府对上市公司披露信息的监管都存在缺陷，从而没能发挥信息透明度对信贷契约治理效应的正面影响。在我国，由于会计规则的缺陷，公司通过盈余管理粉饰报表，向外界传递利好信息的情况时有发生。由于会计盈余影响到契约的签订和执行，而契约成本会因不同的契约而变化，因此，在契约关系中公司经营者就会采取盈余管理行为影响会计信息的输出，即通过管理盈余来影响利益分配，使得契约的签订和履行有利于自己或有利于企业。希利和瓦伦（1999）认为盈余管理动机主要包括资本市场动机、契约动机和监管动机等。因此，我国上市公司在向银行贷款时会进行避免亏损的盈余管理（叶志锋、胡玉明、纳超洪，2008），而银行不能识别上市公司的盈余管理行为，因为陆正飞等（2008）研究发现，盈余管理程度高的公司与盈余管理程度低的公司相比，ROA 与本年度新增长期借款的相关性并无显著差异，说明银行并未有效区分会计信息质量。当银行意识到这个问题时，银行就不会信任上市公司对外公开披露的信息，而只信任自己搜集的信息。因此，本书以上市公司信息披露质量作为信息透明度的替代变量，可能并没有反映出银行信贷过程中对信息的利用，即上市公司披露的信息可能并不是银行信贷行为的基础，所以不能够对信贷契约的治理作用产生影响。

三　稳健性检验

为了确定信贷契约要素治理负相应的稳健性，扩大了样本量进行检验，将样本扩大到深沪两市上市公司，按照上述样本筛选原则共筛选了 1029 家公司，对上市公司 2004—2009 年 6 年的数据进行分析，并且将贷款规模的代理变量由贷款增量（银行贷款差额/期初银行贷款合计）指标替换成贷款存量（银行贷款/总资产）指标，回归结果如表6—7所示，

表6—7　　稳健性检验回归结果

	模型 1			模型 2			模型 3		
	ROA	ROE	代理成本	ROA	ROE	代理成本	ROA	ROE	代理成本
常数项	0.0828*** (13.9810)	-0.4470*** (-4.7048)	0.1633*** (7.6915)	-0.0615*** (-3.9432)	-0.43102*** (-4.4339)	0.1916*** (5.7206)	0.0641*** (8.7518)	-0.3496*** (-3.6584)	0.1807*** (6.2847)
贷款规模 (L)	-0.2463*** (-23.4728)	-0.2184*** (-5.3625)	0.2305*** (8.8838)						
长期贷款 (IDEB1)				-0.0289*** (-2.8659)	-0.0492 (-0.7929)	0.0181 (0.3544)			
短期贷款 (IDEBT2)							-0.2453*** (-22.9059)	-0.3079*** (-5.6104)	0.0126 (0.3328)
公司规模	0.0021*** (5.8527)	0.0388*** (5.9240)	-0.0027* (-1.8077)	0.0082*** (7.5839)	0.0343*** (5.1332)	-0.0063*** (-2.9953)	0.0017*** (3.4150)	0.0318*** (4.9268)	-0.0055*** (-3.0837)
公司成长性	-0.0032** (-1.7124)	0.0003 (0.0476)	-0.0117* (-1.8789)	-0.0019* (-1.7347)	0.0011 (0.1705)	-0.0115* (-1.7284)	0.0027** (1.6482)	-0.0012 (-0.1886)	-0.0087* (-1.8083)
行业哑变量	no	no	no	no	no	no	no	no	no
调整后 R^2	0.6519	0.0312	0.9977	0.0855	0.0024	0.0998	0.2527	0.0344	0.1150
F 值	4.7320***	1.0632	873.0693***	1.4509***	1.0047	1.3315***	2.6874***	1.0698	1.5160***

回归结果显示，贷款规模（L）、长期贷款（$IDEB_1$）、短期贷款（$IDEBT_2$）都表现出显著的治理负效应。因此，本书认为我国信贷契约要素治理效应体现的是治理负效应。

第三节　本章小结

根据第三章的理论分析，信贷契约中的贷款规模、贷款期限、贷款利率能够激励经营者努力工作，第五章验证了信贷契约中贷款规模和贷款期限有比较好的治理作用，但是由于我国特殊的制度环境，信贷契约是否存在治理效应，还需要进一步验证。本章主要考察了信贷契约签订后，贷款规模、贷款期限的治理效应，以我国深圳证券交易所非金融类上市公司2004—2008 的数据为样本，以代理成本、显性公司绩效 ROA、综合公司绩效 ROE 为信贷契约治理效应的代理变量，以贷款增量、贷款期限（长期贷款比例、短期贷款比例）为解释变量，进行回归分析，研究发现，贷款规模与代理成本、ROA、ROE 没有显著相关性，说明信贷契约中的贷款规模没有体现治理效应。长期贷款与 ROA、ROE 正相关，但不显著，说明长期贷款没能显著增加显性公司绩效和综合公司绩效。长期贷款与代理成本显著正相关，说明长期贷款能够显著增加经营者在职消费，这与我国学者邓莉（2007）和田利辉（2004，2005）等的研究结论基本一致，本书认为这与我国特殊制度背景有关，因为银行更愿意向国有产权性质的上市公司发放长期贷款（江伟、李斌，2006），而且银行对国有产权性质的上市公司疏于监管，因此为经营者在职消费创造了条件，所以，长期贷款能够增加代理成本。短期贷款与 ROA、ROE 显著负相关，这与董黎明.(2008）的研究结论一致，说明短期贷款不但没有起到正的治理效应，而且短期贷款比例的增加能够降低显性公司绩效和综合公司绩效，即短期贷款契约不能激励经营者努力工作，而且，短期贷款对综合绩效 ROE 的抑制作用约为 ROA 的两倍。短期贷款与代理成本正相关，但不显著，说明了信贷契约中的短期贷款没有正的治理效应。

理论上信息披露质量的提高能够降低信息不对称程度，从而提高信贷契约的治理效应。根据本书检验发现，我国信贷契约没有治理效应，那么信息透明度的提高能否改善信贷契约的治理效应呢？需要我们进一步检验。本书以深圳证券交易所对上市公司信息披露质量的评价作为信息透明度的替代变量，以信息披露质量与贷款规模、贷款期限的交互项的系数来反映信息透明度对贷款规模和贷款期限治理效应的影响。通过回归分析发现，信息披露质量和贷款规模的交互项与 ROA、ROE、代理成本都不显著相关，说明信息透明度没有改善贷款规模的治理效应。信息披露质量和长期贷款的交互项与代理成本、ROA、ROE 不显著相关，说明信息透明度不能显著改善长期贷款的治理效应。短期贷款与 ROA 显著负相关，交互项与 ROA 不显著相关，说明信息透明度不能改善短期贷款的治理负效应；短期贷款与 ROE 显著负相关，交互项与 ROE 显著正相关，说明信息透明度不但不能改善短期贷款的治理效应，而且能够增加短期贷款的治理负相应；短期贷款和信息披露质量的交互项与代理成本没有显著相关性，说明信息透明度不但没有改善短期贷款的治理效应，反而加大了短期贷款的治理负效应。

虽然本章的假设没有得到验证，但本章的研究结论并不是偶然的，与国内很多学者的研究结论一致，本书认为这样的研究恰恰印证了第四章的研究结论，即我国信贷契约没有体现出治理效应，反而出现信贷契约治理负效应，是跟我国的治理环境分不开的。由于我国的制度背景，使银行失去了监督的动力，因此没能很好地监督企业履约，使得信贷契约成为"软约束"，从而使信贷契约没有产生治理效应。由于我国会计规制和信息的监管的缺陷，降低了上市公司披露的信息对银行信贷契约的有用性，因此信息披露质量没能改善信贷契约的治理效应。

第七章

信息透明度对信贷契约治理与债券治理影响差异性的实证检验

债务之所以能够成为非常关键的公司治理手段之一（威廉姆森，1988），是因为债务能够发挥破产威胁、财务约束和相机治理的作用，并降低代理成本，平衡治理结构主体间的利益，约束管理层无效的决策，从而有利于公司价值创造（朗等，2000；博尔顿和德瓦特里庞，2005）。我国正处于经济转型的特殊时期，特殊的制度背景决定了我国特殊的治理模式。我国的治理模式既不同于英美也不同于日德的典型治理结构模式。对于以英美为代表的发达资本市场国家而言，实行的是以证券市场为主导的直接融资体制，公司主要通过发行债券从资本市场筹措债务资本，对银行贷款的依赖较小，因此，债券投资者在资本市场上能够通过债券定价机制发挥治理作用，提升公司绩效。对于以日德为代表的银行主导制国家而言，银行贷款是公司的主要融资方式，日本实行主银行制，德国实行全能银行制，银行既是公司最大的债权人又是公司的大股东，能够直接参与公司的经营决策，因此，银行在公司治理中占有重要地位（松村勝弘，2001）。从上述两种典型公司治理模式可以看出，债权集中程度不同，参与治理的作用机理是不同的。而我国上市公司的债务融资主要依靠银行贷款，因为目前我国债券市场以政府债券和金融债券为主，企业债券（含公司债券）发行规模有限，但近几年企业债券融资规模逐年上升（见图7—1），说明债券投资者在债权人中的地位逐年上升。那么，随着资本市场不断发展，我国银行贷款和债券融资能否产生治理效应呢？债权人存在参与公司治理激励的根本原因是信息不对称，那么，信息透明度能够改善银行贷款和债券的治理效应吗？基于上述疑问，本章从债权人参与治理的作用机理差异出发，研究信息透明度对银行贷款和债券治理效应的影响。本章的研究目的在于在分析了银行和债券投资者参与治理的作用机理的基础上，结合我国国情，检验银行贷款和债券的治理效应，并且研究了信息透明度对两种债务治理效应的影响，以及分析了二者影响的差异性。

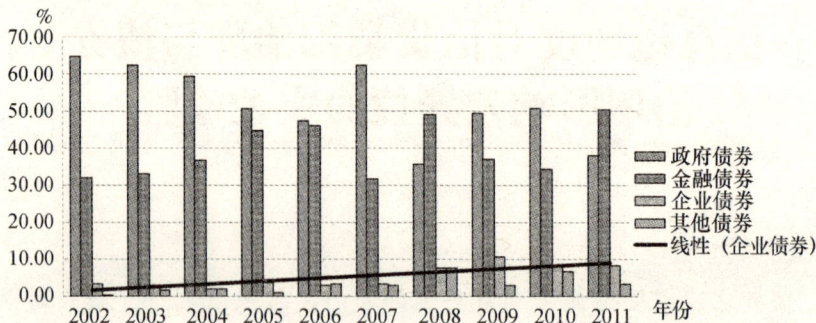

%

图7—1　债券发行比例构成①

资料来源：根据 Wind 金融数据库整理得出。

第一节　理论分析与假设

一　信贷契约与债券的治理途径差异性分析

在我国银行作为大债权人参与治理主要是基于对企业贷款使用的监管。在签订信贷契约时，银行为了避免贷款风险会加上一些限制性的条款，如贷款期间不能发放股利、贷款期间不能变卖固定资产等防止产生大量现金流出而影响到期还本付息的约束。但由于不完全契约理论，使得这些限制性条款一定程度上制约了管理者掠夺债权人的行为。因此，银行在贷款期间持续性监管企业贷款的使用情况，其监管的频率与银行对借款企业的信用评级直接相关，信用评级越高，贷款监管频率越低。其具体的贷款监管方式有：电话函证、邮件函证、书信函证、亲临现场函证等。如果发现借款企业存在违反信贷契约条款，或存在影响到期还本的因素时，会采取现场监督、改变信用政策甚至是要求提前还款等应对措施。因此，管理者为了避免出现违约的情况，会定期保留现金流进行还本付息，降低了

---

① 企业债券包括：一般企业债、集合企业债、公司债券；其他债券包括：国际机构债、资产支持证券、政府支持机构债、可转债、可分离转债存债。

管理者能够自由支配的现金流，从而限制了管理者的在职消费。当借款企业经营出现困境，无法偿还债务时，银行可以通过申请破产保护债权。破产威胁能够激励管理者努力工作，提高公司绩效。

但银行对短期贷款和长期贷款的监管力度是不同的，从而使得短期贷款和长期贷款的治理效应不同。理论上，短期债务能够有效控制投资不足问题（豪和赛格尔，1982）。而长期债务的约束作用主要体现为可以阻止新的资本流入，即表明长期债务通过对企业再融资的约束，可以防止管理者过度投资行为（博格尔夫和塔登，1994）。然而，由于不同国家的研究环境差异，对长短期债务研究结论是不一致的。我国学者黄乾富、沈红波（2009）研究发现，长期债务对企业过度投资行为的制衡作用较弱，短期债务能对企业的过度投资行为产生遏制。李世辉、雷新途（2008）研究发现，短期负债主要抑制显性代理成本，而长期负债主要抑制隐性代理成本。而陈建勇等（2009）的研究却发现，较高的短期债务比例会引起较大的投资扭曲。本书认为银行对短期贷款和长期贷款的监督力度主要取决于信贷风险的大小。由于我国上市公司短期偿债能力较强，发生财务危机的概率很小（袁卫秋，2007），因此银行缺乏对短期债务的监督激励。一般地，长期借款主要用于项目经营、固定资产构建等资本性投资，银行在完成了投资项目的评估后，需继续对项目执行情况进行跟踪监督。依据银行与公司达成的协议，银行定期收集公司的经营财务信息，当银行对公司的经营状况不满意时，可以对公司的高级管理人员提出质疑。由此可见，银行发放长期贷款过程中存在监督激励和治理渠道。袁卫秋（2007）的研究也证明了我们的预期，他研究发现，长期贷款比率与公司绩效显著正相关。

相对于银行债务治理而言，债券治理效应不仅体现在现金流约束和破产威胁两个方面，债券投资者还可以通过证券市场的定价机制来保护自身利益，从而激励经营者努力工作。当债券发行企业经营业绩下滑时，债券违约风险增加，债券投资者抛售债券，债券价格下跌，债券融资成本上升。因此，债券发行企业为了降低融资成本，管理者会努力工作，提高公司绩效，向证券市场传递利好消息，提高债券价格。

另外，在现金流约束和破产威胁治理效应上，信贷契约和债券契约发挥的功效是不同的，这取决于两种债务的"软硬"程度。债务产生治理效应需要建立在企业健全的债务合同履行机制之上，如果没有健全的债务合同履行机制，债务不但不会产生治理效应，反而会成为借款企业侵占债权人利益的来源。债务合同的约束力取决于债权的集中度。相对于债券契约而言，银行可能导致债务的软约束，因为银行在处理债务问题时可能面临"投鼠忌器"的问题。可以通过债务再谈判进行债务重组，从而产生"软约束"；而债券投资者是分散的，借款企业与债券投资者进行再谈判的成本很高，从而产生"硬约束"。

基于上述分析，本书提出下列假设：

假设 1：信贷契约存在治理效应。

假设 1a：银行存在参与公司治理的激励和优势，因此银行贷款总额能够制约经营者的在职消费，同时提高公司绩效。

假设 1b：银行在长期信贷契约中存在监督激励和治理渠道，则长期银行贷款能够更好地约束管理层的代理成本，提高公司绩效，发挥债务治理效应。

假设 2：债券存在治理效应。

假设 2a：债券契约是"硬债务"，因此能够很好地制约经营者的在职消费，提高公司绩效。

假设 2b：无论在降低代理成本还是提高公司绩效方面，债券的治理效应均大于长期银行贷款。

二　信息透明度对信贷契约和债券治理效应影响的差异性分析

由于债权人和债务人存在信息不对称，因此，信息是债权人进行项目决策的基础。按照信息的公开程度分为公开披露的信息和非公开披露的信息。银行作为主要的金融中介机构相对于债券投资者具有信息方面的优势，具有获得信息的规模经济（戴蒙德，1984）。银行之所以具有信息优势，能够获得资本市场中其他利益相关者难以获得的信息，卢玛和麦康奈尔（1989）认为有两方面原因：一是银行投资于信息收集技术，从而使它们在评价借款机会的风险程度上具有竞争优势。二是银行可以通过与企业的信贷业务来了解企业的信息，因此银行在收集借款企业信息方面具有优势（拉玛克里希南和塞克尔，1984）。因此，相对于债券投资者，银行的信息成本低。另外，银行具有识别借款企业会计信息盈余质量的能力（姚立杰、夏冬林，2009），所以，银行无论是在签订契约还是在事后贷款监督中，都会利用其信息收集技术，对企业提供的信息进行加工，而提高信息质量。因此，银行对于借款企业公开披露信息的依赖相对较小。而债券投资者因为其高昂的信息成本，会产生"搭便车"行为，从而对公开披露信息的依赖相对比较大。

债券投资者利用公开披露信息判断借款企业质量，从而在证券市场上产生合理的定价机制。因此，能够激励债券发行企业的管理者努力工作，提高公司绩效，提高债券价格。但是管理者在披露信息时是有选择性的，当代理问题严重时，管理者会选择隐瞒信息，从而降低信息的披露质量（谭劲松等，2010），所以，债券投资者在公开披露的信息中很难读出管理者的代理成本信息。因此，信息披露质量不能影响债券对代理成本的制约。

基于上述分析，本书提出下列假设：

假设3：信息披露质量只能影响债券的治理效应，不能影响银行。而且信息披露质量对债券治理效应的影响仅限于提高公司绩效，而对降低代理成本没有影响。

第二节　实证研究

一　研究设计

（一）样本选取

本章选择在深圳证券交易所上市的 A 股上市公司 2006—2010 年的数据为样本，数据主要来源于 CSMAR（国泰安）金融数据库、深圳证券交易所网、巨潮资讯网等相关网站。在样本选取过程中遵循以下原则：（1）剔除金融类上市公司，这是因为金融类公司的资本结构受到诸如储蓄保险等显性（或隐性）投资者保险计划的强烈影响，使得金融类公司的资产和债务有其自身的特性，与非金融类公司的债务不具有可比性，而且法规对金融类公司的最少资本金要求管制更为严格，这也许会直接地影响到它们的债务利率和期限选择；（2）剔除拥有 B 股或 H 股公司，因为外资股的股价与公众 A 股的股价不同，而且证券交易机构的监管标准不同；（3）按照上下浮动1%的比例剔除异常值的公司，以避免异常值对研究结果的影响；（4）剔除在这 5 年中 ST 类的上市公司，因为这些公司的财务状况异常，或已连续亏损两年以上，若这些公司纳入研究样本中将影响研究结论；（5）剔除数据缺失的上市公司；（6）剔除没有银行贷款和债券的上市公司。根据上述筛选原则，共得到 351 家上市公司的观测值，文中相关数据的处理和检验采用 SPSS19.0 统计软件完成。

（二）模型和变量

1. 模型设计

本章为了揭示不同类型债务的治理效应，以及信息披露质量对不同债务治理效应的影响，设计了下列四个模型。模型 7.1 检验银行贷款、长期银行贷款和债券的治理效应，模型 7.2 至模型 7.4 分别检验信息披露质量对银行贷款总额、长期贷款总额、债券治理效应的影响。为了解决解释变量和被解释变量的内生性问题，模型中所有的解释变量均为滞后一期的变量。

$$Y_i = a + b_1 \times LOAN + b_2 \times LTLOAN + b_3 \times BOND + b_4 \times LNTOAT + b_5 \times$$
$$GROWAT + b_6 \times TRDEBT + b_7 \times PC + \sum_{i=1}^{4} b_i \cdot IND_i + \mu \qquad (7.1)$$

$$Y_i = a + b_1 \times LOAN + b_2 \times TRANS + b_3 \times TRANS \times LOAN + b_4 \times LNTOAT$$
$$+ b_5 \times GROWAT + b_6 \times TRDEBT + b_7 \times PC + \sum_{i=1}^{4} b_i \times IND_i + \mu \qquad (7.2)$$

$$Y_i = a + b_1 \times LTLOAN + b_2 \times TRANS + b_3 \times TRANS \times LTLOAN + b_4 \times LN\text{-}$$
$$TOAT + b_5 \times GROWAT + b_6 \times TRDEBT + b_7 \times PC + \sum_{i=1}^{4} b_i \cdot IND_i + \mu \qquad (7.3)$$

$$Y_i = a + b_1 \times BOND + b_2 \times TRANS + b_3 \times TRANS \times BOND + b_4 \times LN\text{-}$$
$$TOAT + b_5 \times GROWAT + b_6 \times TRDEBT + b_7 \times PC + \sum_{i=1}^{4} b_i \cdot IND_i + \mu \qquad (7.4)$$

2. 变量设计

（1）被解释变量。代理成本的计量仍然按照第六章的做法以管理费用率（Y_1）来作为代理成本的替代变量。公司绩效的计量采用财务指标总资产报酬率（ROA）来衡量。

（2）解释变量。本章主要研究银行贷款和债券两种债务契约的治理效应，为了剔除规模差异，本章分别以"银行贷款总额/总资产"、"应付债券/总资产"来表示两种债务契约的存量。为了深入研究银行贷款和债券治理效应的差异，从期限一致的角度，还以长期贷款总额（长期借款/资产总额）为解释变量，反映长期债务中，银行贷款和债券的治理效应差异。

（3）控制变量。本章除了控制公司规模、公司成长性、其他债务三

个公司特征变量外，还控制了实际控制人性质和年份。因为国有产权和非
国有产权上市公司的公司绩效和管理者在职消费是不同的。而且，不同年
份的经济状况也将导致公司绩效和管理费用的差异。各变量的含义及具体
说明如表7—1所示。

表7—1　　　　　　　　　　　　　研究变量一览表

变量类型	变量名称	变量含义及说明
被解释变量（Y）	代理成本	管理费用比率（Y_1）＝管理费用/营业收入
	公司绩效	ROA（Y_2）＝（利润总额＋财务费用）/平均总资产
解释变量	银行贷款总额（$LOAN$）	（短期借款＋一年内到期的长期负债＋长期借款）/总资产
	长期贷款总额（$LTLOAN$）	长期借款/总资产
	债券规模（$BOND$）	应付债券/总资产
	信息披露质量（$TRANS$）	"优秀"和"良好"为1，"及格"和"不及格"为0
控制变量	公司规模（$LNTOAT$）	总资产的自然对数＝ln（年末总资产）
	公司成长性（$GROWAT$）	（期末营业收入－期初营业收入）/期初营业收入
	其他债务（$TRDEBT$）	（负债－银行借款－债券）/总资产
	实际控制人性质（PC）	实际控制人为国有性质为1，否则为0
	年份（$YEAR$）	年份哑变量

二　实证检验结果及分析

（一）描述性统计分析

从表7—2可见，我国上市公司总资产报酬率的最高值约为87%，最
低值约为－68.8%，标准差为0.113，说明各公司资产赢利能力差异较
大；总资产报酬率的均值约为6.65%，与目前我国一至三期的贷款利率
（6.65%）持平，由此可见，我国上市公司整体经营赢利能力偏低。管理
费用率的最低值约为0.02%，最高值约为21.7%，标准差为0.03，说明
各公司管理者的代理成本差异性较小，均值为4.53%，相对较低。从银

行贷款总额和债券总额的均值可见，我国上市公司总资本中银行贷款约占26%，其中长期贷款仅占8%，债券融资仅占0.5%，这说明了银行贷款在上市公司债务融资中的绝对地位。从银行贷款期构成看，我国上市公司的贷款主要依靠短期贷款，长期贷款比例低。从信息披露质量均值可以看出，我国深圳证券交易所71%左右的上市公司信息披露质量被评为"良好"以上，说明信息披露质量比较高。从实际控制人性质可以看出，46%以上为国有上市公司。

表7—2 　　　　　　　　　　　变量描述性统计分析表

	N	极小值	极大值	均值	标准差
总资产报酬率	1545	-0.68835	0.86995	0.06228	0.10906
管理费用率	1545	0.00023	0.21696	0.04527	0.02824
银行贷款总额	1545	0.00000	0.74834	0.26292	0.14179
长期贷款总额	1545	0.00000	1.00000	0.08000	0.09800
债券总额	1545	0.00000	0.22762	0.00453	0.02268
信息披露质量	1545	0.00000	1.00000	0.71054	0.45364
实际控制人性质	1545	0.00000	1.00000	0.69579	0.46022

（二）回归结果分析

1. 银行贷款和债券的治理效应回归结果分析

由表7—3的回归结果可以看出，银行贷款总额与总资产报酬率在1%水平上显著负相关，说明银行贷款不但没有提高公司绩效的作用，反而显著降低了公司绩效，这与假设不一致，但与田侃、李泽广等（2010）国内学者的研究结论一致。分析原因，从数量上看，我国上市公司整体总资产报酬率与贷款利率持平，没有很好地起到财务杠杆作用。银行贷款总额与管理费用率在1%水平上显著负相关，说明银行贷款能够显著降低代理成本。由此可见，银行贷款在降低代理成本方面能够明显起到积极作用，而在提高公司绩效方面明显起到消极作用。长期银行贷款总额与总资产报酬率在1%水平显著正相关，与管理费用率在1%水平显著负相关，这说明在银行贷款中，长期银行贷款能够降低代理成本，提高公司绩效，产生真正的治理功效。债券总额与总资产报酬率在1%水平上显著正相关，与管理费用率在1%水平显著负相关，说明债券融资也能够降低代理成本，提高公司绩效，很好地发挥债务治理效应。在控制变量中，实际控制人性质并不能显著影响公司绩效，但是却显著影响代理成本，实际控制人性质与管理费用率在5%水平显著正相关，说明国有上市公司更容易产生代理成本。其他债务与总资产报酬率在1%水平显著负相关，与管理费用不相关，说明其他债务不能很好地发挥债务治理效应。

从回归系数看，长期债务中，银行贷款和债券都能够提高公司绩效和降低代理成本，但是两种债务发挥治理作用的大小不相同，从提高公司绩效方面看，债券发挥的治理效应要大于长期银行贷款（0.389 > 0.149）；从降低代理成本方面看，债券发挥的治理效应也要大于长期银行贷款（ | - 0.117 | > | - 0.066 | ）。总之，债券的治理效应大于银行贷款的治理效应。

模型7.1的回归结果验证了假设1和假设2的预期结论。

表7—3　　　　　　　　　　模型7.1回归结果

	ROA	管理费用率	VIF
常数项	- 0.211 *** (- 2.621)	0.123 *** (6.090)	
贷款规模 （LOAN）	- 0.144 *** (- 5.969)	- 0.025 *** (- 4.205)	1.638
长期贷款规模	0.138 *** (3.945)	- 0.064 *** (- 7.364)	1.632
债券规模 （BOND）	0.354 *** (2.953)	- 0.114 *** (- 3.807)	1.031
公司规模 （LNTOAT）	0.015 *** (4.019)	- 0.003 *** (- 3.288)	1.435
公司成长性 （GROWAT）	- 0.014 (- 0.989)	- 0.004 (- 1.088)	1.362
其他债务 （TRDEBT）	- 0.114 *** (- 4.856)	0.009 (1.596)	1.503
实际控制人性质	- 0.002 (- 0.301)	0.003 ** (2.338)	1.016

续表

	ROA	管理费用率	*VIF*
年份	yes	yes	
D – W 值	1.889	1.962	
调整后 R²	0.067	0.130	
F 值	11.088 ***	21.969 ***	

2. 信息透明度与债务治理效应回归结果分析

为了检验信息透明度对债务治理效应的影响，在模型中加入了信息披露质量与贷款总额、长期贷款总额、债券总额的交互项。从表7—4至表7—5的回归结果可以看出，信息披露质量与总资产报酬率（ROA）在10%水平上显著正相关，说明信息披露质量越高，公司绩效越高。但贷款总额与信息披露质量的交互项、长期银行贷款和信息披露质量的交互项与总资产报酬率均未呈现出显著相关性，说明银行在实施贷款监督时不依赖于公开披露的信息，因此信息披露质量不能影响信贷契约的治理效应。由表7—6可知，债券总额与总资产报酬率正相关，但不显著，但债券总额和信息披露质量的交互项与总资产报酬率在5%水平上显著正相关，说明信息披露质量能够显著影响债券融资提高公司绩效。但表7—5至表7—7中三个交互项与管理费用率却未呈现出显著相关性，说明信息披露质量不能够显著影响银行信贷契约和债券契约对管理者代理成本的抑制问题。

模型7.2至模型7.4的回归结果验证了假设3的预期结论。

表7—4　　　　　　　　　　模型7.2回归结果

	ROA	代理成本	*VIF*
常数项	− 0.258 *** (− 3.177)	0.138 *** (6.686)	
贷款总额（*L*）	− 0.058 (− 1.583)	− 0.044 *** (− 4.687)	3.739
信息披露质量	0.022 * (1.651)	0.001 (0.264)	4.823
信息披露质量 × 贷款总额	− 0.048 (− 1.116)	− 0.008 (− 0.730)	7.209

续表

	ROA	代理成本	VIF
公司规模	0.016 ***	− 0.004 ***	1.428
	(4.382)	(− 3.953)	
公司成长性	− 0.012	− 0.004	1.370
	(− 0.807)	(− 1.155)	
其他债务	− 0.135 ***	0.017 ***	1.477
	(− 5.730)	(2.834)	
实际控制人性质	− 0.001	0.002	1.023
	(− 0.038)	(1.504)	
年份	yes	yes	
D − W 值	1.893	1.940	
调整后 R²	0.053	0.090	
F 值	8.924 ***	14.839 ***	

表 7—5　　　　　　　　　　**模型 7.3 回归结果**

	ROA	代理成本	VIF
常数项	− 0.254 ***	0.120 ***	
	(− 3.113)	(5.901)	
长期贷款总额（IDEB1）	0.057	− 0.077 ***	3.931
	(1.033)	(− 5.605)	
信息披露质量	0.013 *	0.001	1.636
	(1.744)	(− 0.461)	
信息披露质量 × 长期贷款比率	− 0.047	− 0.012	4.549
	(− 0.742)	(− 0.748)	
公司规模	0.015 ***	− 0.003 ***	1.435
	(3.928)	(− 3.515)	
公司成长性	− 0.013	− 0.003	1.366
	(− 0.923)	(− 0.950)	
其他债务	− 0.097 ***	0.015 **	1.455
	(− 4.131)	(2.551)	
实际控制人性质	− 0.001	0.004 **	1.027
	(− 0.103)	(2.357)	

续表

	ROA	代理成本	VIF
年份	yes	yes	
D – W 值	1.890	1.969	
调整后 R^2	0.04	0.113	
F 值	6.916***	18.920***	

表 7—6　　　　　　　　　　模型 7.4 回归结果

	ROA	代理成本	VIF
常数项	-0.241*** (-2.976)	0.132*** (6.285)	
债券规模	0.064 (0.250)	-0.078 (-1.165)	4.622
信息披露质量	0.008 (1.227)	0.000 (-0.153)	1.075
信息披露质量×债券规模	0.597** (2.062)	-0.045 (-0.602)	4.659
公司规模	0.014*** (3.848)	-0.004*** (-4.371)	1.424
公司成长性	-0.013 (-0.902)	-0.005 (-1.335)	1.361
其他债务	-0.095*** (-4.212)	0.032*** (5.462)	1.354
实际控制人性质	-0.000 (-0.076)	0.002 (1.509)	1.023
年份	yes	yes	
D – W 值	1.877	1.920	
调整后 R^2	0.049	0.043	
F 值	8.270***	7.249***	

第三节　本章小结

　　本章是在第六章的基础上，为了进一步凸显信贷契约治理效应的大小，以及集中债权和分散债权治理效应的差异而展开的研究。另外，银行与债券投资者在签订债务契约时对公开披露信息的利用程度不同，因此，本章还考察了信息披露质量对两种债务契约治理效应影响的差异性。

本章以在深圳证券交易所上市的 A 股上市公司 2006—2010 年的数据为样本，分别考察了银行贷款总额、长期银行贷款、债券总额对公司绩效（ROA）和代理成本（管理费用率）的影响。研究发现，银行贷款总额与总资产报酬率 ROA 显著负相关，与管理费用率显著负相关；长期贷款总额与总资产报酬率 ROA 显著正相关，与管理费用率显著负相关，这说明我国信贷契约产生了部分的理论上预期的债务治理效应，主要体现为能够显著降低代理成本，再一次验证了田侃等（2011）的"次优"债务治理理论。而长期银行贷款能够产生理论上预期的债务治理效应，降低代理成本，提高公司绩效。我国银行贷款整体上之所以未表现出完全的债务治理效应，是因为长期贷款比例太小，弱化了长期贷款治理效应的表现。债权总额与总资产报酬率显著正相关，与管理费用率显著负相关，说明债券融资能够产生理论上预期的债务治理效应，降低代理成本，提高公司绩效。从回归系数看，长期债务中，银行贷款和债券都能够提高公司绩效和降低代理成本，但是两种债务发挥治理作用的大小不相同，从提高公司绩效方面看，债券发挥的治理效应要大于长期银行贷款（0.389 > 0.149）；从降低代理成本方面看，债券发挥的治理效应也要大于长期银行贷款（| -0.117 | > | -0.066 |）。说明无论在降低代理成本还是在提高公司绩效方面，其治理效应都大于长期银行贷款。

从信息透明度与债务治理效应的回归分析可得，贷款总额与信息披露质量的交互项、长期银行贷款与信息披露质量的交互项与总资产报酬率和管理费用率均未呈现出显著相关性，说明银行在实施贷款监督时不依赖于公开披露的信息，因此信息披露质量不能影响信贷契约的治理效应。债券总额与信息披露质量的交互项与总资产报酬率在 5% 水平上显著正相关，说明信息披露质量能够显著影响债券融资提高公司绩效；但交互项与管理费用率却未呈现出显著相关性，说明信息披露质量不能够显著影响债券契约对管理者代理成本的抑制问题。

本章的研究结论基本验证了理论预期的假设条件，为了提高我国债务治理效应，本章提出了如下几点建议：（1）彻底贯彻和落实"十二五"规划，大力发展债券市场，进一步完善债券市场定价机制，为债券发挥治理效应提供更完善的治理渠道。（2）为了提高银行贷款的治理效应，银行需要加大对短期贷款的监管，或者，公司从融资政策出发，提高长期贷款的融资比例。（3）证监会要加强信息披露质量的监管，尤其是自愿性披露的监管，使得信息质量能够真实地反映公司质量，提高公司信息透明度，从而保护银行和债券投资者的利益。

第八章

研究总结

本章基于理论、实证研究的主要结论对全书进行归纳总结，阐明研究中证实的主要观点，针对研究结论提出提高我国信贷契约治理效应的政策和建议，最后总结了研究过程中存在的理论或方法上的局限，并对信贷契约治理效应研究的未来方向进行展望。

第一节 研究的主要结论

债务融资治理是重要的公司治理机制，能够激励经营者努力工作，从而减少代理成本，提高公司绩效。我国债务主要是以银行贷款为主，因此本书选择研究信贷契约的治理效应。本书主要研究信贷契约要素的治理效应，银行在进行信贷决策时，需要通过搜集借款企业的信息了解企业的财务状况和经营状况，从而进行信贷契约条款设计，监督借款企业的行为。由于信息不对称，信贷契约是不完备的，银行在签订信贷契约时不能准确把握贷款项目的风险及放贷后企业产生的所有的机会主义行为，为了使企业能够对自己的行为负责，银行需要设计一个最优的信贷契约来激励经营者努力工作，因为信贷契约能够产生治理效应。银行设计最优的信贷契约激励机制的关键是获取大量的信息，减少未来不确定事件的发生，由此可见，信息是信贷契约产生治理效应的基础，而且信贷契约能否产生治理效应还取决于是否存在充分的实现条件。本书以契约理论和信息不对称理论为理论基础，通过对国内外相关文献的回顾，评述了信贷契约治理效应的研究现状和研究不足，从而引出了本研究工作的重点。本书沿着"理论分析→环境分析→实证分析"的思路，展开全文的分析和布局，其研究结论主要体现为以下三个方面。

一 理论分析

本研究以激励机制为理论基础，以设计最优信贷契约要素为目标来理论分析贷款规模、贷款期限和贷款利率的治理效应。在理论分析过程中，利用让·梯诺尔的理论模型，分析了在存在激励机制的前提下，贷款规模、贷款期限、贷款利率对经营者的激励作用。而且，还理论分析了债务再谈判的治理效应，通过建立理论模型，分析了债务减免的激励作用。本章的理论分析得到如下结论：

（1）贷款规模能够激励经营者努力工作，具有治理效应。在信贷契约存在激励作用的情况下，信贷契约满足激励相容约束和收支相抵约束的结果是外部融资能力与经营者的代理成本负相关，则贷款规模能够激励经营者努力工作。

（2）短期贷款和长期贷款都能激励经营者努力工作，产生治理效应。最优的短期贷款契约能够同时满足激励相容条件和收支相抵条件，由于存在自有资本的影子价值，因此后续项目的前景是一种激励机制，激励经营者努力工作。同样在长期贷款契约参与者风险中性的假设条件下，长期贷款契约能够获得与短期协议相同的跨期收益，因此长期贷款契约与短期贷款契约一样，能够激励经营者努力工作。

（3）贷款利率能够激励经营者努力工作，但其激励作用存在下限限制。银行贷款利率与经营者努力程度呈反向变化关系，因此贷款利率能够激励经营者努力工作，由于贷款利率的下限不能低于存款利率，因此贷款利率的下限限制弱化了对经营者的激励作用。

（4）债务再谈判具有治理效应，债务减免具有信号传递功能。债务再谈判是把"双刃剑"，既能够为企业提供"喘口气"的机会，激励经营者努力工作，又能够使信贷契约成为"软约束"，因此对于债务再谈判的治理效应需要进一步分析，本书以债务再谈判最常出现的结果——债务减免为研究对象来分析债务再谈判的激励作用，研究发现，债务减免能够在一定范围内激励经营者努力工作，公司收益性与提高债务减免程度一样，能够产生激励经营者努力工作的效果，债务减免与负债一样具有信号传递功能。因此，债务减免的信号传递功能能够激励经营者努力工作，利用债务减免的机会提高公司绩效。

二 环境分析

一个国家的制度背景能够影响该国的治理环境，因此在研究我国信贷契约治理效应时必须对我国的制度背景进行分析。本书从法律制度的完善程度和政府干预程度两个角度分析了我国信贷契约治理的环境，研究发现，我国的制度背景未能给信贷契约治理提供良好的基础和充分的实现条件。主要体现在以下三个方面：

（一）法律制度不健全，使得我国缺乏有效的偿债履约机制

中国的法律渊源较接近大陆法系国家，但在很多方面又不同于大陆法系国家。在债权人保护方面我国的法律制度还不健全，不仅落后于西方先进国家，而且也没有超过亚洲的先进国家，我国的法律制度缺陷不仅体现在法律条款规定方面，而且法律执行的效率也有待于提高，因此，法律制度不健全弱化了债权人利益保护。就信贷契约治理相关的具体法律而言，我国的《合同法》、《担保法》规定了信贷契约中当事人的权利和义务，而且对合同的违约责任做了明确的规定，但是由于条款规定泛泛，缺乏实际操作参照。《破产法》对信贷契约的治理效应起到了关键的作用，因为有效的破产法能够保证破产机制对经营者的治理效应。虽然我国从2007年开始实施新的破产法，扩大了债权人和债务人的范围，但是由于我国法律执行体系的效率有待于提高，《破产法》对经营者的威慑力有限。对于上市公司而言，《公司法》和《证券法》对上市公司的退市机制监管不严，使得破产机制如同虚设。由此可见，我国法律不健全，使得我国缺乏有效的偿债履约机制，同时也使得债务破产机制没能起到治理作用。

（二）政府对国有商业银行的干预弱化了银行监督的激励

由于我国经济体制改革的特征，国有商业银行为了适应经济格局的需要，经历了"大一统"银行到国有商业银行再到股改上市公司化管理的改革过程。在改革过程中，银行的业务职能逐渐商业化，实现了一定程度的政企分开，但是由于国有商业银行的治理结构及人事关系仍然受政府干预，因此国有商业银行改革并没有使银行完全摆脱政府的干预，政府对国有商业银行信贷行为的干预，弱化了银行的监督激励。

（三）政府对国有上市公司的保护，弱化了破产机制的约束

由于我国政府财政分权化改革，使得地方政府无论因资金需求还是个人政绩，都会产生支持上市公司经营的政策。由于政府的保护，陷入财务

困境的上市公司理所当然会向政府伸出"求助之手",由于政府视上市公司为"免费"的融资渠道和提高政绩的依靠,因此,政府一般会向财务困境的上市公司给予财政补贴。当上市公司陷入财务困境濒临破产时,政府会介入破产程序,进行债务重组,为公司寻找合适的收购对象,从而实现兼并收购。由于政府对上市公司的保护,使得政府成为了上市公司的"担保人",上市公司不害怕借债,更不害怕不能还债,因此政府对上市公司的保护,弱化了破产机制的约束作用。

三　实证分析

为了检验理论分析的结论,本书以我国非金融类上市公司 2004—2008 年的数据为样本,利用 Eviews 和 SPSS 软件,进行多元回归分析,分别检验信贷决策的影响因素和信贷契约的治理效应。实证分析得到如下结论:

（一）信贷决策影响因素的实证检验

对信贷决策影响因素进行实证研究的目的是为了检验信贷契约签订前,银行信贷决策与公司财务状况和公司治理状况是否存在合理的因果关系,如果银行信贷决策与公司财务状况和公司治理状况存在合理的因果关系,那么信贷契约才可能激励经营者为了获得贷款或获得优惠利率的贷款而努力工作,即信贷契约才可能产生治理效应。本书以我国非金融类上市公司 2004—2008 年的数据为样本,检验了贷款规模、贷款期限、贷款利率与公司财务状况和治理状况的合理的因果关系,研究发现,贷款规模和贷款期限与公司的财务状况和公司治理状况存在较强的合理的因果关系,说明贷款规模和贷款期限存在治理作用,而且贷款规模的治理作用大于贷款期限;而贷款利率与公司的财务状况和公司治理状况表现出了较弱的合理的因果关系,几乎不能体现出贷款利率的治理作用,这是由我国利率受政府管制所导致的。因此,信贷契约要素治理作用由大到小排列为:贷款规模 > 贷款期限 > 贷款利率。

（二）信息透明度与信贷契约治理效应的实证检验

对信贷契约治理效应的检验主要是为了考察信贷契约签订后信贷契约对经营者行为约束和激励的结果。信贷契约治理效应的检验是在信贷决策影响因素检验结果的基础上所进行的进一步研究,因此只检验了贷款规模和贷款期限的治理效应。以代理成本（管理费用率）、显性公司绩效

（ROA）、综合公司绩效（ROE）作为信贷契约治理效应的代理变量，通过多元回归分析研究发现，信贷契约中的贷款规模、长期贷款和短期贷款都没有体现出治理效应，而且长期贷款和短期贷款还存在治理负效应，即短期贷款能够显著增加代理成本，长期贷款能够显著降低显性公司绩效（ROA）和综合公司绩效（ROE）。这样的研究结论并不是偶然的，与田利辉（2004，2005）的研究结论一致，本书认为主要是因为我国特殊的制度背景没能为信贷契约治理创造良好的实现条件。本书还检验了信息透明度对信贷契约治理效应的影响，以信息披露质量作为信息透明度的代理变量，以信息披露质量和信贷契约要素（贷款规模、长期贷款、短期贷款）交互项的系数来反映信息透明度对信贷契约治理效应的影响，研究发现，信息透明度并没有改善信贷契约的治理效应，而且信息透明度还增加了短期贷款的治理负效应，这与林有志、张雅芬（2007）的研究结论一致。本书认为主要是因为我国的制度背景没能为信贷契约治理提供良好的信息基础。

（三）信息透明度对信贷契约与债券融资契约治理效应影响差异性的实证检验

将信贷契约与债券融资契约治理效应进行对比检验，是为了凸显信贷契约治理效应的大小。检验信息透明度对信贷契约与债券融资契约治理效应影响的差异性是为了凸显信贷契约治理效应对信息披露质量的依赖。在第六章的基础上主要研究了信贷契约和债券融资契约对公司经营绩效（ROA）和代理成本的影响。为了体现债务期限一致性，对长期信贷契约和债券融资契约的治理效应进行了对比分析。研究发现，我国信贷契约产生了部分的理论上预期的债务治理效应，主要体现为能够显著降低代理成本，再一次验证了田侃等（2011）的"次优"债务治理理论。而长期信贷契约能够产生理论上预期的债务治理效应，降低代理成本，提高公司绩效。我国银行贷款整体上之所以未表现出完全的债务治理效应，是因为长期贷款比例太小，弱化了长期贷款治理效应的表现。债券融资能够产生理论上预期的债务治理效应，降低代理成本，提高公司绩效。而且无论在降低代理成本还是在提高公司绩效方面，其治理效应都大于长期银行贷款。公司信息披露质量只能影响债券的治理效应，而不能影响信贷契约；而且信息披露质量对债券治理效应的影响仅体现在提高公司绩效上，对降低代理成本没有影响。

第二节　提高中国信贷契约治理效应的政策和建议

针对本书的主要研究结论，本书认为应该从以下几方面来提高信贷契约的治理效应。

一　改善中国信贷契约的治理环境，为信贷契约治理提供充分的实现条件

银行贷款是我国企业的主要债务融资渠道，银行作为金融中介机构具有监督优势，但信息不对称弱化了银行的监督效果，因此银行需要通过设计合理的信贷契约激励经营者努力工作，而实现治理效应。但我们的实证研究却没有得到理论预期的结果，我国信贷契约不但不存在治理效应，相反还有治理负效应。本书认为这主要是因为我国的特殊制度背景没能为信贷契约治理创造充分的实现条件。因此，本书认为应从以下几个方面改善信贷契约治理的实现条件：

（一）加强银行事中、事后监督，监控企业对信贷契约的履行状况

信贷决策与公司的财务状况和治理状况存在一定的合理的因果关系，说明银行重视信贷契约的事前监督，但没有体现出治理效应是因为银行忽视了事中监督和事后评价，如果不存在有效的事中监督，就不能保证信贷契约的履行状况，那么信贷契约要素的约束作用如同虚设，不能产生治理效应。如果没有及时的事后评价，那么信贷契约的实行情况就不会影响企业以后获得贷款的情况，因此就不会激励经营者为满足银行的事前监督而努力工作。所以，银行应加强事中、事后监督，监控企业对信贷契约的履行情况，从而实现信贷契约的治理效应。

（二）继续加强利率市场化改革，提高利率的治理效应

虽然我国利率市场化改革已经取得了阶段性成果，政府取消了对银行贷款利率的上限管制，但是，银行在放贷时还不能够完全按照风险收益对等原则，对贷款进行自主定价。而且银行在自主定价过程中，也不能无限地提高贷款利率，因为根据信贷配给理论，提高利率将使高质量企业离开信贷市场，或者低质量企业产生道德风险问题，银行贷款还款率下降。因此，利率市场化下银行具有贷款自主定价权，银行的定价策略很关键，直接影响到银行能否利用利率来甄别借款企业的质量，从而提高贷款利率的

治理效应。通过搜集信息对企业进行资质评价，确定贷款利率，这是需要成本的，如果对每个借款企业都耗费同样的成本进行审查并定价，那么会造成成本重复耗费。因此本书认为，银行在进行贷款定价时，可以对企业进行分级定价，即按一定标准对企业的质量进行分级，同一级别的企业可以获得相同利率的同期贷款，同期贷款利率只有在不同等级的企业间才存在差异。但是企业的鉴别等级的标准如何确定呢？本书认为，贷款利率的上限应该是企业的收益率，因为当贷款利率大于企业收益率时，企业就会退出信贷市场，因此能够通过利率来甄别企业质量，从而实现治理效应。张小茜、汪炜、史晋川（2007）认为利率的上限标准是企业的内部收益率时，能够体现利率的治理效应。

（三）适当减少政府干预，建立有效的偿债履约机制和破产机制，减少长期贷款和短期贷款的治理负效应

只有彻底进行国有上市公司和国有商业银行市场化改造，让国有上市公司不再承担过多社会负担和政策性负担，才能硬化预算约束，国有商业银行贷款决策才能按照市场规则进行，贷款安全性、效率性才有保障，破产机制才能产生治理效应。在市场改造过程中，还要不断完善法律制度，细化法律条文，提高法律执行效率，保护债权人利益，建立有效的偿债履约机制。

二　提高信息披露质量，为信贷契约治理提供良好的信息基础

由于信息不对称和人的有限理性，信贷契约是不完全契约，银行不可能通过信贷契约设计约束经营者的所有机会主义行为，因此，信息是信贷契约治理的基础，提高信息披露质量，能够为信贷契约治理创造良好的信息基础，从而提高信贷契约的治理效应。信息披露制度是我国政府为了保障投资者利益而强制要求的监管措施，其强制要求披露的信息主要是会计信息和企业基本经营状况及重大事项等信息，监管部门要求上市公司及时、客观、真实地披露信息。但由于盈余管理降低了会计信息的质量，而我国银行无法识别盈余管理（陆正飞等，2008），因此银行不信任上市公司公开披露的信息。对于银行来说，上市公司公开披露的信息是低成本的，甚至是免费的，利用公开披露的信息进行信贷决策符合成本效益原则。

银行利用上市公司公开披露的信息进行信贷决策，从而提高信息透明

度，增加信贷契约的治理效应，这是需要条件的，即提高我国上市公司信息披露的质量，提高会计信息的真实性、可靠性、及时性。但由于信息披露是有成本的，因此强化信息披露体制主要得依靠政府的监管。监管部门可以从以下两方面来检查信息披露准则执行情况，一是形式审查。监管部门可以依据信息披露准则对上市公司披露的信息进行形式审查，重点在于检查其是否存在重大遗漏、错误等。二是实质审查。监管部门可以深入上市公司实际业务，对上市公司所披露的信息进行有针对性的核实。另外，监管部门应对上市公司的信息披露行为做出相应的奖惩，对于严格遵循会计信息披露准则的上市公司，可给予适当奖励，包括通报表扬、一定期限内信息披露豁免审查等；而对于那些未按准则要求披露信息的上市公司，则可以视其情节给予程度不等的处罚，诸如通报批评、限期整改、暂停交易、强制退市以及启动司法程序（进行民事赔偿和刑事惩罚）等。

三 建立和健全债务减免信号传递机制，发挥债务再谈判的治理作用

债务减免能够给企业"喘口气"的机会，但企业并不一定会利用这个机会"起死回生"，因为银行债务减免不能持续激励经营者努力工作，而且我国目前没有建立债务减免的信号传递机制。由于我国银行没能很好地发挥监督作用，而且政府干预银行的债务减免决策，因此银行在进行债务减免时不能够以利润最大化为主导，从而使得债务减免没有很好地发挥激励作用。另外，债务减免程度越高说明企业质量越差，存在完善证券市场的情况下，银行的债务减免行为应该能够被市场作为信号来判断企业质量。但由于我国没有要求上市公司披露债务减免状况，而且证券市场的信号传递机制不健全，因此未能发现我国有债务减免的信号传递功能。要想在我国建立和健全债务减免信号传递功能，激励经营者努力工作，改善制度背景是至关重要的，应主要从以下几方面入手：一是减少政府对银行信贷行为的干预，加强银行的监督职能。政府干预银行的信贷行为，弱化了银行的监督激励，但由于目前我国的金融体制还不健全，完全实现银行信贷行为市场化很不现实，因此政府对银行的干预是必要的，关键是如何把握干预度。二是彻底完成国有商业银行公司化改造，促进债务减免市场化。三是发展资本市场，建立完善的信号传递机制。这样才能够建立和健全债务减免的信号传递机制，促使资本合理配置。

由于笔者研究能力的限制，本书对信贷契约治理效应的研究是不全面

的。主要的局限体现在如下四点：一是对信贷契约要素研究不够全面。信
贷契约中除了包括贷款规模、期限、利率和债务再谈判的要素外，还有限
制性条款等。但由于各个契约限制性条款设计各不相同，因此本书没有研
究限制性条款的治理效应，从而不能为提高限制性条款的治理效应提供建
议。二是在实证研究中，样本数量不足。在实证研究中，由于信息披露质
量指标的选择，本书将样本定于深圳证券交易所的上市公司，根据筛选原
则，共确定了 359 家样本公司的 5 年数据，由于样本数量的有限性，可能
会影响样本公司对整体公司特征的代表性，从而可能影响实证结果。三是
由于我国不存在债务减免数据库，因此本书没能对债务减免的治理效应进
行实证检验。四是没有检验我国环境因素对信贷契约治理效应的影响。本
书上述局限和不足正是笔者以后想要继续研究的内容和方向。

参考文献

[1] 葛结根：《资本结构契约论》，中国财政经济出版社 2006 年版。

[2] 江乾坤：《企业最优债务融资工具——基于证券设计理论》，经济科学出版社 2006 年版。

[3] 赖建清：《所有权、控制权与公司绩效》，北京大学出版社 2007 年版。

[4] 雷英：《银行监督与公司治理——中国非金融类上市公司经验证据》，华东理工大学出版社 2007 年版。

[5] ［美］迈克尔·詹森：《企业理论——治理、剩余索取权和组织形式》，童英译，上海财经大学出版社 2008 年版。

[6] 潘敏：《资本结构、金融契约与公司治理》，中国金融出版社 2002 年版。

[7] ［法］让·梯诺尔：《公司金融理论》（上册），王永钦等译，中国人民大学出版社 2007 年版。

[8] 肖坤：《中国上市公司资本结构与财务治理效应研究》，中国财政经济出版社 2008 年版。

[9] 张维迎：《博弈论与信息经济学》，上海人民出版社 1996 年版。

[10] 张维迎：《产权、激励与公司治理》，经济科学出版社 2005 年版。

[11] 陈信元、朱红军、何贤杰：《银行改革、债务契约与会计稳健性》，载《会计准则国际研讨会论文集》，2007 年。

[12] 胡奕明、李红霞：《信贷人员对企业信息收集、分析及判断能力研究》，载《中国会计学会高等工科院校分会 2005 年学术年会暨第十二届年会论文集》，2005 年。

[13] 卢闯：《盈余质量与债务代理成本——兼论会计信息的公司治理作用》，载《中国会计学会高等工科院校分会 2009 年学术会议（第十

六届学术年会）论文集》，2009 年。

[14] 田美玉、孙敏：《中国上市公司债务期限结构对公司绩效影响研究》，载《第四届（2009）中国管理学年会——金融分会场论文集》，2009 年。

[15] 丁庭选：《基于公司治理的银行债务融资契约研究》，华中科技大学博士学位论文，2008 年。

[16] 刘艳丽：《银行介入公司治理机制研究》，武汉大学硕士学位论文，2005 年。

[17] 杨志明：《中国国有商业银行贷款信用风险研究》，华中科技大学博士学位论文，2005 年。

[18] 叶志锋：《企业业绩操纵与银行债权保护研究》，暨南大学博士学位论文，2009 年。

[19] 闻德锋：《贷款欺诈及其法律控制研究》，西南政法大学博士学位论文，2006 年。

[20] 伍军：《国有商业银行债权保护问题研究》，西南财经大学博士学位论文，2006 年。

[21] 巴曙松、刘孝红、牛播坤：《转型时期中国金融体系中的地方治理与银行改革的互动研究》，《金融研究》2005 年第 5 期。

[22] 蔡传里、许家林：《公司信息透明度与价值相关性——来自深市上市公司 2004—2006 年的经验证据》，《山西财经大学学报》2009 年第 7 期。

[23] 陈晓、李静：《地方政府财政行为在提升上市公司业绩中的作用分析》，《会计研究》2001 年第 12 期。

[24] 陈新桂：《股权结构对债务融资决策的影响研究》，《经济体制改革》2007 年第 2 期。

[25] 戴璐、汤谷良：《长期"双高"现象之谜：债务融资、制度环境与大股东特征的影响——基于上海科技与东盛科技的案例分析》，《管理世界》2007 年第 8 期。

[26] 邓莉、张宗益、李宏胜：《银行债权的公司治理效应研究——来自中国上市公司的经验证据》，《金融研究》2007 年第 1 期。

[27] 丁庭选、潘克勤：《所有权性质、审计信息与债务契约》，《经济学动态》2008 年第 1 期。

[28] 董黎明：《债务融资期限结构与融资效率的实证研究》，《财经理论与实践》2008 年第 6 期。

[29] 方军雄：《市场化进程与资本配置效率的改善》，《经济研究》2006 年第 5 期。

[30] 方军雄：《所有制、制度环境与信贷资金配置》，《经济研究》2007 年第 12 期。

[31] 高雷、何少华、仪垂林：《国家控制、政府干预、银行债务与资金侵占》，《金融研究》2006 年第 6 期。

[32] 郭斌：《企业债务融资方式选择理论综述及其启示》，《金融研究》2005 年第 3 期。

[33] 何贤杰、朱红军、陈信元：《政府的多重利益驱动与银行的信贷行为》，《金融研究》2008 年第 6 期。

[34] 阎宗陶、窦玉明、徐涛：《信贷市场与资本市场的互动及其对危机性泡沫的影响》，《金融研究》2006 年第 6 期。

[35] 胡奕明、林文雄：《信息关注深度、分析能力与分析质量关——对我国证券分析师的调查分析》，《金融研究》2005 年第 2 期。

[36] 胡奕明、谢诗蕾：《银行监督效应与贷款定价——来自上市公司的一项经验研究》，《管理世界》2005 年第 5 期。

[37] 胡奕明、周伟：《债权人监督：贷款政策与企业财务状况——来自上市公司的一项经验研究》，《金融研究》2006 年第 4 期。

[38] 胡奕明、唐松莲：《审计、信息透明度与银行贷款利率》，《审计研究》2007 年第 6 期。

[39] 胡奕明、林文雄、李思琦：《大贷款人角色：我国银行具有监督作用吗?》，《经济研究》2008 年第 10 期。

[40] 江伟、雷光勇：《制度环境、审计质量与债务融资》，《当代经济科学》2008 年第 2 期。

[41] 江伟、李斌：《金融发展与企业债务融资》，《中国会计评论》2006 年第 1 期。

[42] 江伟、李斌：《制度环境、国有产权与银行贷款差别》，《金融研究》2006 年第 11 期。

[43] 江伟、沈艺峰：《大股东控制、资产替代与债权人保护》，《财经研究》2005 年第 12 期。

［44］金雪军、张学勇：《银行监管与中国上市公司代理成本研究》，《金融研究》2005 年第 10 期。

［45］金雪军、毛捷：《违约风险与贷款定价：一个基于期权方法和软预算约束的新模型》，《经济学（季刊）》2007 年第 4 期。

［46］匡海波、李延喜、曹雨：《最佳资本结构、债务期限结构与公司收益的相关性研究》，《管理评论》2007 年第 12 期。

［47］龙建辉：《银行监督与公司治理效率》，浙江大学博士学位论文，2011 年。

［48］黎来芳、张伟：《控制权、外部履约机制与债务期限结构》，《经济理论与经济管理》2008 年第 10 期。

［49］黎凯、叶建芳：《财政分权下政府干预对债务融资的影响——基于转轨经济制度背景的实证分析》，《管理世界》2007 年第 8 期。

［50］李斌、江伟：《金融发展、融资约束与企业成长》，《南开经济研究》2006 年第 1 期。

［51］李海燕、厉夫宁：《独立审计对债权人的保护作用——来自债务代理成本的证据》，《审计研究》2008 年第 3 期。

［52］李跃、宋顺林、高雷：《债务结构、政府干预与市场环境》，《经济理论与经济管理》2007 年第 1 期。

［53］李增泉、辛显刚、于旭辉：《金融发展、债务融资约束与金字塔结构——来自民营企业集团的证据》，《管理世界》2008 年第 1 期。

［54］李世辉、雷新途：《两类代理成本、债务治理及其可观测绩效的研究——来自我国中小上市公司的经验证据》，《会计研究》2008 年第 5 期。

［55］李小燕、卢闯、游文丽：《企业信用评价模型、信用等级与业绩相关性研究》，《中国软科学》2003 年第 5 期。

［56］李青原：《会计信息质量、审计监督与公司投资效率——来自我国上市公司的经验证据》，《审计研究》2009 年第 4 期。

［57］李明辉：《论财务会计信息在公司治理中的作用》，《审计研究》2008 年第 4 期。

［58］廖秀梅：《会计信息的信贷决策有用性：基于所有权制度制约的研究》，《会计研究》2007 年第 5 期。

［59］刘浩：《上市公司政府补助的会计规范》，《证券市场导报》2002 年

第 7 期。

[60] 刘立国、杜莹：《公司治理与会计信息质量关系的实证研究》，《会计研究》2003 年第 3 期。

[61] 林清泉、杨丰：《公司债务定价与资本结构：一个综述》，《管理世界》2008 年第 1 期。

[62] 陆正飞、祝继高、孙便霞：《盈余管理、会计信息与银行债务契约》，《管理世界》2008 年第 3 期。

[63] 罗进辉、万迪昉、蔡地：《大股东终极现金流量权与债务融资的关系研究——来自中国上市公司的经验证据》，《山西财经大学学报》2009 年第 2 期。

[64] 平新乔、杨慕云：《信贷市场信息不对称的实证研究——来自中国国有商业银行的证据》，《金融研究》2009 年第 3 期。

[65] 毛锦、肖泉、蔡淑琴：《基于信息不对称的银行贷款合约分析与设计》，《金融研究》2006 年第 10 期。

[66] 马咏华：《对代理人的信息激动与提高公司治理效率关系研究》，《上海经济研究》2004 年第 7 期。

[67] 马君潞、周军、李泽广：《双重代理成本与债务治理机制的有效性——来自我国上市公司的证据（1998—2006）》，《当代经济科学》2008 年第 3 期。

[68] 倪铮、魏山巍：《关于我国公司债务融资的实证研究》，《金融研究》2006 年第 8 期。

[69] 饶艳超、胡奕明：《银行信贷中会计信息的使用情况调查与分析》，《会计研究》2005 年第 4 期。

[70] 肖作平：《中国上市公司债务期限结构特征的实证检验》，《证券市场导报》2006 年第 2 期。

[71] 肖作平、廖理：《大股东、债权人保护和公司债务期限结构选择——来自中国上市公司的经验证据》，《管理世界》2007 年第 10 期。

[72] 宋玉华、虞迪锋：《商业银行对企业控制权配置研究》，《会计研究》2005 年第 11 期。

[73] 孙铮、刘凤委、汪辉：《债务、公司治理与会计稳健性》，《中国会计与财务研究》2005 年第 2 期。

[74] 孙铮、刘凤委、李增泉：《市场化程度、政府干预与企业债务期限结构》，《经济研究》2005 年第 5 期。

[75] 孙铮、李增泉、王景斌：《所有权性质、会计信息与债务契约》，《管理世界》2006 年第 10 期。

[76] 沈红波、张春、陈欣：《中国上市公司银行贷款公告的信息含量——自由现金流量假说还是优序融资假说》，《金融研究》2007 年第 12 期。

[77] 唐松、杨勇、孙铮：《金融发展、债务治理与公司价值——来自中国上市公司的经验证据》，《财经研究》2009 年第 6 期。

[78] 唐立斌：《债务再谈判与企业债务融资方式选择》，《西南金融》2007 年第 9 期。

[79] 田利辉：《杠杆治理、预算软约束和中国上市公司绩效》，《经济学（季刊）》2004 年第 10 期。

[80] 杨兴全、郑军：《基于代理成本的企业债务融资契约安排研究》，《会计研究》2004 年第 7 期。

[81] 杨兴全、陈跃东：《制度环境、股权性质与公司债务期限结构——来自我国上市公司的经验证据》，《云南财经大学学报》2009 年第 2 期。

[82] 杨华军、胡奕明：《制度环境与自由现金流的过度投资》，《管理世界》2007 年第 9 期。

[83] 于富生、张敏：《信息披露质量与债务成本——来自中国证券市场的经验证据》，《审计与经济研究》2007 年第 9 期。

[84] 余明桂、潘红波：《政治关系、制度环境与民营企业银行贷款》，《管理世界》2008 年第 8 期。

[85] 余明桂、潘红波：《政府干预、法治、金融发展与国有企业银行贷款》，《金融研究》2008 年第 9 期。

[86] 袁卫秋：《债务期限结构的经济后果——来自我国上市公司的经验证据》，《财经论丛》2007 年第 3 期。

[87] 夏立军、方轶强：《政府控制、治理环境与公司价值——来自中国证券市场的经验证据》，《经济研究》2005 年第 5 期。

[88] 谢德仁、张高菊：《金融生态环境、负债的治理效应与债务重组：经验证据》，《会计研究》2007 年第 12 期。

[89] 谢德仁、陈运森：《金融生态环境、产权性质与负债的治理效应》，《经济研究》2009 年第 5 期。

[90] 薛明皋、龚朴：《债务容量与成长期权关系研究》，《中国管理科学》2007 年第 8 期。

[91] 王永钦等：《中国的大国发展道路——论分权式改革得失》，《经济研究》2007 年第 1 期。

[92] 王奇波：《债务融资与上市公司扶持行为研究》，《工业技术经济》2006 年第 3 期。

[93] 王东静、张祥建：《利率市场化、企业融资与金融机构信贷行为研究》，《世界经济》2007 年第 2 期。

[94] 王鹏：《投资者保护、代理成本与公司绩效》，《经济研究》2008 年第 2 期。

[95] 汪辉：《上市公司债务融资、公司治理与企业价值》，《经济研究》2003 年第 8 期。

[96] 周勤、徐捷、程书礼：《中国上市公司规模与债务融资关系的实证研究》，《金融研究》2006 年第 8 期。

[97] 朱恒鹏：《地区间竞争、财政自给率和公有制企业民营化》，《经济研究》2004 年第 10 期。

[98] 朱明秀、封美霞：《资本结构、债务结构与公司治理效率——对中国上市公司的经验分析》，《财政研究》2007 年第 3 期。

[99] 朱凯、陈信元：《银行腐败与公司资本结构决策》，《金融研究》2007 年第 1 期。

[100] 张玲、刘启亮：《治理环境、控制人性质与债务契约假说》，《金融研究》2009 年第 2 期。

[101] 张纯、吕伟：《信息披露、市场关注与融资约束》，《会计研究》2007 年第 11 期。

[102] 张彬、王曙光：《债务融资与公司业绩的实证研究》，《审计与经济研究》2007 年第 9 期。

[103] 张先治、袁克利：《公司治理、财务契约与财务控制》，《会计研究》2005 年第 11 期。

[104] 张小茜、汪炜、史晋川：《利率市场化与信贷配给——一个基于 IRR 的实物期权模型》，《金融研究》2007 年第 3 期。

［105］ 胡奕明、饶艳超、谢诗蕾:《公司治理:大债权人监督及其经济后果》,《上海证券报》2005 年 1 月 21 日。

［106］ Allen, J. and F. Roy. Corporate Governance in Greater China: A Comparison berween China, Hong Kong and Taiwan ［R/OL］. Asia Law & Practice, 2001. http: //unpanl. un. Org/intradoc/groups/public/documents/APCITY/UNPAN017804. pdf.

［107］ Barth, J. Caprio, G. and R. Levine. The Regulation and Supervision of Banks around the World: A New Database ［EB/OL］. World Bank Policy Research Working Paper No. 2588, 2001. http: //ssrn. com/abstract＝262317.

［108］ Bolton, P. and Dewatripont M. , 2005, Contract Theory, The MIT Press.

［109］ Carey, M. Prowse, S. Rea, J. and G. Udell. The Economies of Private Placements: A New Look . Financial Markets, Institutions and Instruments, 1993, 2: 1—66.

［110］ Diamond, D. W. Financial Intermediation and Delegated Monitoring. The Review of Economic Studies, 1984, 51: 393—414.

［111］ Diamond, D. W. Debt Maturity Structure and Liquidity Risk. Quarterly Journal of Economics, 1991a, 106: 709—738.

［112］ Diamond, D. W. Monitoring and Reputation: The Choicebetween Band Loana and Directly Placed Debt. Journal of Political Economy, 1991b, 99: 689—721.

［113］ Faccio, M. , Masulis, R. W. , McConnell, J. J. Political Connections and Corporate Bailouts. Journal of Finance, 2006, (61): 2597—2635.

［114］ Fama, E. Agency Theory: An Assessment and Review. Journal of Political Economy, 1980, 88: 288—307.

［115］ Fama, E. F. Contract Costs and Financing Decisions. Journal of Business, 1990, 63 (1): S71—91.

［116］ Harter, O. and J. Moore. A Theory of Debt Based on the Inalienabilitu of Human Capital. Quarterly Journal of Economics, 1994, 109 (4): 841—879.

［117］ Hanka, Gordon. Debt and Terms of Emploument. Journal of Financial

Economics, 1998, 48 (3): 245—282.

[118] Harvey, C., K. Lins and A. Roper, The Effect of Capital Struc-
ture When Expected Agency Costs Are Extreme, Journal of Financial
Economics, 2004, 74: 3—30.

[119] James, C. When Do Banks Take Equity in Debt Restructurings? The
Review of Financial Studies, 1995, 8: 1209—1234.

[120] Jensen, M. C. and W. H. Meckling. Theoty of the Firm: Manageri-
al Behavior, Agency Costs and Ownership Structure. Journal of Finan-
cial Economics, 1976, 3: 305—360.

[121] Jensen, Michael C. The Agency Costs of Free Cash Flow: Corporate
Finance and Takeovers, American Economic Review, 1986, (76):
323—329.

[122] Jensen, M. C. Agencu Costs of Free Cash Flow, Corporate Finance,
and Takeovers. American Economic Review, 1986, 76 (2): 323—
329.

[123] La Porta, R. Lopez-de-Silanes, F. Shleifer, A. and R. Vishny. Legal
Determinants and External Finance. Journal of Finance, 1997, 52
(3): 1131—1150.

[124] La Porta, R. Lopez-de-Silanes, F. and A. Shleifer. Government
Ownership of Banks. The Journal of Finance, 2000, 57 (1):
265—301.

[125] La Porta, R. Lopez-de-Silanes, F. and Zamarripa. InsiderLending in
Mexico. Unpublished Working Paper, Harvard University, 2001.

[126] Lang, Larry H. P., Claessens, S. and Djankov, S. Separation of
Ownership from Control of East Asian Firms. Journal of Financial Eco-
nomics, 2000, 58 (2): 81—112.

[127] Leland, H. and Pyle, D. Information Asymmetry, Financial Struc-
ture, and Financial Intermediation. The Journal of Finance, 1977
(32): 371—388.

[128] Lummer, S. T. and J. J. McConnell, Further Evidence of the Bank
Lending Process and the Capital-market Response to the Bank Loan A-
greements, Journal of Financial Economics, 1989,   (25):

99—122.

[129] Mann, S. V. , & Sicherman, N. W. The agency costs of free cash flow: acquisition activity and equity issues. The Journal of Business, 1991, 64 (2): 213—227.

[130] Myers, S. C. Determinants of Corporate Borrowing. Journal of Financial Economics, 1977, 5: 147—175.

[131] Myers, S. C. and N. S. Majluf. Corporate Financing and Investment Decisions When Firms Have Information thar Investors Do Not Have. Journal of Financial Economics, 1984, (13): 187—221.

[132] Rajan, R. G. The Past and Future of Commercial Banking Viewed through and Incomplete Contract Lens. Journal of Money, Credit and Banking, 1998, 30: 524—550.

[133] Ross, S. A. The Determination of Financial Structure: The Incentive-signalling Approach. Bell Journal of Economics, 1977, 8: 23—40.

[134] Rajan, R. G. The Past and Future of Commercial Banking Viewed through and Incomplete Contract Lens. Journal of Money, Credit and Banking, 1998, (30): 524—550.

[135] Ramakrishnan, R. and A. V. Thokor. The valustion of asscts under moral. Journal of Finance, 1984, 229—238.

[136] Shepherd, J. M. , Tung, F. , &Yoon, A. H. What else matters for corporate governance: The case of bank monitoring. Boston University Law Review, 2008, 88 (4): 991—1041.

[137] Tian Lihui. Bank Lending, Corporate Governance, and Government Ownership in China. Working Paper, 2005.

[138] Williamson, Oliver E. Corporate finance and Corporate Governance. Journal of Finance 1988, 43 (3): 567—591。

[139] [日] 池田亮一、小林孝雄、高橋明彦:《負債の期間構造と信用リスク評価》, http: //www. e. u-tokyo. ac. jp/cirje/research/dp/2005/2005cj131. pdf. 2005—5。

[140] [日] 石井竜馬.《日本企業の収益構造とエージェンシーコスト》, http: //www. nucba. ac. jp/cic/pdf/njeis531/02ishii. pdf. 2008—7。

[141]［日］内田交謹、后藤尚久:《債権放棄と負債の情報伝達機能》,
http：//www. kitakyu-u. ac. jp/economy ＿ new/research/files/Uchida
＿ GotoN3. pdf. 2005—3。

[142]［日］川上高志:《負債契約の再編成が資本構成に与える影響》,
《経済論義》2005 年第 2 期。

[143] 曲明輝:《銀行貸出、中小企業の設備投資と実体経済》,《經濟論
叢》2006 年第 1 期。

[144] 郭麗虹:《エージェンシー・コストと資本構成、設備投資の関係》,
http：//www. econ. kyoto-u. ac. jp/ronsou/10171504. pdf. 2003—5。

[145]［日］坂下栄人、中山興：《中国における企業借入のパネル分
析——市場原理はどこまで浸透したか》, http：//www. boj. or. jp/
type/ronbun/ron/wps/data/wp06j17. pdf. 2006—8。

[146]［日］島袋伊津子:《銀行貸出におけるソフト情報生産に関する実
証分析》, http：//www. mof. go. jp/jouhou/soken/kenkyu/ron127. pdf.
2005—9。

[147]［日］小林磨美：《企業金融と負債の役割》, 《経済論叢別冊》
2003 年第 4 期。

[148]［日］岡部光明、藤井恵:《日本企業のガバナンス構造と経営効
率性—実証研究》, http：//wwwsoc. nii. ac. jp/～jsme/kinyu/pdf/
04f/04f231-okabe. pdf. 2004—4。

[149]［日］杉浦啓之、安井洋輔:《貸出金利の誤解——市場構造と上
限金利に対する経済学的考察》, http：//www. ibi-japan. co. jp/
acfs/kensho/3-adult/sugiura. pdf. 2006—4。

[150]［日］松村勝弘:《負債は企業を規律付けるか, メイン バンクはモ
ニタリング機能を果たすか》, http：//www. finance. ritsumei. ac. jp/
rp/01004. pdf. 2001—5—15。

[151]［日］山崎福寿、瀬下博之、太田智之:《優先権侵害が追い貸し
と貸し渋りに及ぼす影響についての実証研究》, http：//
www. boj. or. jp/type/ronbun/ron/wps/wp08j07. htm. 2008—2。

[152]［日］山本康裕:《情報の非対称性下の借入期間選択とラーニン
グバイドゥーイング》,《経済学研究》2000 年第 17 期。

［153］［日］山本康裕：《エージェンシー問題と情報の非対称性下の借
入期間選択と学習効果》，《人文社会論叢・社会科学篇》2002 年
第 8 期。

［154］［日］山本康裕：《銀行貸出市場の寡占化と金融政策——静学モ
デルによる分析》，《人文社会論叢・社会科学篇》2008 年第
2 期。

学术索引

后　记

自博士入学以来，我一直致力于债务治理的研究。由于我国特殊的制度背景，我国上市公司的治理模式既不同于英美也不同于日德的典型治理模式。我国债权人在公司治理机制中的地位，并未明显体现出来，这与我国的治理环境有关。由于这样的特殊性，我觉得研究我国的债务治理是一个非常重要而且有意义的课题。

本书是在我的博士学位论文的基础上修改而成的，在书稿即将出版之际，不禁让我回想起撰写博士论文期间的心酸和欣慰，心酸的是由于学习我错过了陪伴孩子成长的机会，常年将孩子寄养在父母身边，没有体会到养育孩子的辛苦，更没有体会到孩子成长的快乐。孩子从爬行到会跑，从只言片语到具有思维地成句表达，我都是通过父母的电话想象孩子的变化。多少次在论文写作遇到障碍时，倍加想念孩子而伤心落泪。但是不经历风雨就不能见彩虹，没有压力就没有动力，值得欣慰的是，经过一年多的努力，终于完成了我的博士论文。在我的学习过程中得到很多人的帮助和关怀，在这里我要对他们一一表示感谢。

首先，我要感谢已故的恩师谷祺教授，他那慈祥的面孔时常会浮现在我的脑海里，感谢恩师对我的谆谆教导。回想博士报考时，由于本人是小语种学生，如果没有恩师的接受，根本不可能有我后来的博士学习生活。

其次，我要感谢另一位恩师刘淑莲教授，恩师像母亲一样关怀和爱护她的每一位弟子，她的学识，她的严谨让我受益匪浅，在我博士论文写作过程中她给予的指导更可谓是"一语点醒梦中人"。

然后，我要感谢我的亲人，感谢我的父母给予我无限的支持，使我的孩子茁壮成长；感谢我的爱人对我的无私奉献和默默的支持，没有对我的冷落而抱怨，反而宽容我的烦躁。

接着，感谢张先治教授在我论文开题到论文答辩过程中的悉心指导和热心帮助，感谢迟国华教授、刘媛媛副教授在我开题、预答辩过程中付出的辛勤劳动，感谢王满教授、姜英兵副教授在我论文开题和写作过程中给予我的指导和帮助，感谢吴大军教授、秦志敏教授对我预答辩论文的悉心修改和对我本人无微不至的关怀。

　　最后，感谢多年求学中曾经帮助过我的所有同学和朋友，他们对我的关怀和帮助让我倍感温暖，与他们相知、相识的过程给我留下了美好的记忆，共建的友谊是我一生巨大的财富。

　　衷心祝愿关心我的人健康幸福，我关心的人幸福健康！

作者
2013 年 11 月 8 日

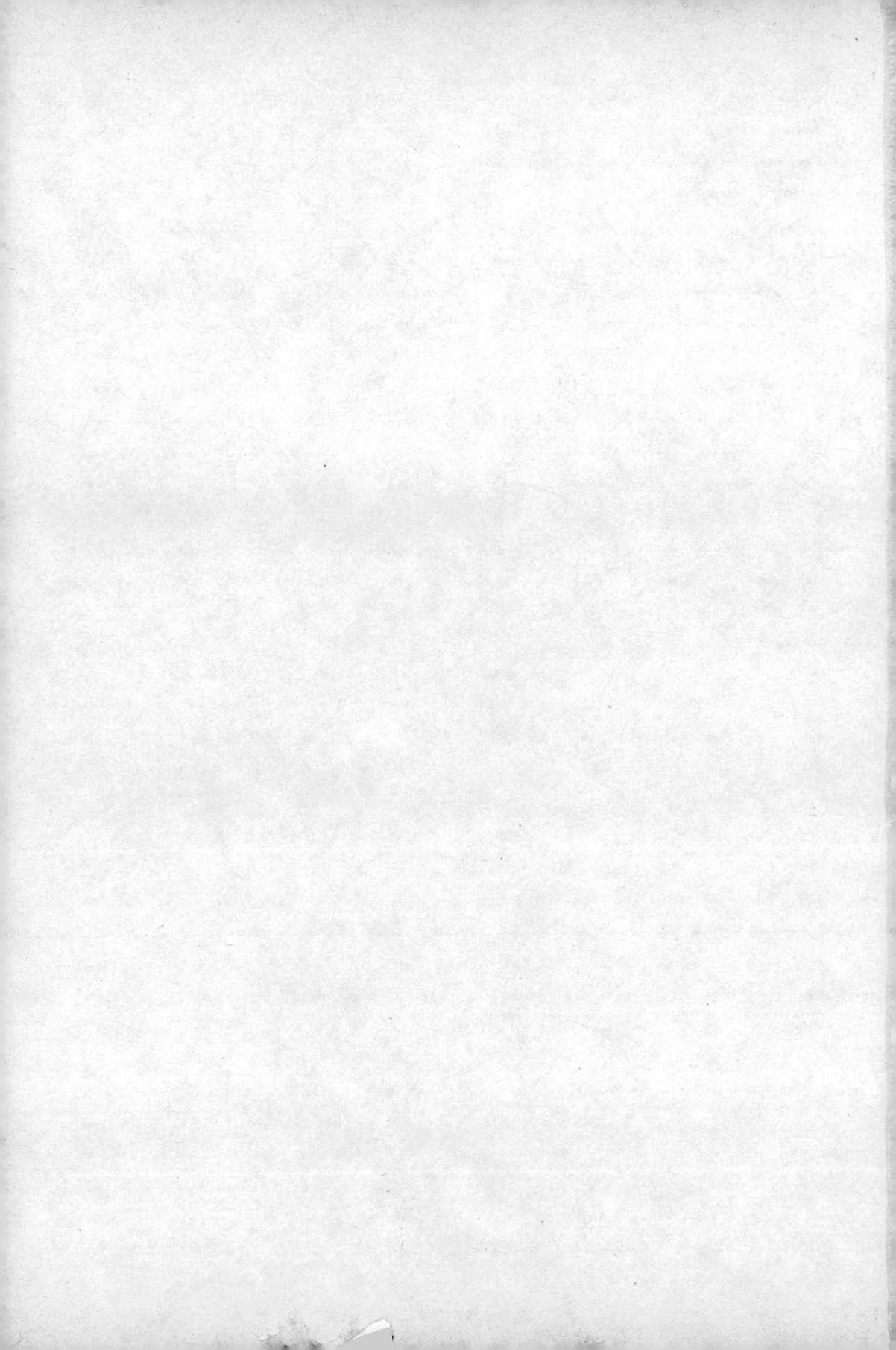